双线盾构隧道施工环境效应评价与控制

魏 纲 著

中国建筑工业出版社

图书在版编目（CIP）数据

双线盾构隧道施工环境效应评价与控制/魏纲著.
北京：中国建筑工业出版社，2018.7
ISBN 978-7-112-22236-0

Ⅰ.①双… Ⅱ.①魏… Ⅲ.①双线隧道-隧道施工-
盾构法-环境保护-研究 Ⅳ.①U459.9②X322

中国版本图书馆 CIP 数据核字（2018）第 105514 号

　　本书的作者来自浙江大学城市学院，是一位科研学者，作者主持了多项科研项目，主要围绕"盾构隧道施工"专题，将多个科研项目的研究成果通过"盾构隧道施工"这根主线贯穿，对研究成果的内容加以取舍、汇集完成本书。
　　本书数据翔实，内容完整，特别适合岩土专业、隧道专业的科研人员和高校师生阅读。

责任编辑：张伯熙
责任校对：党　蕾

双线盾构隧道施工环境效应评价与控制
魏　纲　著

*

中国建筑工业出版社出版、发行（北京海淀三里河路9号）
各地新华书店、建筑书店经销
北京科地亚盟排版公司制版
北京圣夫亚美印刷有限公司印刷

*

开本：787×960毫米　1/16　印张：17　字数：339千字
2018年6月第一版　　2018年6月第一次印刷
定价：**70.00** 元
ISBN 978-7-112-22236-0
（32016）

魏纲，1977 年 6 月生，浙江杭州人，浙江大学博士。现任浙江大学城市学院工程学院副院长。主要从事城市地下隧道（盾构、顶管、浅埋暗挖、沉管隧道）与周边环境相互影响及风险评估与控制等相关的教学与科研工作。目前，已主持国家自然科学基金面上项目 2 项，省级重点项目 1 项，省级一般项目 2 项，地厅级科研项目 4 项，参与国家自然科学基金项目 3 项和省部级项目 5 项。已在《Geomechanics and Engineering》、《Geotechnical and Geological Engineering》、《岩石力学与工程学报》、《岩土工程学报》和《岩土力学》等期刊上发表学术论文230 余篇，其中被 SCI、EI 检索论文近 130 篇。已出版专著 2 本，编著出版专业图书 1 本。授权发明专利 4 项、实用新型专利 26 项、软件著作权 8 项。研究成果获得 21项奖励（其中浙江省科学技术奖二等奖 1 项、三等奖 2项、地厅级奖 8 项）。曾荣获全国模范教师（2014 年）的称号、享受杭州市政府特殊津贴人员（2017 年）、杭州市先进科技工作者（2017 年）、杭州市教育局系统优秀教师（2012 年）等荣誉。2006 年入选杭州市新世纪"131"优秀中青年培养计划第二层次人选；2007 年入选浙江省"新世纪 151 人才工程"第三层次培养人选；2013 年入选浙江省高等学校中青年学科带头人培养计划；2016 年入选杭州市"131"优秀中青年培养计划第一层次人选。

现兼任国家自然科学基金同行评议专家、中国土木工程学会隧道及地下工程分会理事、中国土木工程学会工程风险与保险研究分会理事、中国岩石力学与工程学会岩土工程信息技术与应用分会理事、浙江省岩土力学与工程学会隧道及非开挖专业委员会委员。

前　　言

随着中国经济规模的迅速扩大以及人口向城市集中的快速发展，导致城市化进程不断加快，城市交通问题日益突出，建设地铁已经成为缓解城市交通压力的一个重要手段。软土地区城市地铁隧道主要采用双线平行盾构法修建。虽然盾构机装备比较先进，但盾构隧道开挖还是不可避免地会引起土体的沉降及变形。当地表沉降及变形达到一定程度时将对周围的建（构）筑物造成影响，从而造成其正常使用功能的丧失，严重时建（构）筑物将发生隆沉、倾斜，甚至结构损坏。因此需要对双线盾构隧道施工的环境效应加以评价和控制。

基于笔者主持的中华人民共和国住房和城乡建设部 2015 年科学技术项目："软土地区地铁双线盾构隧道施工对周边环境的影响及控制研究"（2015-K5-026）；浙江省公益技术应用研究项目："软土盾构隧道施工领域城市地下管线安全监管技术研究"（2016C33051）；浙江省建设科研项目："城市地铁双线盾构隧道施工灾变机理及其控制研究"（2016K06）的研究成果，本书得以整理成册。本书结合当前国内众多城市建设双线盾构隧道的现状，加上作者多年对双线盾构隧道的研究，以理论结合实际，分析了双线盾构隧道施工过程中引起的土体变形以及对邻近地下管线和建筑物的影响，为双线盾构隧道施工建设提供参考。

本书内容包括：绪论；近距离双线平行盾构施工引起的土体沉降计算方法研究；基于叠加原理的双线盾构施工引起的土体变形计算研究；考虑多因素的双线盾构隧道施工引起的土体变形及控制研究；双线盾构隧道施工对邻近地下管线影响的研究；双线盾构施工时邻近地下管线安全监管技术及控制研究；双线盾构隧道施工对邻近建筑物影响的数值模拟及控制研究；双线盾构隧道施工对邻近建筑物影响的实测和理论分析；双线盾构隧道施工对周边环境的影响分区研究。本书可供从事隧道工程和地下工程的工程技术人员在工作实践中参考，也可供高等院校相关专业作为教材或相关课程的教学参考书。

由于作者水平有限，再加上编写时间仓促，书中内容难免存在缺点和错误，敬请读者批评指正！本书在编写过程中引用和参考了大量文献和相关资料，在此特向所有原作者致以谢意！本书在写作过程中，得到了许多同事和学生的帮助，特别感谢我的研究生：王霄、俞国骅、崔程虹、张鑫海，本科生：蔡诗淇、周琰、庞思远、周杨侃、赵城丽、胡顺、何健、余浩强、叶琦、林雄、华鑫欣、厉京、王彬、姜婉青、许讯等提供的帮助！在此谨向他们致以谢意！

4

目　　录

第一章　绪　　论

1.1　研究背景及意义

近年来，我国经济规模的迅速扩大以及人口向城市集中的快速发展，导致城市化进程不断加快、汽车保有量迅猛增长，城市交通问题日益突出。因此，建设地铁已经成为缓解城市交通压力的一个重要手段。近年来我国许多大城市纷纷修建地铁，2014 年我国城市轨道交通投资达到 2200 亿元。据中国轨道交通网调研显示，截至 2017 年 10 月 31 日，中国包括北京、上海、深圳、广州、南京、重庆、武汉、天津、成都、西安、杭州、宁波、苏州、昆明、沈阳、哈尔滨、无锡、长沙、长春、郑州、大连、东莞、南宁、南昌、青岛、合肥、佛山、福州、石家庄等 29 座城市均已开通运营轨道交通线路（地铁）。总里程高达 3792.19 公里，车站 2536 座，线路 128 条。据预测，到 2020 年，具备建设轨道交通条件的城市将达到 50 个左右。

软土地区城市地铁隧道修建主要采用双线平行盾构法隧道施工。虽然盾构装备比较先进，但盾构隧道开挖还是不可避免地会引起土体的沉降及变形。盾构推进引起的土体变形一般包括：盾构掘削面前的土体变形、盾构通过时的土体变形和盾尾脱出后的土体变形，此外，有时因盾尾漏水或隧道衬砌缝漏水引起地下水位降低而发生大范围下沉，以及盾构在软弱黏土地层扰动引起的长期固结沉降。若发生上述的土体变形，邻近建（构）筑物的外在条件和支承状态就会发生变化。当地表沉降及变形达到一定程度时将对周围存在的各类建（构）筑物造成影响，从而造成其正常使用功能的丧失，建（构）筑物受到不同程度的影响而发生隆沉、倾斜，甚至结构损坏。

例如，关于地面塌陷的事故：（1）法国地铁施工曾导致地面坍塌，1 辆汽车陷入坑中；（2）2006 年 11 月 2 日 18 时，北京地铁 4 号线白石桥站—学院路南路站区间盾构接收井区域地面发生塌方，塌坑中心位于地铁 4 号线白石桥站—学院路南路站区间 1♯接收井以北约 6m。该接收井位于中关村南大街空间技术研究院东门南侧，是左线盾构的接收井。原始塌坑直径约 5m，最深处约 3m，呈漏斗状。塌坑中心位于盾构机后部机壳上方偏西的位置。塌坑范围内有一电信管线和一污水管线遭到破坏；（3）2007 年 8 月 23 日下午 5 时左右，南京市新模范马路快速内环北线邮电学院附近发生塌陷，一辆重达 13t 的工程车陷入塌陷形成的大坑中，其后，塌陷范围持续扩大，由于工作人员及时疏散附近居民，才没有造成人员伤亡；（4）2007年12月16日南京地铁2号线施工导致汉中门段路面塌陷，经过4次塌陷后，形成50m²左右、深达10m的深坑，导致两棵十多米高的行道树掉入塌方处，造成临时污水管折断；（5）2011年5月6日，天津地铁2号线天津东站—建国道区间隧道右线盾构掘进施工中，因施工不当，螺旋输送机发生喷涌，导致右线隧道沉降变形渗漏水，并导致左线隧道也发生沉降变形渗漏水，此次事故导致右线隧道最大沉降为103cm，左线隧道最大沉降为30cm。

例如，关于建筑物的事故：（1）2003年7月1日凌晨，中国上海市轨道交通4号线越江隧道区间用于连接上、下行线的安全联络通道（旁通道）工程施工作业面内，因大量的水和流沙涌入，引起约270m隧道部分结构损坏及周边地区地面沉降，最大沉降量达到7m，导致3栋建筑物严重倾斜，黄浦江防汛墙局部塌陷并引发管涌。由于报警及时，隧道和地面建筑物内所有人员全部安全撤离，没有造成人员伤亡，但事故造成直接经济损失1.5亿元左右；（2）2004年5月30日，中国台湾省高雄市地铁捷运线大勇路兴大路口的车站工地路面出现地层下陷、房屋龟裂。原因是盾构机穿越连续墙欲到达工作接收井时，发生连续墙大量涌水、涌砂，造成地面塌陷，形成最深达5m、直径约10m的坑洞，坑洞旁数十座建筑物均遭受了不同程度的下沉危害；（3）2013年3月4日，俄罗斯一隧道坍塌导致周边一幢正在建设中的房屋产生严重倾斜。

例如，关于地下管线的事故：（1）2005年11月3日，北京地铁10号线施工时导致东三环长虹桥、农展桥之间的外环辅路上，一根直径300mm的地下自来水管爆裂，路面上出现两处相距20m左右、面积十余平方米的大坑；（2）《南京晨报》报道，2007年2月5日凌晨6点左右，正在施工的南京地铁2号线出现渗水塌陷，造成天然气管道断裂爆炸。事故导致附近5000多户居民停水、停电、停气，附近的金鹏大厦被爆燃的火苗"袭击"，其1楼~12楼的外墙被熏黑，8楼以下很多窗户和室外空调机被炸坏；（3）2014年10月17日中午，深圳地铁9号线银湖站施工中，由于土质松软导致地面塌陷，导致部分管线（燃气、水管、通信电缆等）断裂被埋，形成一个20m深、40m²的巨型深坑。

此类工程事故的发生，不仅会对周边建筑物和基础设施造成影响、产生巨大的经济损失，还会严重威胁到附近居民的生命财产安全。因此，关于盾构施工对周边环境的影响研究显得尤为重要。

双线盾构施工引起的土体变形与单线盾构有较大区别，两条隧道开挖对地层沉降的影响往往相互叠加，其最大沉降值与沉降槽宽度都要大于单线盾构，对周边环境的危害更大。由于双线盾构施工引起的地面沉降槽形状变化多样，不像单线盾构那样具有很好的对称性，且由于影响因素较多导致研究困难。因此现有研究成果大多针对单线盾构施工，关于双线盾构施工对周边环境影响的研究较少、认识不足。另外，城市施工对环境控制的要求越来越高。因此，研究双线盾构隧道施工对邻近道路、地下管线和建筑物的影响已刻不容缓。

杭州地铁沿线也会存在繁华的商业闹市区，建筑物及地下管道密集。虽然邻近的大多数建（构）筑物的结构性比较好，但由于位置处于繁华的闹市区，对建（构）筑物的影响控制要求也会格外严格。因此，在盾构推进过程中，需要采取相应的处理措施，以保证临近建（构）筑物的安全和正常使用。

本书主要致力于揭示软土地区城市地铁双线盾构隧道施工灾变机理，进而提出在设计和施工中可以采取的有效工程控制措施，以减少施工可能造成的灾害和不必要的损失，确保人民群众的生命财产安全，为地铁隧道施工的顺利进行以及邻近结构物等重要设施的安全奠定基础。

1.2 国内外研究现状

总结相关研究成果，国内外学术界关于地铁双线盾构隧道施工对周边环境影响问题的研究，主要集中在以下三方面：（1）双线盾构隧道施工引起土体变形及控制的研究。研究内容包括土体变形计算公式、土体变形规律、影响因素及程度、参数取值方法、最大地表沉降值预测、双线盾构隧道的相互影响机理、减小地表沉降的施工控制措施、施工参数的优化等；（2）双线盾构隧道施工对地下管线影响及控制研究。研究内容包括管线位移和弯矩的计算公式、管线受力和变形规律、影响因素及程度、管线控制标准、管线风险评估方法、减小管线沉降的施工控制措施等；（3）双线盾构隧道施工对建筑物影响及控制研究。研究内容包括建筑物沉降计算方法、建筑物沉降与受力规律、影响因素及程度、建筑物安全控制标准、建筑物风险评估方法、减小建筑物沉降的施工控制措施等。

1. 双线盾构隧道施工引起土体变形及控制的研究

盾构掘进过程中，导致地面沉降的原因有多种，产生的机理也不同，主要可分为下列 5 个方面：

① 由于开挖面的土体应力释放、附加应力等引起的弹塑性变形。土压平衡式盾构，由于推进量与排土量不等，开挖面水、土压力与压力舱压力产生不均衡（即开挖面产生附加推力），致使开挖面失去平衡状态，从而发生土体变形（开挖面水、土压力小于压力舱压力时产生地面隆起，大于压力舱压力时产生地面下沉）；

② 由于对土体扰动而产生的压缩变形。盾构推进时，由于盾构机机身与周围土体的摩擦力以及刀盘转动、切削等对周围土体的扰动，引起地面下沉或隆起；

③ 盾尾空隙的发生和壁后注浆不充分引起的弹塑性变形。由于盾尾空隙的发生，使盾壳支承的土体朝着盾尾空隙移动而产生地面下沉，这是由于土体损失引起的弹塑性变形。地面隆沉还受到壁后注浆材料材质及注入时间、位置、压

力、数量等影响，黏性土地层中壁后注浆压力过大是引起临时性地面隆起的主要原因；

④ 衬砌的变形和变位引起的土体压缩和蠕变下沉。接头螺栓紧固不足时，管片环易产生变形，盾尾的实际空隙量增大，盾尾脱出后外压不均等使衬砌变形或变位，从而增大地面下沉；

⑤ 地下水位下降引起的土体压缩和压密下沉。来自开挖面的涌水或衬砌产生渗漏水时，使得地下水位下降而导致地面沉降，这一现象是由于地基的有效应力增加而引起固结沉降造成的。

我国对盾构法施工时提出的施工控制标准为：施工期隆起量＋10mm，沉降量－30mm；施工过程中地面日沉降速率10mm/d。

目前国内外对单线和多圆盾构隧道施工引起的土体变形研究较多，成果丰富。由于双线盾构隧道施工引起的地表沉降槽形状变化多样，不像单线盾构那样具有很好的对称性，同时影响因素较多导致研究困难，因此对双线平行盾构施工引起的土体变形研究相对较少，且仅限于研究地表沉降。

1）根据研究方法分类，可以将现有研究分为：（1）基于Peck公式的经验方法；（2）随机介质理论；（3）数值分析法；（4）模型试验法；（5）实测分析法。

（1）基于Peck公式的经验方法

Peck（1969）[1]基于大量实测数据统计结果，认为土体移动由土体损失引起，假定土体不排水、沉降槽体积等于土体损失体积，提出地面沉降槽呈正态分布，横向地面沉降估算公式为：

$$S(x) = S_{max} \exp[-x^2/(2i^2)] \tag{1-1}$$

$$S_{max} = \frac{V_{loss}}{i\sqrt{2\pi}} = \frac{\pi R^2 \eta}{i\sqrt{2\pi}} \tag{1-2}$$

式中：x 为距隧道轴线横向水平距离；$S(x)$ 为 x 位置处的地面沉降量；S_{max} 为隧道轴线上方最大地面沉降量；V_{loss} 为单位长度土体损失量，$V_{loss} = \pi R^2 \eta$，R 为隧道开挖半径，η 为土体损失率；i 为地面沉降槽宽度系数。以下公式符号含义相同。

Peck公式因为简单实用，在实际工程中被广泛采用。基于Peck公式的双线平行盾构地面沉降经验计算方法，主要可以分为两大类：

第一类方法：直接采用Peck公式计算总的地面沉降曲线。又可以细分为2种：

① Peck（1969）[1]基于对芝加哥地铁双线隧道的研究，提出双线隧道引起的沉降槽为对称分布。但在计算沉降槽时用一个大圆代替双线隧道，来描述沉降槽宽度的增加，大圆半径为 $R' = R + L/2$，式中 L 为两条隧道轴线之间的水平距离。

该方法假定总的地面沉降最大值在平行隧道中轴线处（即对称），而有时实测地面沉降曲线并不对称，最大值偏离中轴线；同时该方法仅适用于 L 较小时，

当 L 较大时，地面沉降曲线有可能出现 W 形，不符合正态分布规律。

② New 等 (1993)[2] 考虑到地面沉降最大值会有所偏移，对 Peck 公式进行修正，提出如下计算公式：

$$S(x) = \frac{\pi R^2 \eta_{\mathrm{t}}}{i_{\mathrm{t}} \sqrt{2\pi}} \exp\left[-\frac{(x-a)^2}{2i_{\mathrm{t}}^2}\right] \tag{1-3}$$

该方法需要确定 3 个参数：A. 总的土体损失率 η_{t}；B. 总的地面沉降槽宽度系数 i_t；C. 总沉降的最大值偏离两条隧道中轴线的距离 a，但没有给出参数的具体取值方法。

第二类方法：分别用 Peck 公式求先行隧道和后行隧道开挖引起的地面沉降曲线，然后叠加，得到总的地面沉降曲线。根据后行隧道开挖引起地面沉降的计算方法不同，又可以细分为 4 种：

① WANG (2003)[3]、刘波 (2006)[4] 假定先行隧道施工对后行隧道无干扰，两者开挖引起的地面沉降相同，即 η 与 i 相同。分别采用 Peck 公式计算两条地面沉降曲线，然后叠加得到总的地面沉降曲线。计算公式为：

$$S(x) = S_{\max} \exp\left[\frac{-(x+0.5L)^2}{2i^2}\right] + S_{\max} \exp\left[\frac{-(x-0.5L)^2}{2i^2}\right] \tag{1-4}$$

该方法比较简单，只需确定两个参数 η 和 i。当 L 较大时，该方法比较符合实际；但当 L 较小时，该方法忽略了先行隧道开挖对后行隧道的影响，得到的总的地面沉降曲线为对称分布，与实际不符。

② SUWANSAWAT (2007)[5]、马可栓 (2008)[6] 提出采用超几何方法来计算双线盾构施工引起的地面沉降。该方法在计算后行隧道引起的地面沉降时，考虑先行隧道开挖对后行隧道的影响，假定后行隧道的 η 和 i 的取值与先行隧道不同，但仍假定后行隧道引起的地面沉降曲线为对称分布。具体步骤：A. 采用 Peck 公式计算先行隧道开挖引起的地面沉降；B. 确定后行隧道轴线位置，采用 Peck 公式计算后行隧道开挖引起的地面沉降；C. 叠加得到总的地面沉降。由于先行隧道和后行隧道引起的地面沉降不一样，会导致叠加后总的地面沉降曲线不对称。

计算公式以右侧先开挖为例：

$$S(x) = \frac{\pi R^2 \eta_{\mathrm{f}}}{i_{\mathrm{f}} \sqrt{2\pi}} \exp\left[-\frac{(x-0.5L)^2}{2i_{\mathrm{f}}^2}\right] + \frac{\pi R^2 \eta_{\mathrm{s}}}{i_{\mathrm{s}} \sqrt{2\pi}} \exp\left[-\frac{(x+0.5L)^2}{2i_{\mathrm{s}}^2}\right] \tag{1-5}$$

式中：i_{f} 和 η_{f} 分别为先行隧道的地面沉降槽宽度系数和土体损失率；i_{s} 和 η_{s} 分别为后行隧道的地面沉降槽宽度系数和土体损失率。

该方法的优点在于能考虑 L 的影响和总的地面沉降曲线的不对称性。但需要确定 4 个参数，其中关键在于计算后行隧道开挖引起的地面沉降。缺点是没有明确 i_{s} 和 η_{s} 如何确定。

③ Chapman（2004）[7]基于 Peck 公式，提出了后行隧道开挖引起的地面沉降修正公式。结果表明，在黏土中地面沉降需要进行约 60% 的修正，以便把先行隧道开挖造成的先期扰动考虑在内。计算公式为：

$$S' = S(x)\left(1 + \left(m\left(1 - \frac{\mid 0.5L + x \mid}{2.5 \sim 3kh}\right)\right)\right) \tag{1-6}$$

式中：$S(x)$ 为修正前的地面沉降量；m 为修正系数，黏土中取 0.6；k 为地面沉降槽宽度参数；h 为隧道轴线埋深。

该方法考虑了先行隧道施工的影响。缺点是计算得到的后行隧道开挖引起的最大地面沉降值要大于先行隧道，但实测中有出现后行隧道开挖引起的最大地面沉降值要小于先行隧道的情况。同时修正系数为定值，无法考虑 L 的影响。

④ 魏新江等（2006）[8]考虑先行顶管对后行顶管的影响，提出了一种新的后行顶管地面沉降计算方法。结果表明：后行顶管引起的地面沉降曲线为不对称，其最大沉降点要偏向先行顶管侧。该方法的优点是可以确定后行隧道最大值的偏移距离。缺点是后行隧道最大地面沉降值要大于先行隧道，有时与实测不符。

（2）随机介质理论

随机介质理论是指将岩土体看做"随机介质"，将隧道开挖引起的地面沉降等效为构成这一开挖的无限多个微小单元开挖影响的总和。围绕随机介质理论，多位学者对盾构隧道施工引起的地表沉降进行了深入的研究。

刘波等[4]根据 Powell 最优化的理论方法，采用 Peck 法与随机介质法并进行多个参数的反分析以及预测，研发了 STEAD 系统，以对隧道施工引发地层环境损伤进行预测与设计，同时，采用该方法对多处双孔平行隧道工程进行了理论上的预测和验证。

伍振志[9]研究了隧道开挖断面的均匀收敛模式以及非均匀收敛模式。提出隧道底部土体位移不为 0mm 条件下的非均匀收敛模式。基于随机介质理论演算推理了新模式下单孔及平行双孔椭圆断面隧道开挖引起的地表变形的计算公式。

胡斌等[10]以武汉地铁某区间隧道工程为背景，运用简化随机介质理论对该工程中的各典型断面进行位移的反分析，得到隧道的断面收敛面积和影响角，总结了该研究方向中与隧道开挖引起地表沉降相关的计算参数取值。

（3）数值分析法

在岩土工程问题的研究中，实际的工程模拟和仿真比较困难，因此，采用数值方法对岩土工程问题进行模拟已经成为分析相关问题的有效方法。国内外已有多位学者通过数值分析方法对盾构施工引起的地面沉降进行了研究。

Addenbrooke 等[11]、Chehade 等[12]均通过有限元模拟对不同位置条件下双线盾构隧道施工引起的土体变形进行了研究。基于有限元计算结果对土体变形的

情况进行了分析和研究，Chehade 等得出了垂直对齐的双线盾构隧道施工引起的地面沉降最大，而水平对齐的双线盾构隧道施工引起的地面沉降最小的结论。

以广州地铁轨道交通某工程为背景，韩昌瑞等[13]通过反分析方法得到地层参数，选择典型隧道断面并采用数值方法分析了不同间距、隧道埋深以及地层情况对地表沉降的影响。

Chehade 等（2008）[12]、韩昌瑞等（2011）[13]均采用有限元模拟对双线平行盾构隧道"近距离"的界定进行了研究，通过改变双线盾构隧道轴线之间的距离 L 来研究地面沉降曲线形状变化。Chehade 等（2008）[12]研究表明：若已知 $h=2.5D$（h 为隧道轴线埋深，D 为隧道外直径），当 $L=2D$ 时，地面沉降曲线符合正态分布；当 $L>2D$ 后，曲线不符合正态分布；当 $L=3D$ 时，曲线呈 W 形状分布。韩昌瑞等（2011）[13]研究表明：若已知 $h=3D$，则当 $L=2D$ 时，地面沉降曲线符合正态分布；当 $L=3D$ 时，曲线中间部位呈水平，不符合正态分布；当 $L=4D$ 时，曲线呈 W 形状分布。

魏纲等[14]在考虑附加注浆力条件下，通过三维有限元模拟得到盾构施工引起的地面沉降值，然后与 Peck 公式计算结果进行了拟合。

将西安地铁二号线某区间盾构隧道作为研究对象，胡炜等[15]采用有限元法对盾构隧道施工引起地表竖向位移曲线和水平向位移曲线变化规律进行了研究。

刘庭金等[16]运用数值模拟方法，将某隧道工程中盾构的两种施工方案（同向推进和异向推进）进行了三维动态施工模拟，对不同施工方案产生的土体变形和土体的受力情况进行了研究。

（4）模型试验法

通过在比例缩小或等比模型上进行相应的试验，多位学者采用模型试验法获取相关试验数据并进行数据分析，从而对盾构施工引起的地面沉降进行了研究。

孙兵等[17]、Kimura 等[18]、周小文等[19]均采用离心模型试验对盾构施工引起土体变形进行了研究。通过离心模型试验中的定量控制以及仿真模拟，对地表沉降的分布规律、盾构推进距离的变化规律、地表水平位移的计算公式、沉降槽计算参数等均进行了细致的分析和研究。

（5）实测分析法

在对盾构施工引起的土体变形进行研究时，实测数据的分析是必不可少的一环。因此，实测分析法自然也是对该问题进行研究的重要方法之一。

Chen R P 等[20]通过对盾构施工工程中土体变形数据及土体的孔隙压力等数据进行了采集和分析，最后得到盾构掘进过程中的土体孔隙压力沿距离呈现锯齿形分布等结论。

通过分析上海某工程取水隧道施工过程的同步监测数据，王启耀等[21]对接触压力、隧道断面收敛变形、隧道内力等的演变规律进行了分析，最后将分析结果应用到实际操作工程中并保证了工程的顺利完成。

通过南京某快速轨道工程区间隧道施工现场的实测数据，周振[22]在考虑不同埋深、不同地质条件以及不同施工参数的条件下，对盾构施工引起地表沉降的影响规律进行了分析，并提出了相关的技术处理措施。

事实上，近年来国内外关于盾构施工引起土体变形的研究，逐渐由单因素（仅考虑土体损失）下的研究过渡到多因素（考虑土体损失、正面附加推力、盾壳摩擦力、附加注浆力等二者或以上）下的研究。

2）根据考虑因素多少以及研究对象性质（单线还是双线）进行分类：可将国内外与之相关的研究分为：（1）单因素下的单线盾构隧道；（2）单因素下的双线盾构隧道；（3）多因素下的单线盾构隧道；（4）多因素下的双线盾构隧道。

（1）单因素下的单线盾构隧道

已有的国内外相关研究表明，土体损失是影响盾构隧道施工引起土体变形的最主要因素。针对该结论，国内外针对单因素条件下（仅考虑土体损失）的单线盾构施工引起的土体变形进行了较多研究。

姜忻良等[23]、朱忠隆等[24]均以 Peck 得出的经验结论作为基础，假定地面沉降槽满足拟正态分布。姜忻良等[23]首次提出对隧道中心线以上土体的沉降值的分析可以用于研究不同深度土层沉降槽曲线的宽度系数并提出用于计算不同深度土层沉降槽曲线宽度系数的公式，为计算隧道开挖引起的地表以下土体任一点的竖向沉降提供了一种有效方法。朱忠隆等[24]则在随机介质理论的基础上，探索了能运用于实际工程的盾构施工引起的纵向地表沉降理论计算公式。

假定土体为均匀各向同性线弹性半无限空间不可压缩体，Sagaseta[25]将固体力学与流体力学的虚拟镜像技术相结合，以一个镜像源的方式消除无限介质情况下的虚拟边界条件，推导得到土体损失引起的土体变形解析解。

魏纲[26]首次提出盾构隧道周围土体的移动方向由土质的软硬程度决定，且移动焦点在隧道底部位置与隧道中心点之间变化。通过在两圆相切的土体损失模型中引入移动焦点相关坐标参数，建立了统一土体移动模型。该模型能将 Park 模型[27]与 Loganathan 模型[28]包括在内。在土体不排水的假定条件下，借鉴源汇法推导由土体损失引起的地面最大沉降量 S_{max} 的计算公式。魏纲（2009）[29]基于统一土体移动模型，假定土体不排水，采用 Loganathan 等提出的研究方法，通过对 Verriujt 计算公式进行修正，推导得到盾构隧道施工过程中由于土体损失引起的土体变形二维解。

韩煊等[30]认为一般情况下，土体损失模型为不均匀收敛模式。以随机介质理论方法为基础，推导了不均匀收敛模式下各类断面中地面沉降的计算公式，同时，对于矩形、马蹄形断面对应的相关计算公式也进行了推导。

（2）单因素下的双线盾构隧道

在仅考虑土体损失条件下对单线盾构隧道进行研究的同时，许多学者对于单因素条件下双线盾构施工引起的土体变形也进行了研究。

朱洪高等[31]比较了双圆盾构隧道与圆形盾构隧道，双圆盾构隧道具有掘削土量少、施工效率高、占用地面空间小等优点，但双圆盾构隧道引起的土体变形相对较大，影响范围也比较广。采用叠加法，在计算圆形盾构的土体地表位移的基础上叠加得到双圆盾构施工引起的地表沉降计算方法，同时对土体地表沉降的特点进行了研究。

由于随机介质理论的假定条件为：在土体为不排水固结的条件下，最终的沉降槽体积与土层损失的体积应该相等。因此，采用随机介质理论对双线盾构隧道进行分析的方法均属于仅考虑土体损失条件下的研究。刘大刚等[32]、Yang X L 等[33]、方焘等[34]以随机介质理论为基础，对预测公式进行了改进，采用改进后的随机介质理论方法对双线盾构施工引起的土体变形进行了研究。

（3）多因素下的单线盾构隧道

盾构施工引起的土体变形影响因素除了土体损失之外，还有刀盘与周围土体之间的摩擦作用、附加注浆力、盾壳摩擦力、正面附加推力等多个因素。针对这一更加复杂的情况，多位学者针对其中的某几个因素下单线盾构施工引起的土体变形进行了相关的研究和分析。

姜忻良等[35]根据地层损失及注浆量的空间分布规律，应用镜像方法原理，采用数值积分方法，对隧道推进过程中由土体损失和注浆产生的位移进行空间分析，得到隧道周围土体的空间位移分布。卢海林等[36]考虑了土体损失和附加注浆力，采用镜像法原理分析了盾构施工引起的土体变形与土体应力，并将计算得到的土体位移与应力值与天津地铁某现场实测结果进行了对比。

魏纲等[37-38]、唐晓武等[39]、林存刚等[40]和梁荣柱等[41]利用弹性力学的Mindlin解，分别在三因素（盾壳与土体之间的摩擦力、正面附加推力、土体损失）、四因素（刀盘与土体之间摩擦力作用、盾壳与周围土体之间的摩擦作用、正面附加推力、土体损失）、四因素（切口附加推力、盾壳摩擦力、同步注浆附加压力、土体损失）条件下，对盾构施工引起的土体变形计算公式进行了计算和验证。

（4）多因素下的双线盾构隧道

双线平行盾构施工方法是在国内应用较广泛地方法，因此，仅仅对于多因素条件下单线盾构隧道进行研究还不够，多因素条件下双线盾构施工引起的土体变形是一个更加迫切和急需进行研究的问题。

孙统立等[42]基于 Sagaseta 公式、Mindlin 解，在考虑侧摩阻力、正面附加推力、地层损失的条件下推导双圆盾构施工产生的土体位移计算方法，在上海轨道某双圆盾构区间隧道工程的实测数据基础上，采用新的计算方法分析双圆盾构施工引起的土体变形特征。

2. 双线盾构隧道施工对地下管线影响及控制研究

盾构隧道施工引起隧道周围土体变形，从而对邻近地下管线造成不利影响，带动管线产生移动，其中土体是移动媒介。盾构隧道施工过程中，临近地下管线的损坏情况一般包括：管线接头部位的错位、松动、脱节和整体的断裂、管节局部开裂等，造成管线渗漏水、漏气等危害。一般损坏的原因包括：（1）管线不明、在施工前没有做详细的调查；（2）土体变形造成管线的损坏；（3）土体的挤压造成管线的破坏；（4）管线上方负载过大；（5）管线下方不均匀沉降；（6）水流的冲击。

目前国内外关于单线隧道开挖对地下管线影响的研究主要采用解析解方法。Attewell 等（1986）[43]将单线隧道开挖对地下管线影响的问题简化为 Winkler 地基模型，并给出了解析解；Vorster 等（2005）[44]给出了一个连续弹性解答，并用离心模型试验验证了其可行性，但公式为上限解，偏保守且计算复杂。

吴为义等（2008）[45]利用弹性地基梁法给出了管线的位移解析解，但计算比较复杂。王涛等（2006）[46]针对 Attewell 解的不足，在 Winkler 地基模型基础上，采用 Loganathan 公式来计算与隧道开挖方向正交的管线受力情况。魏纲等（2009）[47]针对王涛解的不足，采用通用 Peck 公式计算顶管施工引起的地下管线平面处的土体竖向位移。基于 Winkler 地基模型，得到管线由于顶管开挖引起的极限弯矩、理论弯矩以及管线变形的计算方法。通过算例分析，与连续弹性解、Attewell 解和王涛解的计算结果进行比较，探讨了土质条件、管线材质、管线埋深、管线管径对地下管线受力的影响。

张桓等（2013）[48]针对 Winkler 地基的固有缺陷，采用了 Pasternak 地基模型，推导出管线竖向位移和内力表达式；张陈蓉等（2013）[49]考虑了管线接口的非连续，基于改进的 Winkler 地基模型，给出了管线位移和弯矩的解析解。

但是这些方法都是针对单线隧道，关于双线盾构隧道开挖对地下管线影响的研究相对较少。国内外与该研究方向相关的研究内容主要有以下 3 个方面：（1）盾构隧道施工对管线处土体变形影响研究；（2）盾构隧道施工对地下管线受力、变形影响研究；（3）地下管线安全评估方法研究。

（1）盾构隧道施工对管线处土体变形影响研究

管线处土体变形研究方面，最经典的是 Peck 公式体系。Peck（1969）[1]首次提出土体损失的概念和估算地表沉降的经验公式，目前仍广泛应用，在此基础上有学者对公式进行改进。

姜忻良[23]首次提出可以通过对隧道中心线以上土体的沉降值的分析，研究不同深度土层沉降槽曲线宽度系数，并且通过回归分析，提出用于计算不同深度土层沉降槽曲线宽度系数的公式，为计算隧道开挖引起的地表以下土体任一点的竖向沉降提供了一种有效方法。

吴华君等[50]针对现有各种方法存在的不足，建立了修正的二维 Peck 公式，可以计算双线平行盾构施工引起的深层土体沉降，同时能够考虑沉降曲线的不对称性。

魏纲等[51]基于双线水平平行盾构施工中土体损失引起的土体变形二维解析解，采用统一土体移动模型解，建立土体变形三维解析解。该方法能够计算土体深层沉降和水平位移，较精确地反映土体三维变形。

陈春来等[52]基于 Peck 公式，对双线水平平行盾构隧道施工中土体损失引起的三维土体沉降计算方法进行研究。考虑先行隧道施工对后行隧道的影响和两条隧道开挖面的不同位置，建立修正的三维 Peck 公式。

（2）盾构隧道施工对地下管线受力、变形影响研究

管线受力、变形研究方面，裴超[53]根据管线材料参数及物理性质，提出刚性管线应力的计算公式；根据几何关系提出柔性管线的张角判别法。范德伟[54]基于 Winkler 弹性地基梁理论，分析地下管线在盾构开挖作用下的受力情况，推导考虑硬化地基扩散作用因素影响的地下管线位移表达式、转角表达式、弯矩表达式、剪力表达式，并定量分析地下管线变形与地基扩散角、埋深等因素间的关系。

姜玲等[55]基于 Winkler 地基模型，建立管线竖向位移的计算模型，提出求解隧道开挖引起的临近地下管线竖向位移的初参数法；采用 Abaqus 有限元软件建立二维管线相互作用模型，分析了管径、土体密度、管线接头相对刚度等因素对开挖扰动下管线变形的影响，建立了管线变形和最大土体侧移之间的直接联系。

谷拴成[56]基于 Winkler 地基模型，着重分析了隧道工程开挖影响下的地下管线受力情况，推导出管线与隧道垂直和斜交时，管线的沉降、弯矩和剪力的表达式。

魏纲[57]利用弹性力学的 Mindlin 解，对孙统立公式进行修正，推导得到双圆盾构正面附加推力和盾壳摩擦力引起的土体附加应力计算公式；假定土体为 Winkler 模型，采用随机介质理论，推导得到土体损失引起的竖向土体附加应力计算公式；研究了双圆盾构施工在邻近垂直交叉地下管线上引起的附加荷载大小及分布规律。

李兴高等[58-59]在地层移动基本规律认识的基础上，提出了经验或半经验的刚性管线纵向应变、柔性管线接头变形的计算方法。该方法可应用于快速评估管线的潜在损害，具体的管线细节一般不予考虑，涉及的参数少，易于工程应用。

刘晓强等[60]根据管线的竖向位移分布模式，选用 Loganathan 公式计算土体位移场，并通过建立能量变分方程，得到隧道上穿管线竖向位移的计算方法。

（3）地下管线安全评估方法研究

地下管线安全评估方面，任晓磊[61]依照城市地下管线相关技术规范文件，对地下管线数据进行质量控制，再根据地下管线数据的特征，对管线数据结构进行设计和优化。Attewell[43]根据大量工程实测数据，以经验法提出初步评价地层运动对管线影响的最大地表沉降值，若地表沉降值超过评估的最大地表沉降，则管线存在安全隐患。

根据文献［62］，多数城市对于管线变形的一般控制标准为：煤气等有压管线最大沉降为 10mm，污水等其他管线最大沉降一般控制在 30mm 以内。

赵智涛等[63]依托北京某地铁工程，建立结构-地层-管线三维弹塑性数值模型。基于管线周边地层沉降及地表沉降实测数据分析，研究暗挖施工上方管线周边地层变形规律。通过现场实测数据、数值模拟及经验公式计算结果综合对比，分析了管线刚度对地层变形抵制作用的影响。

李林[64]推导建立了一种超大直径盾构隧道穿越管线过程中，管线安全程度的判定方法。该方法通过地表沉降数据，拟合管线挠曲线方程，通过对挠曲线微分得出管线曲率，进而求得管线的应力状态，将管线应力状态与管线位置处的地表变形建立联系。

3. 双线盾构隧道施工对建筑物影响及控制研究

盾构隧道施工引起隧道周围土体变形，也会对邻近建筑物造成不利影响，使得建筑物产生隆沉，其中土体是移动媒介。盾构隧道开挖对周围建筑物的损害表现为：①地表沉降损害。如地表下沉量较大，地下水位又较浅时，会造成地面积水，不但影响建筑物使用，而且使地基土长期积水，强度减低；②地表倾斜损害。地表倾斜对高度大而底面积小的高耸建筑物影响较大，使得高耸建筑物的重心发生偏斜，引起附加应力重新分布，建筑物的均匀荷重将变成非均匀荷重，导致建筑物结构内应力发生变化而引起破坏；③地表曲率损害。建筑物因地表弯曲而导致的损害是一种常见损害形式，与地基本身的力学性质有关，更与开挖引起的地表变形有关。由于曲率使得地表形成曲面，严重时会出现屋架或梁的端部从墙体或柱内抽出，造成建筑物倒塌；④地表水平变形损害。地表水平变形有拉伸与压缩两种，它对建筑物的破坏作用很大，尤其是拉伸变形的影响。建筑物抵抗拉伸变形的能力远小于抵抗压缩变形的能力，压缩变形使墙体产生水平裂缝，并使纵墙褶皱，屋顶鼓起。而一般建筑物抵抗拉伸作用的能力很小，不大的拉伸变形足以使建筑物开裂。虽然一般建筑物对压缩具有较大的抗力，但是如果压缩变形过大，同样也会对建筑物造成损害，而且过量的压缩作用将使建筑物发生挤碎性的破坏。

实际工程中，盾构隧道开挖对于建筑物的破坏作用，绝不是只受单一种类地表变形的影响，往往是几种变形同时作用的结果。

目前关于盾构施工对邻近建筑物影响的研究方法主要有：理论解析解法、实测分析法、有限单元法和模型试验法，其中有限单元法和实测法比较普遍，解析法较少。而就研究内容来看，单线隧道施工对建筑物影响的研究较多，双线较少。

（1）理论解析解法

欧阳文彪等[65]在 Verruijt 和 Booker 解[66]的基础上，考虑建筑物刚度，采用等效刚度法把建筑物等效成一个均匀的土层，该土层与拥有与建筑物下覆土体相同的性质。在这个等效条件下，对盾构施工产生的建筑物沉降计算公式进行推导。由于 Verruijt 和 Booker 解假定土体呈均匀径向收缩，所以该方法得到的沉降槽宽度和最大沉降值与实际有一定差距。

施成华等[67]在随机介质理论基础上，推导了复杂隧道开挖横断面的简化计算公式，预测了隧道开挖后的土体变形分布，并对隧道开挖产生的地表处住宅楼的沉降进行了分析。

韩煊等[68-69]在考虑建筑物的结构刚度对结构变形的影响作用的条件下，通过机理研究、理论分析及实测分析，提出了结构刚度影响机理与多层建筑物沉降的模型，建立了刚度修正法——一种预测建筑物沉降的方法，但该方法是根据统计分析提出的一种经验性的估算方法。其后，韩煊等[70]基于力学分析及实测分析，研究了建筑物基础板的扭曲变形分析方法。

丁智等[71-72]在隧道上方有建筑物的情况下，研究了盾构开挖产生的地表处邻近建筑物沉降规律，得到地面沉降呈"正态分布曲线"、"偏态分布曲线"、"塞形分布曲线"的变化时，隧道分别位于扰动范围外、扰动范围内及建筑物正下方。

朱逢斌[73]采用理论分析法、模型试验法和数值分析法研究了盾构施工产生对框架结构建筑物的附加内力、附加变形、地面沉降的影响规律。

Finno 等[74]在合理的简化条件下设计了一个新的建筑物模型，并利用该模型对盾构开挖引起的地表处建筑物的位移进行了研究。

（2）实测分析法

魏纲等[75]在杭州地铁 1 号线某区间盾构工程下穿建筑物的工程实例基础上，监测了盾构隧道施工产生的建筑物和地表沉降，并分析了多组实测数据，研究了双线盾构施工引起不同结构、位于盾构上方不同位置处建筑物的沉降规律。

孙宇坤等[76]在杭州地铁某区间隧道工程下穿建筑物群的工程实例基础上，监测了双线盾构施工产生的建筑物底部与屋顶沉降，并对盾构施工对砌体结构建筑物沉降的影响规律进行了研究。

徐泽民等[77]分析了盾构掘进阶段的实测数据，研究了盾构掘进引起建筑物变形的特点及规律。

申景宇等[78]在成都地铁 1 号线某盾构工程下穿建筑物群的工程实例基础上，分析了地铁施工引起的建筑物沉降及倾斜特性，评价了砂卵石地层中地铁施工对附近建筑物的影响。

（3）有限单元法

魏纲等[79]通过二维的有限元方法，模拟了附近有低层建筑物的暗挖隧道施工，研究了盾构施工引起的土体变形、建筑物的受力变形等，并比较了该模拟结果与无建筑物情况下对应的模拟结果，分析了土质条件、建筑物离隧道轴线的水平距离等影响因素对结果的影响。

彭畅等[80]以武汉长江隧道工程为例，采用 ABAQUS 有限元程序，采用三维数值分析方法对双线平行盾构隧道施工引起的框架结构建筑物沉降进行计算，并对盾构施工产生的土体变形规律以及对附近建筑物的影响规律进行了研究。

Ding Liping 等[81]通过有限元方法模拟了盾构开挖对建筑物的应力分布的影响，并根据有限元模拟的结果提出了提高建筑物刚度和完整性的加固措施。

魏纲等[82]、杨海勇等[83]均采用 miads GTS 软件，对地表存在建筑物情况下的盾构隧道施工过程进行了模拟。在考虑结构-土体-隧道的共同作用下，魏纲等[82]对浅埋隧道施工下穿筏板基础建筑物施工过程进行了模拟，并评价了掘进工作面开挖前后的变形模式和荷载。在综合考虑密封舱土压力、千斤顶推力、注浆压力、土体与盾构作用、土体非线性等因素的条件下，杨海勇等[83]建立了三维有限元模型，在地表一侧存在建筑物的条件下，研究了盾构施工参数对地面沉降的影响。

有限单元法可以模拟盾构施工的三维过程，但仅能定性分析、较难重复。

（4）模型试验法

利用土压平衡盾构模型，范祚文等[84]采用模型试验法研究了不同埋深情况下，在砂卵石地层中盾构施工的开挖面稳定性以及产生的地表处邻近建筑物的沉降规律。同时，研究了建筑物埋深、柔性基础对地面沉降和开挖面极限支护力的影响，对地面沉降、土拱效应与极限支护力及开挖面稳定性的关系进行了揭示。

1.3　现有研究的不足之处

1. 双线盾构隧道施工引起土体变形及控制的研究不足之处

双线盾构施工引起土体变形这一研究方向的不足之处有：

（1）现有方法中，理论解析解相关的研究方法较少，采用 Peck 公式进行研究的均为经验方法，且参数取值困难，仅能计算地表沉降。双线平行盾构隧道施工过程中，由于先行隧道会对后行隧道造成影响，加之影响因素众多，使得其引起的地面沉降较难计算。现有理论计算方法大多分别通过计算先行隧道和后行隧道引起的地面沉降，然后叠加得到双线平行盾构施工引起的总的地面沉降。该方法的计算参数较多，且实测数据表明该方法预测近距离隧道地面沉降时误差较大。此外，虽然对于双线隧道的近距离界定问题已经有了相关研究成果，但以上研究给出的近距离范围比较粗糙，且研究数据仅适用于特定工况，需作进一步研究。

（2）随机介质理论假定地表沉降曲线沿中轴线对称分布，且后行盾构和先行盾构的主要影响角和断面收缩半径也近似相等。但大量实测数据表明，由于先行盾构施工的影响使得土体应力场变得不均匀，导致地表沉降曲线不对称，且先行和后行盾构的参数取值也会发生变化。采用解析解对土体变形的研究较少，对于土体三维深层沉降及水平位移的研究仍没有进展。研究主要集中在盾构施工阶段，没有考虑工后固结沉降以及运营阶段列车振动引起的沉降。

（3）虽然叠加法的计算参数较多，但对于非近距离情况下双线盾构隧道施工引起的地面沉降，叠加法的适用范围仍然很广，目前在该领域仍然被广泛采用。工程实践证明：先行隧道的最大沉降值往往位于隧道轴线处，而后行隧道最大沉降值有时却会偏离隧道轴线位置。

（4）现有研究主要针对的是单因素下的单双线隧道以及多因素下的单线隧道，关于双线盾构施工在多因素条件下引起的土体变形少有人研究，实际工程中，附加注浆力、盾壳摩擦力、正面附加推力对于盾构施工引起的地面沉降也是有一定影响的，因此需要对该方向作进一步的研究。

2. 双线盾构隧道施工对地下管线影响的研究不足之处

目前，对于盾构隧道施工过程对邻近地下管线影响的研究较多，但是存在以下几点不足：

（1）研究内容方面，主流研究是围绕盾构隧道施工对邻近地下管线的影响进行的，主要围绕盾构施工对邻近管线影响的机理、影响因素、管线的位移模式及计算公式、管线的安全性判别方法等，研究模型停留在单线盾构施工中、管隧垂直的工况下，缺乏对不同位置和多因素条件下双线盾构隧道施工引起的管线变形研究；且研究内容尚停留在理论阶段，缺乏实际应用的例子。

（2）研究方法方面，主要包含经验法、解析解、模型试验、数值模拟等方法，以解析解和数值模拟居多。其中经验法不具有广泛性，常常只适用于部分地区或部分工况，没有完整的理论体系；解析解具有理论基础，但模型建立和推导过程较理想化，准确的公式推导涉及的参数也多，而实际工况中不可控因素较多，计算结果与实际情况会存在一定偏差；模型试验方面的研究较少，主要原因是操作复杂，由实际工况到试验模型的处理过程难以把握；数值模拟方法在模拟分析过程中，往往要对边界条件和材料属性进行简化，对分析结果产生影响，而且结构离散化的形式不同，得到的结果和精度也不同，随机性比较大，可信度较低。

（3）研究进展程度方面，现在大多数学者只是从理论上就盾构隧道施工对邻近地下管线的影响进行了分析，对实际工程缺乏实质性的指导意义。目前已有学者提出的根据实际工程中地表沉降的监测数据，结合已有的理论基础，对地下管线做出安全评估的思路，但还未见具体成果。

3. 双线盾构隧道施工对建筑物影响的研究不足之处

双线盾构施工对周边建筑物影响这一研究方向的不足之处有：

（1）现有研究方法计算较复杂；欧阳文彪等[65]推导的盾构施工引起的地表处建筑物沉降计算公式假定隧道周围土体均匀径向收缩，求得的最大沉降值偏小、沉降槽范围偏大，没有考虑建筑物的基础刚度。且假设了建筑物长度可覆盖横向沉降槽影响范围，因此欧阳文彪方法仅适用于满足此条件的工况。且该解析解只有二维解，没有三维解，对工后沉降也未做研究。

（2）韩煊等[68]提出的刚度修正法仅适用于符合高斯分布的建筑物沉降曲线，且建筑物刚度的变化反映在沉降槽宽度的变化上，但实际上建筑物沉降曲线并不只有高斯分布这一种特征，还有塞形分布、偏态分布[71]以及直线形分布几种类型。因此，相关的解析解方法仍然需要改进。

（3）现有盾构施工对建筑物影响的安全评估均是以建筑物在盾构施工过程中的附加沉降来进行评估的，但实际上应该以建筑物自重引起的沉降及盾构施工引起的建筑物的沉降之和作为安全评估的标准。且现有实测方法主要研究盾构施工引起的土体变形和建筑物沉降规律以及防治措施，但很少与实际施工参数相结合，且大多数针对单一建筑，没有比较不同位置和不同类型建筑物的沉降区别。研究成果主要集中在施工阶段，对工后及运营阶段的研究非常缺乏，因此需作进一步研究。

1.4 本书的主要研究内容及技术路线

本书针对现有研究的不足之处，拟揭示双线盾构隧道施工对周边环境的影响机理，提出双线盾构隧道施工引起的土体变形计算方法，开发邻近双线盾构隧道的地下管线安全监管技术，建立邻近双线盾构隧道的建筑物风险模糊层次评估模型，进而提出在设计、施工及运营阶段可以采取的有效工程控制措施，以期为地铁隧道施工的顺利进行提供指导。

主要研究内容如下：

（1）双线盾构隧道施工引起的土体变形计算方法研究

具体包括：①提出相对水平距离系数，建立近距离双线盾构施工中土体损失引起的土体沉降计算方法；②基于先行盾构和后行盾构的叠加原理和相互影响，建立双线盾构施工中土体损失引起的广义土体变形计算方法；③考虑多因素的共同作用，建立双线盾构施工引起的三维土体变形计算方法，提出土体变形的控制措施。

（2）双线盾构隧道施工对邻近地下管线影响的研究

具体包括：①基于弹性地基梁理论，提出双线盾构开挖引起的地下管线位移、弯矩、应力和应变的计算方法，研究其沉降规律和影响因素；②研究双线盾构施工在邻近地下管线上引起的附加荷载大小及分布规律；③开发邻近双线盾构隧道的地下管线安全监管技术，建立最大地面沉降和隧道土体损失率的控制标准，提出地下管线变形的控制措施。

（3）双线盾构隧道施工对邻近建筑物影响的研究

具体包括：①基于杭州地铁实测数据，研究双线盾构隧道掘进施工引起不同位置和不同结构建筑物的沉降规律，提出建筑物变形的控制措施；②采用 midas/GTS 软件，建立双线盾构隧道垂直穿越建筑物的三维有限元模型，分析随隧道开挖面穿越前后建筑物的受力与变形规律；③基于盾构法隧道统一土体移动模型解，并结合等效刚度原理，提出盾构隧道施工引起上方建筑物沉降的计算方法；④提出邻近盾构隧道的建筑物风险指标体系，建立邻近盾构隧道的建筑物风险模糊层次评估模型。

本研究的技术路线如图 1.4-1 所示。研究方法主要是采用实测分析、理论分析与计算、有限元模拟这三种类型。

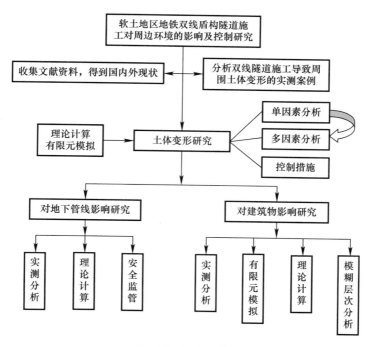

图 1.4-1　技术路线图

参考文献

[1] Peck R B. Deep excavations and tunneling in soft ground [C]. Proceedings of the 7th International Conference on Soil Mechanics and Foundation Engineering, Mexico City：[s. n.], 1969：225-290.

[2] New B M, Bowers K H. Ground movement model validation at the Heathrow express trial tunnel [C]. Tunnelling 94, IMM, London, 1993：301-329.

[3] Wang J G, Kong S L, Leung C F. Twin tunnels-induced ground settlement in soft soils [C]. Geotechnical Engineering in Urban Construction, China：Beijing, Tsinghua University Press, 2003：241-244.

[4] 刘波，陶龙光，丁城刚，等. 地铁双隧道施工诱发地表沉降预测研究与应用 [J]. 中国矿业大学学报，2006，35（3）：356-361.

[5] Suwansawat S, Einstein H H. Describing settlement troughs over twin tunnels using a superposition technique [J]. Journal of Geotechnical and Geoenvironmental Engineering, 2007, 133（4）：445-468.

[6] 马可栓. 盾构施工引起地基移动与近邻建筑保护研究 [博士论文 D]. 武汉：华中科技大学，2008.

[7] CHAPMAN D N, ROGERS C D F, HUNT D V L. Predicting the settlements above twin tunnel constructed in soft ground [C]//Proceedings of the ITA-AITES World Tunnelling Congress, Singapore, 2004, Tunnels and Underground Space Technology, 19, 378.

[8] 魏新江，魏纲. 水平平行顶管引起的地面沉降计算方法研究 [J]. 岩土力学，2006，27（7）：1129-1132.

[9] 伍振志. 基于非均匀收敛模式的隧道地表变形的随机介质预测模型 [J]. 中南大学学报（自然科学版），2010，41（5）：2005-2010.

[10] 胡斌，刘永林，唐辉明，等. 武汉地铁虎泉—名都区间隧道开挖引起的地表沉降研究 [J]. 岩石力学与工程学报，2012，31（5）：908-913.

[11] Addenbrooke T I, Potts D M. Twin tunnel interaction：surface and subsurface effects [J]. The International Journal of Geomechanics，2001，1（2）：249-271.

[12] Chehade F H, Shahrour I. Numerical analysis of the interaction between twin-tunnels：Influence of the relative position and construction procedure [J]. Tunnelling and Underground Space Technology，2008，23（2）：210-214.

[13] 韩昌瑞，贺光宗，王贵宾. 双线并行隧道施工中影响地表沉降的因素分析 [J]. 岩土力学，2011，32（增刊2）：484-487，495.

[14] 魏纲，庞思远. 基于有限元模拟的双线平行盾构隧道近距离界定 [J]. 市政技术，2014，32（1）：76-80.

[15] 胡炜，曾东洋. 平行盾构隧道施工地表变位影响因素研究 [J]. 铁道工程学报，2007，

23（3）：50-55.

[16] 刘庭金，朱合华. 近间距平行泥水盾构隧道推进方案三维数值模拟 [J]. 铁道建筑，2008，（5）：64-66.

[17] 孙兵，仇文革. 双孔盾构隧道地表位移离心机模型试验研究 [J]. 铁道建筑，2010，（2）：38-41.

[18] Kimura K，Mair R J. Centrifugal Testing of Model Tunnels in Soft Clay [C]//Proceeding of the 10th International Conference on Soil Mechanics & Foundation Engineering，1981：319-322.

[19] 周小文，濮家骝. 砂土中隧洞开挖引起的地面沉降试验研究 [J]. 岩土力学，2002，23（5）：559-563.

[20] Chen R P，Zhu J，Liu W，Tang X W. Ground movement induced by parallel EPB tunnels in silty soils [J]. Tunnelling and Underground Space Technology，2011，26（1）：163-171.

[21] 王启耀，郑永来，凌宇峰，等. 近距离双线盾构隧道施工相互影响的监测与分析 [J]. 地下空间，2003，23（3）：229-233.

[22] 周振. 南京复杂地层中盾构掘进地表沉降实测数据分析 [J]. 施工技术，2015，44（13）：83-86.

[23] 姜忻良，赵志民，李园. 隧道开挖引起土层沉降槽曲线形态的分析与计算 [J]. 岩土力学，2004，25（10）：1542-1544.

[24] 朱忠隆，张庆贺，易宏传. 软土隧道纵向地表沉降的随机预测方法 [J]. 岩土力学，2001，22（1）：56-59.

[25] SAGASETA C. Analysis of undrained soil deformation due to ground loss [J]. Geotechnique，1987，37（3）：301-320.

[26] 魏纲. 盾构法隧道统一土体移动模型的建立 [J]. 岩土工程学报，2007，29（4）：554-559.

[27] PARK K H. Elastic solution for tunneling-induced ground movements in clays [J]. International Journal of Geomechanics，2004，4（4）：310-318.

[28] LOGANATHAN N，POULOS H G. Analytical prediction for tunneling-induced ground movement in clays [J]. Journal of Geotechnical and Geoenvironmental Engineering，1998，124（9）：846-856.

[29] 魏纲. 盾构法隧道施工引起的土体变形预测 [J]. 岩石力学与工程学报，2009，28（2）：418-424.

[30] 韩煊，李宁. 隧道开挖不均匀收敛引起地层位移的预测模型 [J]. 岩土工程学报，2007，29（3）：347-352.

[31] 朱洪高，郑宜枫，陈昊. 双圆盾构隧道土体地表沉降特性 [J]. 建筑科学与工程学报，2006，23（2）：62-67.

[32] 刘大刚，陶德敬，王明年. 地铁双隧道施工引起地表沉降及变形的随机预测方法 [J]. 岩土力学，2008，29（12）：3422-3426.

[33] YANG X L, WANG J M. Ground movement prediction for tunnels using simplified procedure [J]. Tunnelling and Underground Space Technology, 2011, 26: 462-471.

[34] 方焘, 徐向春. 采用随机介质理论改进方法计算平行双线盾构隧道的沉降 [J]. 城市轨道交通研究, 2015, 18 (5): 19-23.

[35] 姜忻良, 赵志民. 盾构施工引起土体位移的空间计算方法 [J]. 华中科技大学学报 (城市科学版), 2005, 22 (2): 1-4, 12.

[36] 卢海林, 赵志民, 方芃, 等. 盾构法隧道施工引起土体位移与应力的镜像分析方法 [J]. 岩土力学, 2007, 28 (1): 45-50.

[37] 魏纲, 徐日庆. 软土隧道盾构法施工引起的纵向地面变形预测 [J]. 岩土工程学报, 2005, 27 (9): 1077-1081.

[38] 魏纲, 张世民, 齐静静, 等. 盾构隧道施工引起的地面变形计算方法研究 [J]. 岩石力学与工程学报, 2006, 25 (增 1): 3317-3323.

[39] 唐晓武, 朱季, 刘维, 等. 盾构施工过程中的土体变形研究 [J]. 岩石力学与工程学报, 2010, 29 (2): 417-422.

[40] 林存刚, 张忠苗, 吴世明, 等. 软土地层盾构隧道施工引起的地面隆陷研究 [J]. 岩石力学与工程学报, 2011, 30 (12): 2583-2592.

[41] 梁荣柱, 夏唐代, 林存刚, 等. 盾构推进引起地表变形及深层土体水平位移分析 [J]. 岩石力学与工程学报, 2015, 34 (3): 583-593.

[42] 孙统立, 李浩, 吕虎, 等. 双圆盾构施工扰动引起的地表位移特性分析 [J]. 土木工程学报, 2009, 42 (6): 108-114.

[43] Attewell P B, Yeates J, Selby A R. Soil movements induced by tunnelling and their effects on pipelines and structures [M]. London: Blackie & Son Ltd., 1986.

[44] Vorster T E B, Klar Assaf, Soga Kenichi, et al. Estimating the effects of tunneling on existing pipelines [J]. Journal of Geotechnical and Geoenvironmental Engineering, 2005, 131 (11): 1399-1410.

[45] 吴为义. 盾构隧道周围地下管线的性状研究 [博士论文 D]. 杭州: 浙江大学, 2008.

[46] 王涛, 魏纲, 徐日庆. 隧道开挖对邻近地下管线的影响预测分析 [J]. 岩土力学, 2006, 27 (增刊): 483-486.

[47] 魏纲, 朱奎. 顶管施工对邻近地下管线的影响预测分析 [J]. 岩土力学, 2009, 30 (3): 825-831.

[48] 张桓, 张子新. 盾构隧道开挖引起既有管线的竖向变形 [J]. 同济大学学报 (自然科学版), 2013, 41 (8): 1172-1178.

[49] 张陈蓉, 俞剑, 黄茂松. 隧道开挖对邻近非连续接口地埋管线的影响分析 [J]. 岩土工程学报, 2013, 35 (6): 1018-1026.

[50] 吴华君, 魏纲. 近距离双线平行盾构施工引起的土体沉降计算 [J]. 现代隧道技术, 2014, 51 (2): 63-69, 75.

[51] 魏纲, 庞思远. 双线平行盾构隧道施工引起的三维土体变形研究 [J]. 岩土力学, 2014, 35 (9): 2562-2568.

[52] 陈春来，赵城丽，魏纲，等. 基于 Peck 公式的双线盾构引起的土体沉降预测 [J]. 岩土力学，2014，35（8）：2212-2218.

[53] 裴超. 隧道施工对邻近地下管线的影响研究 [J]. 山西建筑，2008，34（12）：325-327.

[54] 范德伟，宋晓光. 盾构开挖对地下管线影响的数值模拟分析 [J]. 燕山大学学报，2009，33（3）：247-253.

[55] 姜玲，汪中卫，王旭东. 隧道开挖引起地下管线竖向位移的初参数法求解 [J]. 南京工业大学学报，2010，32（4）：72-76.

[56] 谷拴成，贺恒炜，茹国锋. 地铁隧道工程开挖过程中地下管线的受力情况分析 [J]. 城市轨道交通研究，2015，18（5）：14-18，23.

[57] 魏纲，洪杰，魏新江. 双圆盾构施工引起邻近地下管线附加荷载的分析 [J]. 岩土力学，2012，33（6）：1735-1741，1753.

[58] 李兴高，王霆. 刚性管线纵向应变计算及安全评价 [J]. 岩土力学，2008，29（12）：3299-3302，3306.

[59] 李兴高，王霆. 柔性管线安全评价的简便方法 [J]. 岩土力学，2008，29（7）：1861-1864，1876.

[60] 刘晓强，梁发云，张浩，等. 隧道穿越引起地下管线竖向位移的能量变分分析方法 [J]. 岩土力学，2014，35（增 2）：217-231.

[61] 任晓磊. 城市地下管线信息系统开发与研究 [硕士论文 D]. 重庆：西南大学，2013.

[62] 张鹏. 地铁施工作用下地下管线变形损坏控制标准研究 [A]. 中国岩石力学与工程学会工程安全与防护分会. 第 2 届全国工程安全与防护学术会议论文集（上册）[C]. 中国岩石力学与工程学会工程安全与防护分会，2010：7.

[63] 赵智涛，刘军，王霆，等. 地铁暗挖施工引起的管线与地层沉降关系研究 [J]. 岩土力学，2015，36（4）：1159-1166.

[64] 李林. 超大直径盾构穿越高危管线安全度判定方法及实测研究 [J]. 现代隧道技术，2014，51（5）：134-138.

[65] 欧阳文彪，丁文其，谢东武. 考虑建筑刚度的盾构施工引致沉降计算方法 [J]. 地下空间与工程学报，2013，9（1）：155-160.

[66] Verruijt A，Booker J R. Surface settlements due to deformation of a tunnel in an elastic half plane [J]. Geotechnique，1996，46（4）：753-756.

[67] 施成华，彭立敏，刘宝琛. 浅埋隧道开挖对地表建筑物的影响 [J]. 岩石力学与工程学报，2004，23（19）：3310-3316.

[68] 韩煊，Standing J R，李宁. 隧道施工引起建筑物变形预测的刚度修正法 [J]. 岩土工程学报，2009，31（4）：539-545.

[69] 韩煊. 隧道施工引起地层位移及建筑物变形预测的实用方法研究 [博士论文 D]. 西安：西安理工大学，2006.

[70] 韩煊，李宁，Jamie R. Standing. 地层位移引起建筑物变形特性分析 [J]. 土木工程学报，2011，44（增）：135-141，229.

[71]　丁智，朱少杰，秦建设，等. 邻近建筑物盾构隧道开挖引起的地表沉降预测研究 [J].
　　　现代隧道技术，2016，53（4）：77-83.

[72]　丁智. 盾构隧道掘进对邻近建筑物影响及变形预测研究 [博士论文 D]. 杭州：浙江大
　　　学，2014.

[73]　朱逢斌. 盾构隧道施工对邻近多层框架结构建筑物的影响研究 [博士论文 D]. 南京：
　　　东南大学，2015.

[74]　Finno J，Voss T，Rossow E，et al. Evaluating damage potential in buildings affected by exca-
　　　vations [J]. Journal of Geotechnical and Geoenvironmental Journal，2005，131（10）：1199-
　　　1210.

[75]　魏纲，叶琦，虞兴福，等. 杭州地铁盾构隧道掘进对建筑物影响的实测分析 [J]. 现代
　　　隧道技术，2015，52（3）：150-159.

[76]　孙宇坤，关富玲. 盾构隧道掘进对砌体结构建筑物沉降的影响 [J]. 中国铁道科学，
　　　2012，33（4）：38-44.

[77]　徐泽民，韩庆华，郑刚，等. 地铁隧道下穿历史风貌建筑影响的实测与分析 [J]. 岩土
　　　工程学报，2013，35（2）：364-374.

[78]　申景宇. 成都地铁 1 号线盾构掘进对建筑物安全的影响分析 [J]. 现代隧道技术，
　　　2008，45（2）：63-68.

[79]　魏纲，裘新谷，魏新江，等. 邻近建筑物的暗挖隧道施工数值模拟 [J]. 岩土力学，
　　　2009，30（2）：547-552.

[80]　彭畅，伍雨林，骆汉宾，等. 双线盾构施工对邻近建筑物影响的数值分析 [J]. 岩石力
　　　学与工程学报，2008，27（增2）：3868-3874.

[81]　Liping Ding，Xianguo Wu，Limao Zhang，et al. How to protect historical buildings a-
　　　gainst tunnel-induced damage：A case study in China [J]. Journal of Cultural Heritage，
　　　2015，16（6）：904-911.

[82]　Wei Gang，Hu Hui-hui，Zhang Shimin. Study on the influence of construction of shal-
　　　low-buried underground excavation tunnel on adjacent framework buildings [J]. Disaster
　　　Advances，2013，6（S4）：149-156.

[83]　杨海勇，鹿群. 一侧有建筑物时盾构引起地表沉降的数值分析 [J]. 河北工程大学学报
　　　（自然科学版），2013，30（4）：30-34.

[84]　范祚文，张子新. 砂卵石地层土压力平衡盾构施工开挖面稳定及邻近建筑物影响模型
　　　试验研究 [J]. 岩石力学与工程学报，2013，32（12）：2506-2512.

第二章 近距离双线平行盾构施工引起的土体沉降计算方法研究

2.1 引言

近年来，我国地铁建设迅猛发展，大多数采用双线水平平行盾构法施工，较少采用单线（圆）或双圆盾构施工。双线平行盾构施工引起的土体变形与单线盾构有较大区别，其最大沉降值与沉降槽宽度都要大于单线盾构，对周边环境的危害更大。目前国内外对单线和多圆盾构施工引起的土体沉降研究较多，成果丰富。由于双线平行盾构施工引起的地面沉降槽形状变化多样，不像单线盾构那样具有很好的对称性。因此对于双线平行盾构施工引起的土体变形研究相对较少，且研究仅限于地面沉降。现有研究方法主要有：（1）基于 Peck 公式的经验方法；（2）随机介质理论；（3）边界单元法；（4）有限单元法；（5）模型试验法。

由第 1 章绪论可知，Peck 公式能够准确地预测单线盾构隧道和双线水平平行盾构隧道近距离时引起的地面沉降。但是当双线水平平行盾构隧道间距较远时，总的地面沉降曲线呈 W 形，此时 Peck 公式就不再适用。因此有必要对 Peck 公式的适用范围进行研究，即对双线水平平行盾构隧道的"近距离"进行界定。

目前关于双线平行盾构隧道"近距离"的界定比较困难，大多采用有限元模拟，通过改变双线平行盾构隧道轴线水平距离 L 值来研究地面沉降曲线形状变化，缺乏理论公式方面的研究。另外，由于双线平行盾构施工引起地面沉降的影响因素较多，导致研究困难，现有研究成果还不是很成熟，目前还无法计算深层土体沉降，因此需作深入研究。

本章主要研究近距离双线平行盾构施工引起的土体沉降规律及计算方法。具体内容包括：（1）采用 midas GTS 软件建立双线平行盾构施工的三维有限元模型，模拟不同施工工况；（2）分别采用 Peck 公式、盾构法隧道统一解以及随机介质理论，提出修正公式，用于计算近距离双线平行盾构施工引起的土体（地表）沉降，研究变化规律及影响因素；（3）首次对"近距离"进行了界定，提出了计算公式和界定范围。

2.2 基于有限元模拟的双线平行盾构隧道近距离界定

本节提出了双线水平平行盾构的相对水平距离系数 C，采用三维有限元模拟双线水平平行盾构施工引起的地面沉降，将模拟得到的地面沉降曲线与 Peck 公式相拟合，得到 Peck 公式的适用范围，对双线平行盾构"近距离"进行了界定。

1. 双线水平平行盾构近距离的界定

分析认为，根据几何原理，双线水平平行盾构施工引起的地面沉降曲线形状应与地面沉降槽边缘点到隧道轴线的水平距离和 L 值有关，不能仅根据 L 值的

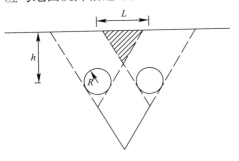

图 2.2-1 地面沉降变化示意图

大小来判断两条隧道是否为近距离。如图 2.2-1 所示，图中阴影部分为双线隧道相互扰动区域，h 为隧道轴线埋深，R 为隧道开挖半径。随着双线隧道间距由小到大，总的地面沉降曲线由"V"形向"W"形过渡；当隧道间距大于一定值时，其地面沉降曲线不符合正态分布，此时需使用其他较为复杂的公式来计算地面沉降。

Cording 等（1975）[1]经分析提出，对各种软塑到硬塑的黏土，地面沉降槽边缘点到隧道轴线的水平距离约为 $h+R$。魏纲（2009）[2]的研究也表明该结论有一定可靠性。因此，笔者分析认为，双线平行盾构引起的地面沉降曲线形状与 L 和 $h+R$ 有关。当 $L>h+R$ 时，根据几何原理，双线平行盾构引起的地面沉降曲线会呈 W 形分布。令 $C=L/(h+R)$ 为两条隧道轴线的相对水平距离系数。显然，C 值越小、两条隧道的相对水平距离也越近。因此，可以用 C 值来界定双线水平平行盾构隧道的"近距离"。

笔者根据实际工程，考虑注浆液的硬化和 L 的改变，采用三维有限元模拟双线水平平行盾构隧道施工，将模拟得到的地面沉降曲线与 Peck 公式相拟合，根据拟合程度，用 C 值来界定双线水平平行盾构隧道"近距离"。

2. 三维有限元模拟

（1）三维有限元模型建立

定义土体为匀质黏土，本构模型采用莫尔-库伦模型，采用实体单元。隧道衬砌采用板单元，厚 0.35m，采用 C50 混凝土，按线弹性材料考虑。隧道的 $h=12$m，$R=3.17$m，隧道外半径 $r=3.1$m。在盾尾空隙中进行壁后注浆，注浆层宽 0.07m，采用实体单元，按线弹性材料考虑，考虑到注浆液会随时间硬化，定义

软注浆液和硬注浆液两种属性。材料的物理力学参数见表 2.2-1。

材料物理力学参数 表 2.2-1

构件	重度（kN·m⁻³）	弹性模量（MPa）	泊松比	黏聚力（kPa）	内摩擦角（°）
土体	18.5	21	0.35	15	20
隧道衬砌	25	34500	0.2		
软注浆液	23	4	0.4		
硬注浆液	26	28.79	0.2		

建立三维模型，设定土体的尺寸为横向 80m，竖向 40m，纵向 70m。令土体每步开挖进尺为 2m，隧道共划分为 35 段。盾壳与土体之间的摩擦力和开挖面支护力均假定为均布力，摩擦力和正面推力分别取 45kPa 和 138.9kPa。注浆液硬化周期为 5 步，由于注浆体是由液态逐渐硬化成固态，所以在盾构开挖过程中存在流动的软注浆液和硬化的硬注浆液。当注浆液硬化时不存在注浆力，故只在软注浆液阶段采用等效均布力来模拟盾尾同步注浆，取值为 37kPa。图 2.2-2 为双线平行盾构隧道施工几何平面图，网格划分见图 2.2-3 和图 2.2-4。

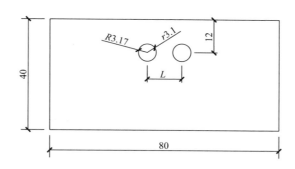

图 2.2-2 几何平面示意图（m）

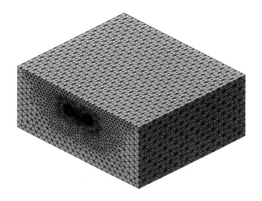

图 2.2-3 土体网格划分图

图 2.2-4 隧道网格划分图

25

三维有限元模拟步骤：①激活土体、自重荷载，位移清零，施加边界；②开挖土体；③激活衬砌，施加摩擦力和正面推力；④钝化盾尾注浆层，激活注浆液，施加注浆压力；⑤硬化注浆液，取消注浆压力。

（2）改变隧道间距的三维有限元模拟

改变图 2.2-2 中两条隧道轴线水平距离 L，使其分别为 9m、10m、11m、11.5m、12m、12.5m、13m、14m、16m，其他条件不变。模拟时令左侧隧道沿纵向掘进 70m，右侧隧道沿纵向掘进 68m，读取隧道始发处的地面沉降数据作为研究对象，此时该地面沉降曲线已经稳定，结果见图 2.2-5。

如图 2.2-5 所示，当两条隧道间距较小时，由于左右两侧隧道的相互影响较大，双线平行盾构隧道施工引起的地面沉降较大，沉降曲线基本呈轴对称，满足正态分布。此时双线平行盾构隧道施工引起的地面沉降，可近似等同于一个半径较大的单线盾构隧道开挖引起的地面沉降；随着 L 变大，由于左右两侧隧道的相互影响减小，双线平行盾构隧道施工产生的最大地面沉降值逐渐减小，地面沉降曲线慢慢由 V 形转变成 W 形。

（3）近距离的界定

下面对图 2.2-5 中的地面沉降曲线进行详细分析。将模拟数据与 Peck 公式进行拟合，来研究 Peck 公式的适用范围。图 2.2-6～图 2.2-12 分别为 $L=9m$、10m、11m、11.5m、12m、12.5m、13m 时的三维有限元地面沉降模拟值与 Peck 公式计算值的拟合图。

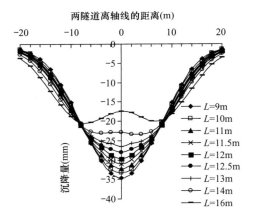

图 2.2-5 不同隧道间距下地面沉降曲线

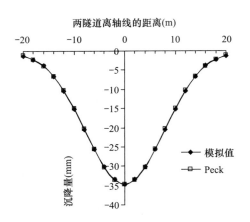

图 2.2-6 双线隧道近距离拟合（$L=9m$）

如图 2.2-6～图 2.2-12 所示：当 $L=9m$ 时，模拟值与 Peck 公式计算值十分吻合；当 $L=10m$ 时，模拟值与 Peck 公式计算值也几乎完全重合，最大差异处只有 0.5mm 的误差；当 $L=11m$ 时，模拟值与 Peck 公式计算值开始不吻合，在两条隧道距离中轴线 6m 的位置处沉降差异逐步增大；在 $L=11.5～13m$ 时，模拟

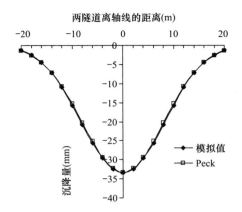

图 2.2-7　双线隧道近距离拟合 （$L=10$m）

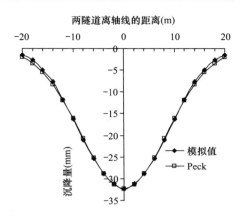

图 2.2-8　双线隧道近距离拟合 （$L=11$m）

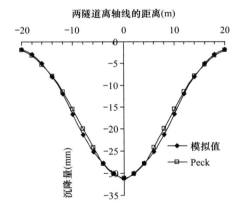

图 2.2-9　双线隧道近距离拟合 （$L=11.5$m）

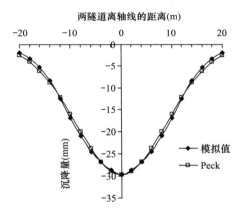

图 2.2-10　双线隧道近距离拟合 （$L=12$m）

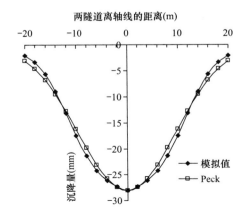

图 2.2-11　双线隧道近距离拟合 （$L=12.5$m）

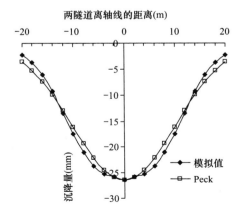

图 2.2-12　双线隧道近距离拟合 （$L=13$m）

值与 Peck 公式计算值之间的差异越来越大。可以看出，数据先在最外侧产生差异，后移向中轴线附近，最后整个区域的地面沉降都可看到明显差异。表明随着 L 增大，两数值已明显不吻合。因此 $L=13\text{m}$ 以后的数据笔者就不再重复拟合。

由公式 $C=L/(h+R)$，计算 9 组数据的 C 值，结果表明：当间距 L 为 9m、10m、11m、11.5m、12m、12.5m、13m、14m、16m 时，C 值分别为 0.59、0.66、0.73、0.76、0.79、0.82、0.86、0.92、1.05。

由图 2.2-6～图 2.2-12 的拟合结果可知，当 $L=9\text{m}$ 和 10m 时，地面沉降曲线符合正态分布规律；当 $L>10\text{m}$ 后，地面沉降曲线均不符合正态分布规律。这是由于两条隧道相对距离过大的原因，与理论分析结果一致。因此笔者提出，令 $C=0.66$ 作为双线水平平行盾构隧道近距离的界限，当 $C\leqslant0.66$ 时适合采用 Peck 公式计算。

下面采用韩昌瑞等（2011）[3] 和 Chehade 等（2008）[4] 的研究数据，来验证本文结果的可靠性。令 D 为隧道开挖直径。韩昌瑞等（2011）[3] 研究表明：令 $h=3D$，当 $L=2D$ 时，即 $C=0.57$，地面沉降曲线符合正态分布；当 $L=3D$ 时，即 $C=0.86$，不符合正态分布；当 $L=4D$ 时，即 $C=1.14$，曲线呈 W 形分布。Chehade 等（2008）[4] 研究表明：令 $h=2.5D$，当 $L=2D$ 时，即 $C=0.67$，地面沉降曲线符合正态分布；当 $L>2D$ 后，曲线不符合正态分布；当 $L=3D$ 时，即 $C=1$，曲线呈 W 形分布。以上结果很好地验证了本文研究结果的可靠性。

2.3 基于 Peck 公式的土体沉降计算方法研究

本节提出近距离双线水平平行盾构施工引起的总的土体沉降曲线符合正态分布规律，建立修正的二维 Peck 公式，对计算参数的取值方法进行研究，提出了本文方法的适用范围。作算例分析，将预测值与实测值进行了比较。

1. 本文方法及参数取值研究

1）本文方法

大量实测资料分析表明：当双线平行隧道轴线距离较近时，施工引起的总的地面沉降符合正态分布曲线，能直接采用 Peck 公式进行计算，即采用公式（1-1）。但是该公式只能计算地面沉降，无法计算深层土体沉降，所以需要对其进行修正。

姜忻良等（2004）[5] 假定隧道开挖在地面以下土层中所形成的沉降槽体积等于土体损失体积，各土层沉降槽曲线仍采用正态分布函数表示，通过回归分析提出了不同深度处土层沉降的经验计算公式为：

$$S_z(x) = S_{\max}(z)\exp\left[-\frac{x^2}{2i(z)^2}\right] \tag{2-1}$$

$$S_{\max}(z) = \frac{V_{\text{loss}}}{i(z)\sqrt{2\pi}} \tag{2-2}$$

$$i(z) = i(1 - z/h)^{0.3} \tag{2-3}$$

式中：z 为离地面的竖向距离，以向下为正；$S_{\max}(z)$ 为 z 深度处的隧道轴线上方最大沉降值；$i(z)$ 为 z 深度处的沉降槽宽度系数。

孙玉永等（2009）[6] 根据有限元模拟所得盾构隧道上方不同深度处土层的横向沉降槽曲线，提出：

$$i(z) = i(1 - z/h)^{0.5} \tag{2-4}$$

魏纲（2010）[7] 对姜忻良与孙玉永公式进行了修正，使其适用范围更广，提出 $i(z)$ 的计算公式：

$$i(z) = i(1 - z/h)^{n} \tag{2-5}$$

式中：n 为与隧道半径和土质条件有关的影响系数，n 越小，$i(z)$ 越大，n 的最小值为 0，此时 $i(z) = i$。

笔者分析认为，近距离双线平行盾构施工引起的总的土体沉降（包括地面沉降和深层沉降），符合正态分布曲线。结合公式（1-3）、（2-1）、（2-2）、（2-5），建立修正的二维 Peck 公式，可以计算双线平行盾构施工引起的深层土体沉降，同时能够考虑沉降曲线的不对称性。以右侧先开挖为例：

$$S_z(x) = \frac{S_{\text{maxt}}}{(1 - z/h)^{n}} \exp\left[-\frac{(x - a)^2}{2i_{\text{t}}^2(1 - z/h)^{2n}} \right] \tag{2-6}$$

式中：$S_{\text{maxt}} = \dfrac{\pi R^2 \eta_{\text{t}}}{i_{\text{t}}\sqrt{2\pi}}$；$i_{\text{t}}$ 为总的地面沉降槽宽度系数；η_{t} 为总的土体损失率；a 为 S_{maxt} 偏离中轴线的水平距离，以最大值偏向先行隧道侧为正。

该公式需要确定 4 个参数：i_{t}、η_{t}、a 和 n。当 $z = 0\text{m}$ 时，公式（2-6）就变为地面沉降计算公式，同公式（1-3）。关于"近距离"的界定，在下文中给出。

2）计算参数取值研究

（1）实测数据收集

SUWANSAWAT（2007）[8]、马可栓（2008）[9] 分别采用 Peck 公式对先行隧道引起的地面沉降和总的地面沉降曲线进行拟合，两个工程大多数为右侧先开挖。具体数据见表 2.3-1，表中 i_{f} 为先行隧道的地面沉降槽宽度系数，η_{f} 先行隧道的土体损失率。表中序号 1～7 数据来源于 SUWANSAWAT（2007）[8]，隧道开挖直径 $D = 6.43\text{m}$，开挖土质主要为：软黏土、坚硬黏土、密砂，有 6 组符合正态分布曲线；序号 8～15 数据来源于马可栓（2008）[9]，$D = 11.38\text{m}$，开挖土质主要为：粉质黏土、粉细砂、中粗砂、卵石地层，有 5 组符合正态分布曲线。表 2.3-1 中序号 7、8、9、10 不符合正态分布曲线，原因在下文中予以解释。

实测数据反分析结果　　　　　　　　　　　　　　　　　表 2.3-1

序号	断面名称	h(m)	L(m)	i_f(m)	i_t(m)	a(m)	η_f(%)	η_t(%)
1	23-AR-001	22	10.3	15	17	2	4.86	7.22
2	26-AR-001	18.5	20	13	18	4	4.42	7.71
3	CS-8B	19	17.5	12	14	3	0.74	1.03
4	CS-8D	20.1	14.5	10	13	1	0.69	1.10
5	SS-5T-52e-s	22.2	20	13	17	0	1.71	3.94
6	SS-5T-52e-o	26	15	14	17	0	0.92	1.44
7	23-G3-007-019	19	20	9	11	8	2.78	3.78
8	HS1	12.6	20	6	9	0	1.14	1.83
9	HS2	17.4	20	8	11	0	1.07	1.94
10	HS3	18.4	20	7	10	0	0.45	1.29
11	HS4	22.9	20	11	15	10	1.43	2.81
12	HS5	35.6	20	15	17	0	0.72	1.71
13	HS6	37.6	20	15	18	0	0.46	1.20
14	HS7	44	20	22	25	0	0.39	1.08
15	HS8	46.5	20	23	26	0	0.29	0.91

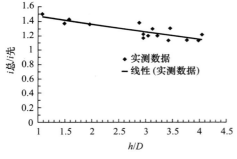

图 2.3-1　地面沉降槽宽度系数
实测统计分析结果

（2）i_t 取值研究

通过对表 2.3-1 中 15 组实测数据的分析，i_t 要大于 i_f，两者比值（i_t/i_f）的范围为 [1.13，1.43]，平均值为 1.27。同时，发现 i_t/i_f 跟 h/D 成明显的线性减小关系。如图 2.3-1 所示，拟合公式为：

$$i_t/i_f = 1.5789 - 0.1076h/D \qquad (2-7)$$

目前关于 i_f 的研究成果非常多，其取值具体可参见魏纲（2009）[2] 的研究成果。

（3）η_t 取值研究

从表 2.3-1 中可以发现，η_t 要远大于 η_f，两者比值（η_t/η_f）的范围为 [1.36，3.14]，平均值为 2.04。

统计结果表明：η_t/η_f 与 h/D 之间没有明显关系。分别对（η_t/η_f）与 h、（$h+R$）、（$h+D$）进行线性拟合，拟合效果依次从差到好。因此选择（η_t/η_f）与（$h+D$）进行线性拟合，见图 2.3-2，拟合公式为：

$$\eta_t/\eta_f = 0.6552 + 0.0399(h+D) \qquad (2-8)$$

建议 η_t 可以按 η_t/η_f 的平均值为 2.04 或公式（2-8）进行计算。关于 η_f 的取

值，具体参见魏纲（2010）[10]的研究成果。

（4）a 和 n 取值研究

从表 2.3-1 中可以发现，在参数 a 的 15 组数据中，有 9 组为零，其余 6 组数据均为正，平均值为 1.87m，范围在 [0，10m] 之间。表明 S_{maxt} 总体偏向先行隧道侧。参数 a 的取值较难，需进一步收集数据。

关于 n 的取值：姜忻良等（2004）[5]由于统计数据较少，发现 n 范围为 [0.2，

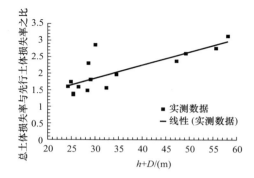

图 2.3-2　土体损失率实测统计分析结果

0.45]，最后取 $n=0.3$；孙玉永等（2009）[6]则是对有限元模拟结果进行拟合，得到 $n=0.5$；魏纲（2009）[7]建议 n 的取值范围：对于黏性土，在 [0.35～0.85] 之间；对于砂土，在 [0.85～1.0] 之间。

3）公式适用范围讨论

（1）实测与有限元研究成果分析

关于双线隧道"近距离"的界定，同 2.2.1 节的方法，令 $C=L/(h+R)$ 为两条隧道轴线的相对水平距离系数。显然，C 值越小、两条隧道的相对水平距离也越近。所以要采用本文方法，C 必须小于 1。

表 2.3-1 中的实测地面沉降曲线大多数符合正态分布规律。计算 15 组数据的 C 值，结果表明：表中序号 7、8、9、10 数据的 C 值均比较大，分别为 0.90、1.09、0.86、0.83，表明这 4 组数据之所以不符合正态分布规律，是因为两条隧道相对距离过大的原因。这与理论分析结果是一致的。剔除这 4 组不符合要求的数据，其余 11 组数据的 C 值范围为 [0.38，0.92]，平均值为 0.59≈0.6。

韩昌瑞等（2011）[3]研究表明：令 $h=3D$，当 $L=2D$ 时，地面沉降曲线符合正态分布；当 $L=3D$ 时，曲线中间部位呈水平，不符合正态分布；当 $L=4D$ 时，曲线呈 W 形分布。笔者计算表明：当 $L=2D$ 时，$C=2/3.5=0.57$，与前面 11 组数据的平均值非常接近；当 $L=4D$ 时，$C=4/3.5=1.14>1$，所以为 W 形分布。

Chehade 等（2008）[4]研究表明：令 $h=2.5D$，当 $L=2D$ 时，地面沉降曲线符合正态分布；当 $L>2D$ 后，曲线不符合正态分布；当 $L=3D$ 时，曲线呈 W 形分布。笔者计算表明：当 $L=2D$ 时，$C=0.67$，与前面 11 组数据的平均值也比较接近；当 $L=3D$ 时，$C=3/3=1$，所以为 W 形分布。

结合上述研究成果，笔者提出双线平行盾构引起的地面沉降曲线形状与 C 值有直接关系，本文公式适用范围为 $C<0.6$，即 $L<0.6(h+R)$ 的工况，此时两条隧道相对水平距离较近；当 $C≥1$ 时，地面沉降曲线开始呈 W 形分布。

（2）理论计算验证

假定单线隧道地面沉降槽边缘到隧道轴线水平距离为 $2.5i$，先行隧道和后行隧道引起的土体损失率和 i 值相等。令 $L=0.6(h+R)=0.6\times2.5i$，$L/2=0.3\times2.5i$。

采用刘波（2006）[11] 的方法，在先（后）行隧道轴线处叠加得到的地面沉降量为：$S_{max}+S_{max}\exp[-1\times(0.6\times2.5i)^2/(2i^2)]=1.32S_{max}$；双线隧道中轴线处的地面沉降为：$2\times S_{max}\exp[-1\times(0.3\times2.5i)^2/(2i^2)]=1.51S_{max}$，要大于先（后）行隧道轴线处的地面沉降量，比例为 1.14。

假定叠加后的 i_t 为 $1.27i$（取实测数据平均值），令中轴线处的总的地面沉降量为 S_{maxt}，则按正态分布规律，先（后）行隧道轴线处的地面沉降量为 $S_{maxt}\exp[-1\times(L/2)^2/(2\times1.27^2\times i^2)]=0.84S_{maxt}$，两者之比为 $1/0.84=1.19$，略大于 1.14。

可见，当 $L=0.6(h+R)$ 时，总的地面沉降曲经比较符合正态分布规律，也表明本书提出的适用范围是可靠的。

2. 工程实例验证

杭州地铁 1 号线，盾构开挖直径 $D=6.34m$，隧道轴线埋深 $h=19m$，两条隧道轴线水平距离 $L=12m$。盾构穿越粉土和粉质砂土，右侧先开挖[12]。

计算得到 $C=0.54<0.6$，符合本文方法的适用范围。采用 Peck 公式拟合先行隧道引起的地面沉降实测曲线，反分析得到：$\eta_f=0.845\%$，$i_t=7.6m$。如图 2.3-3 所示，先行隧道引起的地面沉降曲线基本符合正态分布规律。

采用本书公式（2-12）拟合总的地面沉降实测曲线，见图 2.3-4。采用公式（2-13）计算得到 $i_t=9.5m$，反分析得到 $\eta_t=1.584\%$，$a=2m$（偏向先行隧道侧）。按公式（2-14）计算得到 $\eta_t=1.666\%$；按 η_t/η_f 的平均值为 2.04，计算得到 $\eta_t=1.724\%$，反分析数据比预测值略小一点。

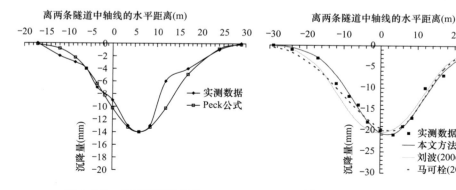

图 2.3-3　先行隧道引起的
地面沉降拟合

图 2.3-4　平行隧道施工引起
的总的地面沉降拟合

同时，笔者采用前人的研究方法，计算了总的地面沉降曲线，见图 2.3-4。图中刘波（2006）[11]方法的计算参数 $\eta=\eta_f=0.845\%$、$i=i_f=7.6m$；马可栓（2008）[9]方法的计算参数 $\eta_f=0.845\%$、$i_f=7.6m$，反分析得到 $\eta_s=0.826\%$、$i_s=9.2m$。

如图 2.3-4 所示，与其他两种方法相比，本书方法计算结果与实测曲线更吻合，表明近距离双线平行盾构施工引起的总的地面沉降曲线比较符合正态分布，总沉降的最大值偏向先行隧道侧。

取 $n=0.4$，采用本书公式计算得到不同深度处土体沉降曲线，见图 2.3-5。如图所示，随着深度增加，土体最大沉降有所增大，沉降槽范围则有所减小。

将总的地面沉降减去先行隧道地面沉降，得到后行隧道地面沉降，见图 2.3-6。如图所示，实测地面沉降曲线不太符合正态分布规律；后行隧道引起的土体损失率和地面沉降槽宽度系数要大于先行隧道，但最大沉降量则小于先行隧道。

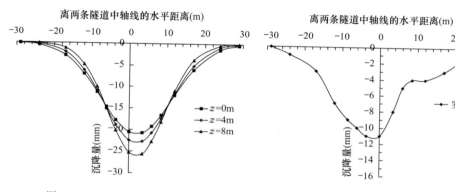

图 2.3-5　平行隧道施工引起的
不同深度处沉降

图 2.3-6　后行隧道施工引起的
地面沉降实测

2.4　基于盾构法隧道统一解的地面沉降计算方法研究

本节对盾构法隧道统一土体移动模型二维解进行修正，将其用于计算近距离双线平行盾构隧道施工引起的地面沉降。作算例分析，将本书方法预测值与实测值进行比较，提出了近距离的界定范围。

1. 盾构法隧道统一土体移动模型解及其不足之处

魏纲（2009）[13]基于盾构法隧道统一土体移动模型，假定土体不排水，采用Loganathan 等提出的研究方法，通过对 Verriujt 计算公式的修正，推导得到盾构隧道施工过程中由于土体损失引起的土体变形二维解，其中土体竖向位移计算公式（以下简称统一解公式）为：

$$U_z = \left\{ \frac{h-z}{x^2+(h-z)^2} + \frac{h+z}{x^2+(h+z)^2} - \frac{2z[x^2(h+z)^2]}{[x^2+(h+z)^2]^2} \right\}$$
$$\frac{4Rg-g^2}{8} B\exp\left[\frac{x^2\ln\lambda}{(h+R)^2} + \frac{z^2(\ln\lambda-\ln\delta)}{(h+d)^2} \right] \tag{2-9}$$

其中，$B = \dfrac{4h[h+d-\sqrt{(h+d)^2-\eta(R+d)^2}]}{R\eta(R+d)}$

$$\lambda = \frac{1}{4} - \frac{g}{\pi R\eta}\left[\arcsin\left(\frac{d}{R-g/2}\right) + \sqrt{1-\left(\frac{d}{R-g/2}\right)^2} - 1 \right]$$

$$\delta = \frac{1}{2} - \frac{g}{\pi R^2\eta}(R-g/4)\arcsin\left(\frac{d}{R-g/4}\right)$$

式中：x 为距离隧道轴线的横向水平距离；z 为离地面的竖向距离，由地面向下为正；h 为隧道轴线离地面的距离；R 为隧道开挖半径；d 为土体移动焦点到隧道中心点的距离；η 为土体损失百分率；g 为等效土体损失参数，$g = 2R(1-\sqrt{1-\eta})$。盾构法隧道统一解公式的计算参数取值可参见文献［14］。

当 $z=0$m 时，由公式（2-9）得到地面沉降计算公式为：

$$U_{z=0} = \frac{4Rg-g^2}{4} \frac{Bh}{x^2+h^2}\exp\left[\frac{x^2\ln\lambda}{(h+R)^2} \right] \tag{2-10}$$

以上公式仅需确定 g（或 η）和 d 两个参数即可。

实测表明近距离双线平行盾构施工引起的地面沉降曲线符合正态分布规律。但是在双线水平平行盾构隧道施工过程中，由于先行隧道施工会对后行隧道有一定的影响，双线隧道产生的总的地面沉降最大值往往会偏离双线隧道的中轴线，同时计算参数取值也与单线隧道不同。

统一解公式是针对单线盾构隧道提出的，它假定地面沉降最大值在隧道轴线上方。因此，无法直接将统一解公式用于计算近距离双线平行盾构隧道引起的地面沉降，需要进行修正。

2. 本书方法

本书提出可以采用统一解公式，对近距离双线平行盾构施工引起的总的地面沉降进行计算，但需对公式（2-9）和（2-10）作以下修正：①在原有公式中的 x 项增加一个偏移量 a，a 为最大沉降值偏离中轴线的水平距离，以偏向先行隧道侧为正；②原公式中的 g、η、d 这三个计算参数，改为总沉降的土体损失等效参数 g_t、总沉降的土体损失率 η_t 和总沉降的土体移动焦点到隧道中心点的距离 d_t。

如图 2.4-1 所示，图中 L 为两条隧道轴线之间的水平距离。假定右侧隧道先开挖，则近距离双线平行盾构施工引起的总的土体竖向位移计算公式为：

$$U_z = \left\{ \frac{h-z}{(x-a)^2+(h-z)^2} + \frac{h+z}{(x-a)^2+(h+z)^2} - \frac{2z[(x-a)^2-(h+z)^2]}{[(x-a)^2+(h+z)^2]^2} \right\}$$

$$\frac{4Rg_{t} - g_{t}^{2}}{8}B\exp\left[\frac{(x-a)^{2}\ln\lambda}{(h+R)^{2}} + \right.$$

$$\left. \frac{z^{2}(\ln\lambda - \ln\delta)}{(h+d_{t})^{2}}\right] \qquad (2\text{-}11)$$

当 $z = 0$m 时，由公式（2-11）得到
地面沉降计算公式为：

$$U_{z=0} = \frac{4Rg_{t} - g_{t}^{2}}{4}\frac{Bh}{(x-a)^{2}+h^{2}}$$

$$\exp\left[\frac{(x-a)^{2}\ln\lambda}{(h+R)^{2}}\right] \qquad (2\text{-}12)$$

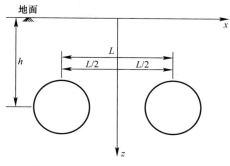

图 2.4-1　双线平行盾构隧道简图

修正后的公式需要确定 a、g_{t}（或 η_{t}）、d_{t} 这三个参数。同时，也需要对近距离工况进行界定，即给出本书方法的适用范围。

为验证本书方法的可靠性，本书收集了 5 个双线水平平行盾构隧道工程，共18 组数据。采用公式（2-12）计算得到总的地面沉降预测值，并与实测值进行了比较。同时采用统一解公式（2-10），对先行隧道引起的地面沉降实测值也进行了拟合。最后得到的实测数据反分析结果见表 2.4-1，表中 C 为近距离界定系数，g_{f} 为先行隧道的土体损失等效参数，d_{f} 为先行隧道的土体移动焦点到隧道中心点的距离，η_{f} 为先行隧道的土体损失率。

实测数据反分析结果　　　　　　　　　　　　　　表 2.4-1

序号	断面名称	h(m)	L(m)	D(m)	a(m)	g_{f}(mm)	g_{t}(mm)	d_{f}/R	d_{t}/R	η_{f}(%)	η_{t}(%)	C	形状
1	23-AR-001	22.00	10.30	6.43	−2	162.81	205.84	0	0	5.0	6.3	0.41	V
2	26-AR-001	18.50	20.00	6.43	8	139.76	162.81	0	0	4.3	5.0	0.92	W
3	CS-8B	19.00	17.50	6.43	−4	25.77	32.23	0	0	0.8	1.0	0.79	V-W
4	CS-8D	20.10	14.50	6.43	0	25.77	38.70	0	0	0.8	1.2	0.62	V
5	SS-5T-52e-s	22.20	20.00	6.43	−2	54.89	97.18	0	0	1.7	3.0	0.79	V-W
6	SS-5T-52e-o	26.00	15.00	6.43	−1	38.70	45.17	0	0	1.2	1.4	0.51	V
7	23-G3-7-19	19.00	20.00	6.43	9	120.08	126.63	0	0	3.7	3.9	0.90	W
8	HS-1	12.60	20.00	11.38	8	74.21	68.49	0.90	0.90	1.3	1.2	1.09	W
9	HS-2	17.40	20.00	11.38	−6	68.49	114.37	1.00	1.00	1.2	2.0	0.87	W
10	HS-3	18.40	20.00	11.38	−5	28.49	57.04	0.90	0.90	0.5	1.0	0.83	W
11	HS-4	22.90	20.00	11.38	4	114.37	154.68	0.10	0.10	2.0	2.7	0.70	V-W
12	HS-5	35.60	20.00	11.38	0	57.04	120.12	0.10	0.10	1.0	2.1	0.48	V
13	HS-6	37.60	20.00	11.38	0	22.78	79.94	0.90	0.90	0.4	1.4	0.46	V
14	HS-7	44.00	20.00	11.38	0	22.78	62.76	0.30	0.30	0.4	1.1	0.40	V
15	HS-8	46.50	20.00	11.38	0	11.39	45.61	0.80	0.80	0.2	0.8	0.38	V
16	杭州（HZ）	19.00	12.00	6.34	2	25.41	57.32	0.79	0.80	0.8	1.8	0.54	V
17	广州（GZ）	27.15	13.00	6.30	0	—	56.96	—	0.9	—	1.8	0.43	V
18	上海（SH）	19.17	13.98	6.34	−2	—	63.72	—	0.1	—	2	0.63	V

　　表 2.4-1 中第 17 组（广州 GZ）和第 18 组（上海 SH）由于缺乏先行隧道实测数据及参数，表中 g_f、d_f、η_f 这三个数值无法确定，因此在后文中涉及这三个参数时均未对这两组数据进行分析。

　　（1）曼谷地铁隧道工程

　　表 2.4-1 中序号 1～7 的数据，来源于曼谷地铁双线平行盾构隧道工程[8]。隧道开挖直径 $D=6.43$m，开挖土质主要为：软黏土、坚硬黏土、密砂。采用本书方法对实测数据进行拟合，计算参数取值具体见表 2.4-1。总的地面沉降计算结果见图 2.4-2～图 2.4-8。

　　由图 2.4-3、图 2.4-4、图 2.4-6 和图 2.4-8 可知，断面 26-AR-001、23-G3-7-19 的总的地面沉降曲线呈"W"形，而断面 CS-8B、断面 SS-5T-52e-s 的总的地面沉降曲线呈"V-W"形，即介于 V 形与 W 形之间，均不符合正态分布规律，因此采用本书方法计算时误差较大。

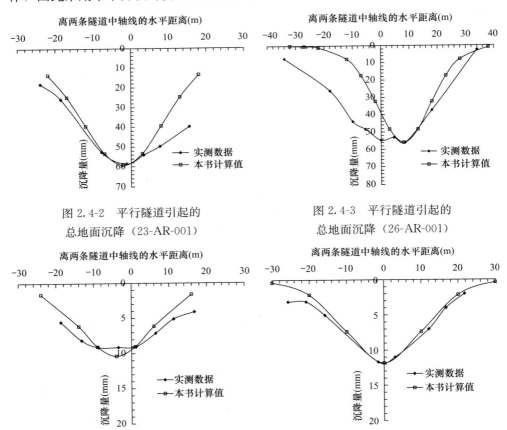

图 2.4-2　平行隧道引起的　　　　图 2.4-3　平行隧道引起的
总地面沉降（23-AR-001）　　　　总地面沉降（26-AR-001）

图 2.4-4　平行隧道引起的　　　　图 2.4-5　平行隧道引起的
总地面沉降（CS-8B）　　　　　　总地面沉降（CS-8D）

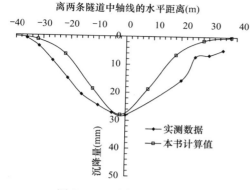

图 2.4-6 平行隧道引起的
总地面沉降（SS-5T-52e-s）

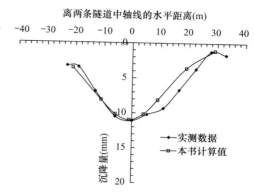

图 2.4-7 平行隧道引起的
总地面沉降（SS-5T-52e-o）

由图 2.4-2 可知，断面实测值与本书计算值相比较，只有几个实测值是与本书计算值相一致的，表明这个算例所处的情况也不适用本书公式。

由图 2.4-5 和图 2.4-7 可见，对于断面 CS-8D 和 SS-5T-52e-o，本书方法计算结果与实测曲线较吻合，表明本书方法适用。

（2）武汉长江隧道

武汉长江隧道采用双线平行盾构施工，盾构开挖直径 $D=11.38m$，开

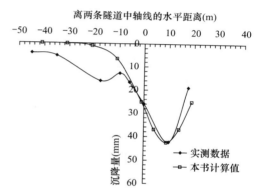

图 2.4-8 平行隧道施工引起的
总的地面沉降（23-G3-7-19）

挖土质主要为：粉质黏土、粉细砂、中粗砂、卵石地层，共有 8 组地面沉降实测数据，分别为断面 HS1～HS8，均为右侧先开挖[9]。

采用本书方法对实测数据进行拟合，计算参数取值具体见表 2.4-1 中的序号 8～15。总的地面沉降计算结果见图 2.4-9～图 2.4-16，这 3 组数据的实测曲线呈 W 形，本书方法计算结果与实测曲线不吻合。由图 2.4-12 可知，断面 HS4 的总的地面沉降曲线呈"V-W"形，本书方法的计算结果与其实测曲线不太吻合。由图 2.4-13～图 2.4-16 可知，这 4 组数据实测曲线均呈 V 形，本书计算值与实测值非常吻合。

由于双线平行盾构隧道在近距离时的实测曲线呈现 V 形，非近距离时呈现 W 形。说明本书公式仅适用于近距离工况。

（3）杭州地铁一号线

表 2.4-1 中序号 16 的工程，隧道开挖直径 $D=6.34m$，$h=19m$，$L=12m$，盾构穿越粉土和粉质砂土，右侧先开挖[12]。采用本书方法对实测数据进行拟合，

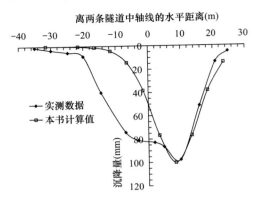

图 2.4-9　平行隧道施工引起的
总地面沉降（HS1）

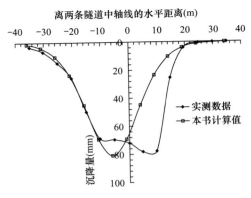

图 2.4-10　平行隧道施工引起的
总地面沉降（HS2）

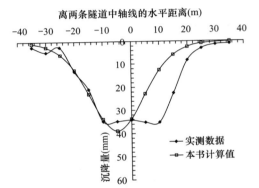

图 2.4-11　平行隧道施工引起的
总地面沉降（HS3）

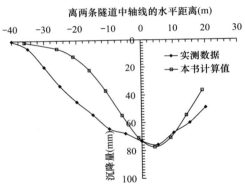

图 2.4-12　平行隧道施工引起的
总地面沉降（HS4）

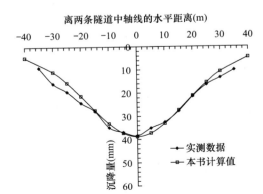

图 2.4-13　平行隧道施工引起的
总地面沉降（HS5）

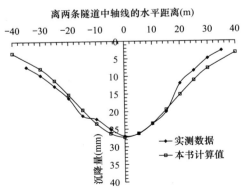

图 2.4-14　平行隧道施工引起的
总地面沉降（HS6）

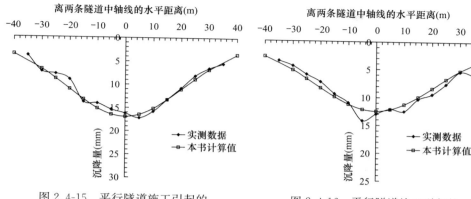

图 2.4-15 平行隧道施工引起的
总地面沉降（HS7）

图 2.4-16 平行隧道施工引起的
总地面沉降（HS8）

计算参数取值见表 2.4-1。计算结果见图 2.4-17。如图所示，本书方法计算值与实测值非常吻合，总的地面沉降实测曲线符合正态分布规律，呈"V"形，最大值偏离中轴线。

（4）广州地铁 2 号线

广州地铁 2 号线某盾构区间工程，周围实际地质条件为硬岩地层、含水软岩地层及软硬混合地层。监测断面处两隧道中心距地面的埋深为 27.15m，两隧道轴线水平间距为 13m，实测最大沉降值为 16.6m[15]。

采用本书方法对实测数据进行拟合，计算参数取值见表 2.4-1。计算结果见图 2.4-18。如图所示，本书方法计算值与实测值比较吻合，总的地面沉降曲线符合正态分布规律，呈"V"形，最大值在中轴线上。

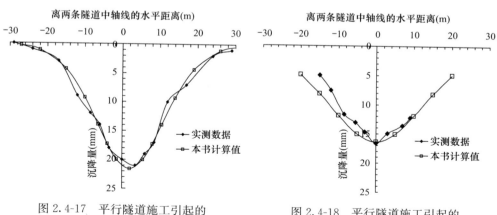

图 2.4-17 平行隧道施工引起的
总地面沉降（HZ）

图 2.4-18 平行隧道施工引起的
总地面沉降（GZ）

（5）上海地铁明珠线二期

上海地铁明珠线二期盾构穿越的地层较为复杂：表层为人工填土，盾构主要穿

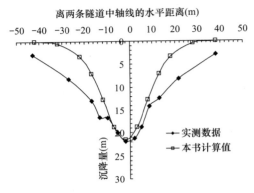

图 2.4-19　平行隧道施工引起的
总地面沉降（SH）

越的土层为灰色黏质粉土层、灰色淤泥质黏土层、灰色黏土层、灰色粉质黏土层、暗绿～草黄色粉质黏土层、草黄色砂质黏土层、灰黄色黏砂层。盾构外径 6.34m，盾尾内径 6.26m，盾构长度 6.6m，管片厚度 0.36m，管片长度 1.2m[16]。

采用本书方法对实测数据进行拟合，计算参数取值见表 2.4-1。计算结果见图 2.4-19。本书方法计算值与实测值大致吻合，总的地面沉降曲线符合正态分布规律，呈"V"形，最大值偏离中轴线。

3. 近距离界定公式及参数取值探讨

（1）近距离界定公式及范围确定

本节也采用 $C = L/(h+R)$ 作为近距离界定公式，对本书的适用性作研究。

计算表 2.4-1 中 18 组数据的 C 值，结果表明：$C \leqslant 0.66$ 的有 10 组，分别为序号 1、4、6、12、13、14、15、16、17、18，对应的 C 值为 0.41、0.62、0.51、0.48、0.46、0.40、0.38、0.54、0.43、0.63；$0.66 < C \leqslant 0.79$ 的有 3 组，分别为序号 3、5、11，对应的 C 值为 0.79、0.79、0.70；其余组（序号 2、7、8、9、10）对应的 C 值均 >0.79，范围为 [0.83，1.09]，平均值为 0.92。初步按照 2.2 节的研究结论：序号对应组的 $C \leqslant 0.66$ 时，为近距离双线平行盾构隧道，本书公式适用；当 $C > 0.66$ 时，不是近距离双线平行盾构隧道，本书公式将不适用。

对图 2.4-2～图 2.4-19 进行分析可知：①对于 C 值 >0.79 的工程（序号 2、7～10），由图 2.4-3、图 2.4-8～图 2.4-11 可知，其形状均呈"W"形，本书公式均不适用；②对于 $0.66 < C \leqslant 0.79$ 的工程（序号 3、5、11），由图 2.4-4、图 2.4-6、图 2.4-12 可知，其形状均呈"V-W"形，本书公式不适用；③对于 $C \leqslant 0.66$ 的工程（序号 1、4、6、12～18），在其对应的 10 组数据中，仅第 1 组的实测值与本书计算值不太吻合，其余 9 组均吻合，与 2.2 节的研究结论比较一致，界定的正确程度达到 90%。

因此，采用 $C = L/(h+R) \leqslant 0.66$ 作为本书公式的适用条件是可靠的。同时实测结果也表明，采用本书方法计算近距离双线平行盾构隧道引起的地面沉降是可靠的，且计算参数较少，比较简单。

（2）计算参数取值探讨

① d_f 值取值。由表 2.4-1 数据可知，先行隧道反分析得到的 d_f 值，与双线

平行盾构隧道反分析得到的 d_f 值几乎完全相等。这是由于 d 的取值主要由土质条件决定，范围在 $[0，R]$ 之间，若参数 β 满足公式 $d=\beta R$，β 为移动焦点离隧道轴线距离与隧道外半径之比（为无量纲参数）。则 β 在典型城市的不同地层条件下工程中参数的取值范围如下：上海地区 $\beta=0.3\sim0.4$，北京地区 $\beta=0.1\sim1.0$，深圳地区 $\beta=0\sim0.1$。

② η_t 值取值。从表 2.4-1 中可以发现，在 1～16 这 16 组数据中，除了第 8 组（HS-1 断面）的双线平行盾构隧道的土体损失率 η_t 小于先行隧道的土体损失率 η_f 之外，其余 15 组的 η_t 值要远大于 η_f。这是由于双线平行盾构隧道包含了先行隧道和后行隧道的土体损失。η_t/η_f 的比值范围为 $[0.92，4]$，平均值为 1.86。分别对 η_t/η_f 与 $(h+D)$、h、$(h+R)$、(h/D) 进行线性拟合，拟合结果依次变差。因此将 η_f/η_t 与 $h+D$ 进行线性拟合，结果见图 2.4-20，拟合公式为：

$$\eta_t/\eta_f = 0.0655(h+D)-0.3671 \tag{2-13}$$

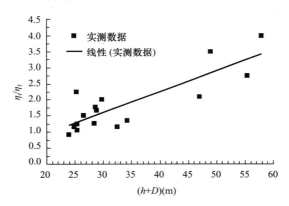

图 2.4-20　土体损失率实测统计分析结果

对表 2.4-1 中符合本文方法适用条件且与实测值吻合的 7 组数据（序号 4、6、12～16）进行分析，η_t/η_f 的比值分别为：1.5、1.17、2.1、3.5、2.75、4、2.25，范围为 $[1.17，4]$，平均值为 2.47。由于符合条件组数太少，进行拟合无法得出有意义结论，因此此处不再进行拟合分析。

土体损失率 η 的取值主要与施工水平、土质条件和隧道轴线埋深有关，随着隧道轴线埋深增大，η 基本呈减小趋势。η_f 在我国典型城市的取值范围如下：上海地区取 $0.35\sim2.02$，平均值为 0.89；北京地区取 $0.31\sim1.71$，平均值为 0.91；深圳地区取 3.01。由以上分析，建议 η_f 可根据魏纲（2010）[10] 的研究成果取初步值，再结合公式（2-13）计算 η_t。

③ a 值取值。对表 2.4-1 中符合本文方法适用条件且与实测吻合的 9 组数据（序号 4、6、12～18）进行分析，a 值分别为：0、−1、0、0、0、0、2、0、−2，

平均值为 -0.11。表明双线隧道引起的总的地面沉降最大值一般在中轴线附近，可能会向先行隧道侧或后行隧道侧偏移。a 的取值较复杂，需进一步收集数据进行分析。

2.5　基于随机介质理论的地面沉降计算方法研究

本节基于随机介质理论简化方法，考虑近距离隧道中先行盾构对后行盾构的影响，建立了修正的随机介质理论简化方法，提出了近距离界定公式并给出界定范围。做算例分析，将预测值与实测值进行了比较，验证本书公式以及界定公式的可靠性。

1. 研究现状及不足之处

Peck 等[17]研究了不同直径的隧道在近距离时相互影响的问题，指出当 $L>2D$（L 为双线隧道轴线水平间距，D 为隧道开挖直径），相互影响才可以忽略。但该研究只考虑了几何因素，没有考虑土的性质和施工方法的变化。

Addenbrooke[18]研究了近接双孔隧道不同间距平行、垂直等位置近接施工时对地表沉降的影响，并将数值模拟结果与现场实测数据进行了对比分析。

仇文革[19]通过研究隧道旁近接施工隧道的间距影响程度，提出影响因素主要有围岩力学特征、新建结构及尺寸、新建与既有结构的位置关系、地质条件等，认为当 $L<3D$ 时两隧道就会产生影响，当 $L \leqslant 1.5D$ 时影响最强。但上述研究均基于数值模拟结果，并没有定量给出其中的关系。

上述研究大多基于 Peck 公式，而 Peck 公式考虑的影响因素较为单一，其对近距离的界定在实际施工中准确度不够高。而随机介质理论可以考虑各种隧道截面形状和隧道变形模式对地层位移的影响，一定程度上综合了施工方法、截面形式、土的性质等因素的影响；且进一步开发了随机介质理论简化方法，较传统的随机介质理论更为简便和实用。因此将随机介质理论应用于近距离双线盾构隧道地表沉降的预测，能改进 Peck 公式的不足，将更精确的界定近距离的范围。

2. 随机介质理论介绍

（1）随机介质理论基本原理

波兰学者 J. Litwiniszyn[20]通过砂箱实验提出随机介质理论。随后被我国学者刘宝琛、阳军生[21,22]扩展到用于预测隧道和挖矿引起的地表位移。根据该理论，假定地层沉降槽均是由于隧道收敛变形引起，可以将整个隧道开挖看作无限多个无限小的开挖对上部地层影响的总和，积分计算地层位移，推导了圆形和椭圆形两种断面的隧道在均匀收敛模式下的预测模型和计算公式。

对于单元系统，如图 2.5-1 所示，地层对应到全局坐标 (x, y, z)，而在挖掘时采用局部坐标 (ξ, ζ, η)，单元开挖尺寸被定义为 $(d\xi, d\zeta, d\eta)$，h 为隧道轴线埋深，R 为隧道开挖半径。假设盾构开挖断面初始截面面积为 Ω，则收敛面积 $\Delta S = \Omega - \omega$，其中 ω 是盾构开挖断面收敛后的截面面积。通过假定开挖中的每个单元在整个开挖区域上完全塌落，原则上通过应用叠加原理得到的地表沉降为：

$$W_{\Omega}(x) = \iint_{\Omega} \frac{\tan\beta}{\eta} \exp\left[-\frac{\pi\tan^2\beta}{\eta^2} \right.$$
$$\left. - (x-\xi)^2 \right] \mathrm{d}\xi\mathrm{d}\eta \qquad (2\text{-}14)$$

式中：$W_{\Omega}(x)$ 为 x 坐标处开挖断面初始截面的地表沉降值；β 为隧道上部围岩的主要影响角。

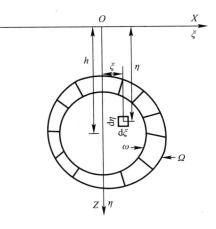

图 2.5-1 单圆隧道开挖示意图

则隧道开挖引起的地表沉降可表示为：

$$W(x) = W_{\Omega}(x) - W_{\omega}(x) = \iint_{\Omega-\omega} \frac{\tan\beta}{\eta} \exp\left[-\frac{\pi\tan^2\beta}{\eta^2}(x-\xi)^2 \right] \mathrm{d}\xi\mathrm{d}\eta \qquad (2\text{-}15)$$

（2）随机介质理论简化方法

韩煊等[23]通过反分析方法，对随机介质理论的 2 个关键计算参数进行了研究，提出了简单而有效的工程确定方法，但随机介质理论数值积分过程过于繁琐。

刘大刚等[24]对计算方法进行了改进，将直角坐标系转换为局部极坐标系进行计算，虽然优化了积分过程，但仍然比较繁琐。

Yang 等[25]分别提出了单线及双线隧道的随机介质理论简化公式，并分析了在不同隧道埋深和隧道直径的比值下不同的断面收敛值得到的理论值和实测值，对比发现能较好吻合。

胡斌等[26]运用随机介质理论简化公式，以典型地表沉降和隧道断面收敛监测位移为基础，对某一实际工程各典型断面进行位移反分析，分别得出了半径收敛值、主要影响角、上覆岩土黏聚力加权平均值与上覆岩土内摩擦角加权平均值的关系。

（3）随机介质理论收敛模式

韩煊等[27]认为隧道收敛模式一般为不均匀，推导了各类断面在不均匀模式下的计算公式，但其提出均匀收敛和不均匀收敛计算得到的沉降差异会随着埋深增加而有减少的趋势，并且在相对埋深 $h/R=13$ 时，二者的差异只有 4% 左右；在 $h/R=5$ 时，二者的差异略小于 10%。Yang 的研究结果表明随机介质理简化公式对于均匀收敛和不均匀收敛两种模式均适用。

3. 本书方法及实例验证

（1）本书方法

本书假定双线盾构隧道采用均匀收敛开挖模式（图 2.5-2），图中 ΔA 和 ΔB_S 分别为先行和后行隧道半径收敛值。根据随机介质理论简化公式，以右侧隧道先开挖为例，先行盾构隧道引起的地表沉降计算公式为：

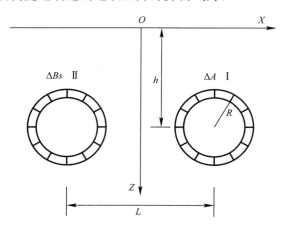

图 2.5-2　双线平行盾构隧道的开挖示意图

$$W(x) = \frac{2\pi R \Delta A \tan\beta_F}{h} \exp\left[-\frac{\pi \tan^2\beta_F}{h^2}\left(x - \frac{L}{2}\right)^2\right] \tag{2-16}$$

式中：ΔA 为先行隧道开挖半径收敛值；β_F 为先行隧道主要影响角。

先行隧道开挖后，土体应力场变的不均匀，考虑后行隧道施工引起的地表沉降曲线的不对称性，在双线隧道施工引起的总沉降公式中增加了一个轴线位移偏移量。

如图 2.5-2 所示，以右侧隧道先开挖为例，本文提出双线盾构施工引起的地表总沉降计算公式为：

$$W(x) = \frac{2\pi R \Delta B \tan\beta_T}{h} \exp\left[-\frac{\pi \tan^2\beta_T}{h^2}(x - a)^2\right] \tag{2-17}$$

式中：ΔB 为双线隧道开挖总半径收敛值；β_T 为总的主要影响角；a 为双线隧道施工引起的沉降最大值偏移中轴线的距离，以偏向先行隧道侧为正。

本书方法计算需要确定 3 个参数：ΔB、β_T、a。

（2）工程实例验证

采用本书方法，对三个双线平行盾构隧道工程的实测地表沉降数据进行拟合，包括先行隧道引起的地表沉降和双线隧道引起的总的地表沉降曲线。3 个工程基本为右侧隧道先开挖，具体数据见表 2.5-1。表中 P 的含义见公式（2-19）。限于篇幅，本书仅介绍 2 个工程案例。

实测数据反分析结果　　　　　　　　　　　　表 2.5-1

序号	断面名称	h(m)	L(m)	R(m)	ΔA(mm)	ΔB(mm)	β_F(°)	β_r(°)	a(m)	P
1	杭州	19.0	12	3.17	12.36	25.87	45.16	37.03	2.5	1.00
2	武汉 HS1	12.6	20	5.69	34.11	77.03	38.22	22.08	1	1.94
3	武汉 HS2	17.4	20	5.69	20.74	69.91	48.29	28.90	−2.5	1.61
4	武汉 HS3	18.4	20	5.69	12.04	32.04	47.84	27.61	−2	1.56
5	武汉 HS4	22.9	20	5.69	54.86	103.21	32.95	25.06	2	1.35
6	武汉 HS5	35.6	20	5.69	20.49	54.65	44.05	34.08	−1.5	0.99
7	武汉 HS6	37.6	20	5.69	9.81	34.89	55.21	38.96	−1	0.95
8	武汉 HS7	44.0	20	5.69	9.27	25.05	44.94	39.00	1	0.84
9	武汉 HS8	46.5	20	5.69	5.88	20.39	47.23	39.64	2	0.80
10	23-AR-001	22	10.3	3.22	90.19	112.62	27.35	29.13	0.35	0.96
11	26-AR-001	18.5	20	3.22	71.71	113.94	27.17	24.40	3	1.18
12	CS-8B	19	17.5	3.22	11.88	17.53	32.12	26.64	−4.25	1.09
13	CS-8D	20.1	14.5	3.22	11.22	22.37	34.48	28.75	−4.25	0.98
14	SS-5T-52e-s	22.2	20	3.22	22.80	60.15	30.25	27.40	−1.5	1.03
15	SS-5T-52e-o	26	15	3.22	17.81	20.10	30.33	35.82	1	0.81
16	23-G3-007-019	19	20	3.22	38.41	20.06	41.83	27.83	1.5	1.16

① 杭州地铁 1 号线

杭州市地铁 1 号线采用双线水平平行盾构法施工，盾构开挖直径 $D=6.34$m，$h=19$m，$L=12$m，盾构机身长 8.4m，盾构穿越粉土和粉质砂土，右侧先开挖。采用本文方法对实测数据进行拟合，计算参数取值具体见表 2.5-1（序号1）。

如图 2.5-3 和图 2.5-4 所示，先行隧道和双线隧道施工引起的地表沉降曲线均基本符合正态分布曲线。本文方法计算得到的总地表沉降值与实测曲线非常吻合，表明本文方法有一定可靠性。反分析得到：先行隧道的 $\Delta A=12.36$mm，$\beta_F=$

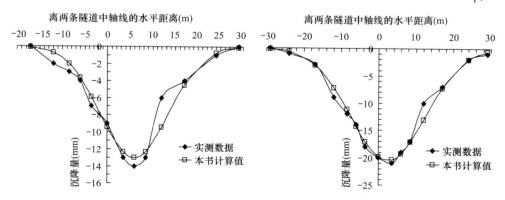

图 2.5-3　先行隧道施工引起的地表沉降拟合　　图 2.5-4　平行隧道引起的总的地表沉降拟合

45.16°；双线隧道的 $\Delta B = 25.87$mm，$\beta_T = 37.03°$，$a = 2.5$m，由此可见此工程双线隧道总的半径收敛值比先行隧道增大了一倍，而主要影响角则变小。

②武汉长江隧道

武汉长江隧道采用双线水平平行盾构施工，盾构开挖直径 $D = 11.38$m，开挖土质主要为：粉质黏土、粉细砂、中粗砂、卵石地层，共有 8 组地表沉降实测数据，分别为断面 HS1～HS8，均为右侧先开挖。

采用本文方法（公式 2-23）和叠加法计算双线盾构引起的总的地表沉降，与实测值进行对比，计算结果见图 2.5-5～图 2.5-12。其中图 2.5-8～图 2.5-12 中叠加法考虑了先行和后行隧道参数取值不同以及后行盾构最大沉降值位置的偏移，最终叠加得到双线水平平行盾构施工引起的总的地表沉降，其计算公式为：

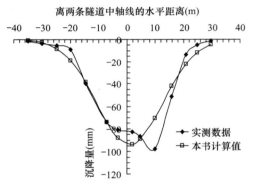

图 2.5-5　双线隧道施工引起的
地表沉降（HS1）

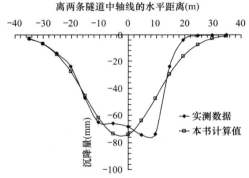

图 2.5-6　双线隧道施工引起的
地表沉降（HS2）

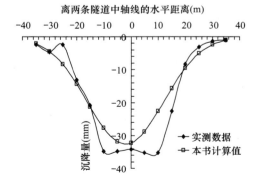

图 2.5-7　双线隧道施工引起的
地表沉降（HS3）

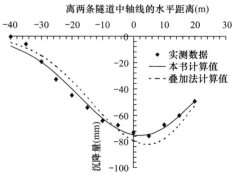

图 2.5-8　双线隧道施工引起的
地表沉降（HS4）

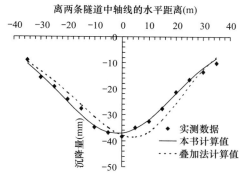

图 2.5-9 双线隧道施工引起的
地表沉降（HS5）

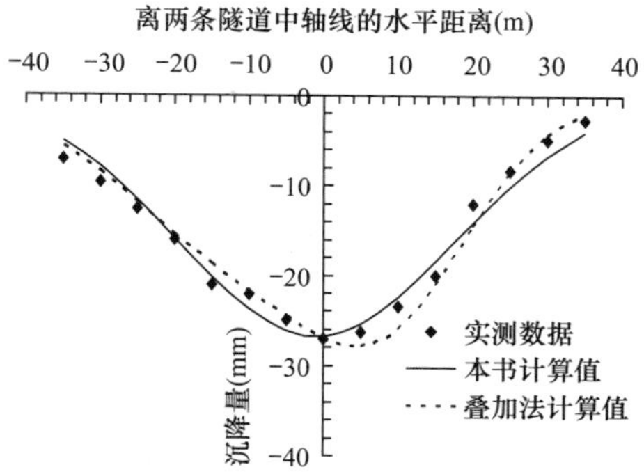

图 2.5-10 双线隧道施工引起的
地表沉降（HS6）

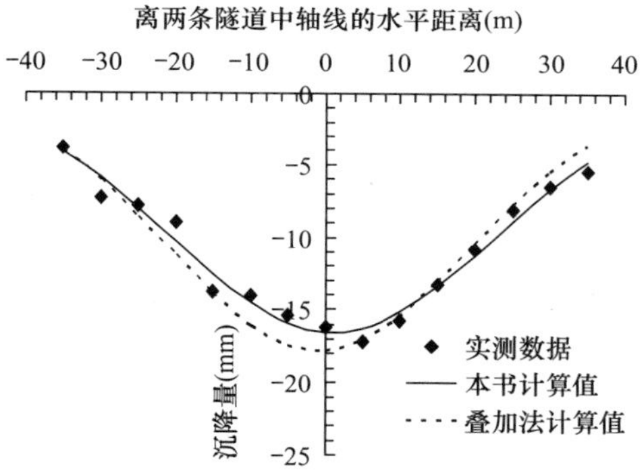

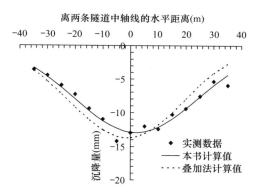

图 2.5-11 双线隧道施工引起的
地表沉降（HS7）

图 2.5-12 双线隧道施工引起的
地表沉降（HS8）

$$W(x) = \frac{2\pi R \Delta A \tan\beta_{\mathrm{F}}}{h} \exp\left[-\frac{\pi \tan^2\beta_{\mathrm{F}}}{h^2}\left(x-\frac{L}{2}\right)^2\right]$$
$$+ \frac{2\pi R \Delta B_{\mathrm{S}} \tan\beta_{\mathrm{S}}}{h} \exp\left[-\frac{\pi \tan^2\beta_{\mathrm{S}}}{h^2}\left(x+\frac{L}{2}-b\right)^2\right] \tag{2-18}$$

式中：R、B 分别为先行和后行隧道的半径；ΔA 和 ΔB_{S} 分别为先行和后行隧道半径收敛值；β_{F} 和 β_{S} 分别为先行和后行隧道主要影响角；b 为后行盾构施工引起的沉降最大值偏移后行隧道轴线的距离，以偏向先行隧道侧为正。叠加法公式中的参数拟合结果见表 2.5-2。

实测数据反分析结果（叠加法） 表 2.5-2

断面名称	$R(B)$(m)	ΔA(mm)	ΔB_{S}(mm)	β_{F}(°)	β_{S}(°)	b(m)
HS1	5.69	34.12	39.31	38.22	31.14	3
HS2	5.69	20.72	45.94	48.29	31.42	3

断面名称	$R(B)$(m)	ΔA(mm)	ΔB_S(mm)	β_F(°)	β_S(°)	b(m)
HS3	5.69	12.04	22.24	47.84	36.82	3
HS4	5.69	54.86	44.62	32.95	29.85	3
HS5	5.69	20.49	34.32	44.05	34.09	3
HS6	5.69	9.81	24.64	55.21	40.44	3
HS7	5.69	9.27	15.70	44.94	43.94	3
HS8	5.69	5.88	13.98	47.23	43.65	3

图 2.5-5～图 2.5-7 中的沉降曲线不符合正态分布，采用本文方法计算时误差较大。因此可以判断前三个断面的隧道间距不符合近距离的范围，导致其沉降槽呈现 W 形。对比分析表明，这三个隧道埋深都较浅，且随着埋深的增加，沉降曲线双峰逐渐趋于平缓，有符合正态分布的趋势。隧道埋深越大，两条隧道间的相对距离会变小，表明近距离的界定必然和隧道埋深有一定关系。

图 2.5-8～图 2.5-12 则基本符合正态分布规律，本文方法计算值与实测值比较吻合，对比可以发现本文方法比叠加法吻合度更高。图 2.5-8～图 2.5-12 中应用的叠加法需要确定 5 个计算参数，参数的增加使其更容易产生误差，并且叠加法的公式并不适用正态分布曲线。这些原因导致叠加法在预测近距离隧道地表沉降时，其沉降值会与实际产生偏差。

4. 近距离界定及计算参数取值探讨

（1）近距离界定公式的提出

目前关于双线隧道"近距离"界定的研究大多采用有限元模拟，如韩昌瑞等（2011）[3] 通过有限元模拟得出结论：当双线隧道间距较小时，两隧道引起的沉降会相互叠加，最后产生一单峰下沉曲线；并且指出曲线与隧道埋深也有一定的关系。但只是基于定性分析，并没有给出具体关系。Cording 等（1975）[1] 经过分析提出对于各种软塑到硬塑的黏土，其地表沉降槽的边缘点到轴线的水平距离约为 $h+R$。在本文 2.2 节也提出了一个计算公式。

笔者经过数据分析认为，地表沉降曲线的形状不仅仅与地表沉降槽边缘点到轴线的水平距离（$h+R$）有关，还应与两隧道内边缘间距有关，即 $L-D$。并且将上述的水平距离修改为到隧道边缘的距离（即 $h+D$）。因此笔者提出另外一个近距离界定计算公式：

$$P = \frac{L^2}{(L-D)(h+D)} \tag{2-19}$$

式中：P 为近距离界定系数，P 值越小，两隧道的相对水平距离也越小。

（2）公式验证及界定范围

表 2.5-1 中的实测数据除了序号 2、3、4 外其他皆符合正态分布规律。计算

16 组数据的 P 值。结果表明：序号 2、3、4 数据的 P 值分别为 1.94、1.61、1.56，其余数据 P 值范围为 [0.80, 1.35]，平均值为 1.01。除了序号 5 外，其余符合正态分布规律的数据皆集中在平均值 1.01 附近。

韩昌瑞等（2011）[3]研究表明：令 $h=3D$，当 $L=2D$ 时，地表沉降曲线符合正态分布；当 $L=3D$ 时，曲线中间部位呈水平，不符合正态分布；当 $L=4D$ 时，曲线呈 W 形状分布。笔者计算表明：当 $L=2D$ 时，$P=1.00$，符合前面规律并且与平均值一致；当 $L>3D$ 时，$P>1.13$，开始不符合正态分布。

Chehade 等（2008）[4]研究表明：令 $h=2.5D$，当 $L=2D$ 时，地表沉降曲线符合正态分布；当 $L>2D$ 后，曲线不符合正态分布；当 $L=3D$ 时，曲线呈 W 形状分布。笔者计算表明：当 $L=2D$ 时，$P=1.14$，与前面 11 组数据的平均值也比较接近；当 $L>2D$ 时，$P>1.14$，开始不符合正态分布。

上述研究结果与本文实测分析结果较为接近，笔者认为双线平行盾构引起的地表沉降曲线形状与 P 值有直接关系。综合考虑本文研究数据、有限元分析成果和实际施工因素影响，提出近距离的界定范围为 $P\leqslant1.1$，此时两条隧道相对水平距离较近，地表沉降曲线符合正态分布。而当 $P>1.1$ 后，本文公式将不适用。

（3）本文公式计算参数取值探讨

考虑到表 2.5-1 中序号 2、3、4 不符合正态分布，本文方法不适用，因此参数取值只讨论其余符合正态分布规律的 13 组数据。

① ΔB 取值研究

从表 2-4 中可以看出 ΔB 均大于 ΔA，除序号 16 外（具体原因不明）。其余 12 组数据的比值（$\Delta B/\Delta A$）的范围为 [1.13，3.56]，平均值为 2.2。并且可以发现 ΔB 是随着隧道埋深的增加而逐渐减小。由于数据较少，ΔB 与隧道间距和隧道直径之间并未发现明显规律，有待进一步研究。

② β_T 取值研究

从表 2.5-1 中得出除了序号 10、15 的 β_F 和 β_T 数据比较接近外，其余 β_T 均小于 β_F，具体原因不明。其余 11 组数据的比值（β_T/β_F）的范围为 [0.67，0.91]，平均值为 0.81。因此可以近似认为 $\beta_T=0.81\beta_F$。

③ a 取值研究

从表 2.5-1 中可以发现，参数 a 的 13 组数据有正值也有负值，平均值为 $-0.17m$，范围在 [$-4.25m$，$2.5m$] 之间。表明总沉降最大值会偏向先行隧道或后行隧道一侧。从表 2.5-1 中可以发现对于同一地区，参数 a 的值也较为分散，所以 a 取值较复杂，需进一步收集数据。

2.6 本章小结

（1）采用 midas GTS 软件，建立双线平行盾构施工三维有限元模型，模拟研究结果表明：①当两条隧道近距离时，双线水平平行盾构隧道施工引起的总的地面沉降曲线符合正态分布规律，可以采用 Peck 公式计算；但随着水平距离的增大，地面沉降曲线不再符合正态分布规律，地面沉降曲线慢慢由 V 形转变成 W 形；②提出不能仅根据 L 值的大小来判断两条隧道是否为近距离，首次提出了相对水平距离系数计算公式 $C=L/(h+R)$，即相对水平距离与 L、h、R 有关，可以采用 C 值来定量的界定两条隧道距离的远近；③将三维有限元模拟数据与 Peck 公式进行拟合，结果表明可令 $C=0.66$ 作为双线水平平行盾构隧道近距离的界限。当 $C \leqslant 0.66$ 时，适合采用 Peck 公式进行计算；当 $C > 0.66$ 时，Peck 公式不再适用。但在研究中没有考虑隧道轴线埋深 h 和土质条件对地面沉降曲线的影响，可作进一步研究。

（2）直接采用 Peck 公式预测双线平行盾构道施工引起的土体变形，同时考虑总的沉降曲线的不对称性，提出了修正的二维 Peck 公式，可以计算深层土体沉降。根据实测数据统计结果，提出了计算参数的取值方法。研究结果表明：双线平行盾构引起的地面沉降曲线形状与 $C=L/(h+R)$ 值有直接关系，不能仅根据 L 值的大小来判断两条隧道是否为近距离。根据实测数据统计结果，提出本文方法适用于 $L < 0.6(h+R)$ 的工况。

（3）通过对盾构法隧道统一土体移动模型二维解进行修正，用以计算近距离双线平行盾构道施工引起的总的地面沉降。研究结果表明：①该方法仅适用于近距离工况，采用 $C=L/(h+R) \leqslant 0.66$ 作为本文公式的适用条件。当 $C > 0.66$ 时，本文公式不再适用；②算例分析结果表明：当 $C \leqslant 0.66$ 时，沉降曲线呈"V"形，本文方法计算得到的地面沉降值与实测值比较吻合，可靠度达 90%；当 $0.66 < C \leqslant 0.79$ 时，沉降曲线呈"V-W"形；当 $C > 0.79$ 时，沉降曲线呈"W"形。近距离双线平行盾构施工引起的地面沉降曲线符合正态分布规律，但最大沉降值有时会偏离中轴线；③本文公式简单实用，仅需确定 3 个参数：d_t 值与 d_f 值几乎完全相等，主要由土质条件决定；16 组数据的 η_t/η_f 的比值范围为 $[0.92, 4]$，平均值为 1.86；a 值一般在中轴线附近，平均值为 -0.11。

（4）基于单线随机介质理论简化公式，建立了修正的近距离双线平行盾构隧道施工引起的地表沉降计算公式。研究结果表明：①该公式可用于计算近距离时双线平行盾构施工引起的总的地表沉降，并且考虑了先行隧道开挖导致曲线的不对称性；②根据实测数据统计结果，提出了另外一个近距离界定公式 $P = \dfrac{L^2}{(L-D)(h+D)}$，并给出界定范围为 $P \leqslant 1.1$。

（5）以上三种计算方法各有优缺点，建议可以根据需要进行选择：①修正 Peck 公式是经验公式，能计算深层土体沉降（包括地表沉降），在计算深层土体沉降时需要四个计算参数，如果仅计算地表沉降则需要三个计算参数，优点是计算比较简单，对计算参数取值的研究成果较多，比较实用。②修正盾构法隧道统一解是理论解，能计算深层土体沉降（包括地表沉降），在计算深层土体沉降时仅需要三个计算参数，优点是有理论基础，能考虑不同土质条件，缺点是公式比较复杂，计算相对困难。③修正随机介质理论简化公式与修正 Peck 公式类似，计算比较简单，但仅能计算地表沉降（需要三个计算参数），对计算参数取值的研究相对较少。

（6）近距离双线平行盾构施工引起地表沉降的影响因素较多，包括 L、h、D、土质条件、双线隧道开挖方案、盾构施工水平等，导致沉降预测比单线隧道复杂，尤其是计算参数取值比较困难。由于本文收集的实测数据较少，对计算参数取值的研究还不够，建议可在收集更多实测数据的情况下作进一步研究。

参考文献

[1] CORDING E J, HANSMIRE W H. Displacement around soft ground tunnels, General Report: Session IV, Tunnels in soil [C]// Proceedings of the 5th Panamerican Congress on Soil Mechanics and Foundation Engineering, [s. l.]: [s. n.], 1975: 571-632.

[2] 魏纲. 盾构法隧道地面沉降槽宽度系数取值的研究 [J]. 工业建筑, 2009, 39 (12): 74-79, 109.

[3] 韩昌瑞, 贺光宗, 王贵宾. 双线并行隧道施工中影响地表沉降的因素分析 [J]. 岩土力学, 2011, 32 (增刊 2): 484-487, 495.

[4] CHEHADE F H, SHAHROUR I. Numerical analysis of the interaction between twin-tunnels: influence of the relative position and construction procedure [J]. Tunnelling and Underground Space Technology, 2008, 23 (2): 210-214.

[5] 姜忻良, 赵志民, 李圆. 隧道开挖引起土层沉降槽曲线形态的分析与计算 [J]. 岩土力学, 2004, 25 (10): 1542-1544.

[6] 孙玉永, 周顺华, 宫全美. 软土地区盾构掘进引起的深层位移场分布规律 [J]. 岩石力学与工程学报, 2009, 28 (3): 500-506.

[7] 魏纲. 盾构隧道深层土体沉降槽宽度系数计算方法研究 [J]. 公路交通科技, 2010, 27 (4): 110-115.

[8] SUWANSAWAT S, EINSTEIN H H. Describing settlement troughs over twin tunnels using a superposition technique [J]. Journal of Geotechnical and Geoenvironmental Engineering, 2007, 133 (4): 445-468.

[9] 马可栓. 盾构施工引起地基移动与近邻建筑保护研究 [D]. 武汉: 华中科技大学, 2008.

[10] 魏纲. 盾构隧道施工引起的土体损失率取值及分布研究 [J]. 岩土工程学报, 2010, 32 (9): 1354-1361.

[11] 刘波, 陶龙光, 丁城刚, 等. 地铁双隧道施工诱发地表沉降预测研究与应用 [J]. 中国

51

矿业大学学报，2006，35（3）：356-361.

[12] CHEN R P，ZHU J，LIU W，TANG X W. Ground movement induced by parallel EPB tunnels in silty soils [J]. Tunnelling and Underground Space Technology，2011，26 (1)：163-171.

[13] 魏纲. 盾构法隧道施工引起的土体变形预测 [J]. 岩石力学与工程学报，2009，28 (2)：418-424.

[14] 魏纲，刘加湾. 盾构法隧道统一土体移动模型参数取值研究 [J]. 铁道建筑，2009，(2)：48-51.

[15] 刘大刚，陶德敬，王明年. 地铁双隧道施工引起地表沉降及变形的随机预测方法 [J]. 岩土力学，2008，29（12）：3422-3426.

[16] 赵华松，周文波，刘涛，等. 双线平行盾构施工引起的土体位移分析及其软件开发 [J]. 上海大学学报（自然科学版），2005，11（4）：416-422.

[17] 张颖. 盾构隧道近距离穿越施工技术研究 [D]. 上海：同济大学，2007.

[18] ADDENBROOKE T I，POTTS D M. Twin tunnel interaction：surface and subsurface effects [J]. International Journal of Geomechanics，2001，1（2）：249-271.

[19] 仇文革. 地下工程近接施工力学原理与对策的研究 [博士学位论文 D]. 成都：西南交通大学，2003.

[20] LITWINISZYN J. The theories and model research of movements of ground masses [C]// Proceedings of the European Congress on Ground Movement，University of Leeds，1957：206-209.

[21] 阳军生，刘宝琛. 挤压式盾构隧道施工引起的地表移动及变形 [J]. 岩土力学，1998，19（3）：10-13.

[22] 阳军生，刘宝琛. 城市隧道施工引起的地表移动及变形 [M]. 北京：中国铁道出版社，2002.

[23] 韩煊，李宁. 隧道施工引起地层位移预测模型的对比分析 [J]. 岩石力学与工程学报，2007，26（3）：594-600.

[24] 刘大刚，陶德敬，王明年. 地铁双隧道施工引起地表沉降及变形的随机预测方法 [J]. 岩土力学，2008，29（12）：3422-3426.

[25] YANG X L，WANG J M. Ground movement prediction for tunnels using simplified procedure [J]. Tunnelling and Underground Space Technology，2011，26（3）：462-471.

[26] 胡斌，刘永林，唐辉明，等. 武汉地铁虎泉—名都区间隧道开挖引起的地表沉降研究 [J]. 岩石力学与工程学报，2012，31（5）：908-913.

[27] 韩煊，李宁. 隧道开挖不均匀收敛引起地层位移的预测模型 [J]. 岩土工程学报，2007，29（3）：347-352.

第三章 基于叠加原理的双线盾构施工引起的土体变形计算研究

3.1 引言

目前国内外对单线盾构和双圆盾构施工引起的土体沉降研究较多，成果丰富。由于双线平行盾构施工引起的地面沉降槽形状变化多样，不像单线盾构那样具有很好的对称性。因此对于双线平行盾构施工引起的土体变形研究相对较少，且仅限于研究地面沉降。研究方法主要有：①基于 Peck 公式的经验方法；②随机介质理论；③边界单元法；④有限单元法；⑤模型试验法。

由于双线平行盾构施工引起地面沉降的影响因素较多，导致研究困难。现有研究成果还不够成熟，仅能计算二维土体沉降，还无法计算深层土体沉降，也还无法计算三维深层土体沉降。因此，需作进一步研究。

现有随机介质理论研究成果中，假定地表沉降曲线沿中轴线对称分布，且后行盾构和先行盾构的主要影响角和断面收缩半径也近似相等。但大量实测数据表明，由于先行盾构施工的影响使得土体应力场变得不均匀，导致地表沉降曲线不对称，且先行和后行盾构的参数取值也发生变化。因此需作进一步研究。

本章主要是采用叠加法进行研究，即先行隧道施工引起的土体变形，叠加后行隧道施工引起的土体变形，得到双线盾构隧道施工引起的总的土体变形。具体计算方法分别采用了 Peck 公式、盾构法隧道统一解析解、随机介质理论，并推导了二维解和三维解；对计算参数的取值方法进行了研究；作算例分析，将预测值与实测值进行了比较。

3.2 基于 Peck 公式的土体沉降二维解计算方法研究

1. 现有方法及不足之处

Peck（1969）[1]基于大量实测数据统计结果，认为土体移动由土体损失引起，假定土体不排水、沉降槽体积等于土体损失体积，提出地面沉降槽呈拟正态分布，横向地面沉降估算公式为：

$$S(x) = S_{max}\exp[-x^2/(2i^2)]$$

(3-1)

$$S_{\max} = \frac{V_{\text{loss}}}{i\sqrt{2\pi}} \tag{3-2}$$

式中：x 为距隧道轴线横向水平距离；$S(x)$ 为 x 位置处的地面沉降量；$S_{\max}$ 为隧道轴线上方最大地面沉降量；V_{loss} 为单位长度土体损失量，$V_{\text{loss}} = \pi R^2 \eta$，$R$ 为隧道开挖半径，η 为土体损失率；i 为地面沉降槽宽度系数。以下公式符号同。

Peck 公式因为简单实用，在实际工程中被广泛采用。目前有多种基于 Peck 公式的双线平行盾构地面沉降经验计算方法，其中比较先进的方法是由 Suwansawat（2007）[2]、马可栓（2008）[3] 提出的超几何方法。该方法的优点在于能够考虑两条隧道轴线之间水平距离的影响和总的地面沉降曲线不对称性，适用范围更广。在计算后行隧道引起的地面沉降时，考虑先行隧道开挖对后行隧道的影响，假定后行隧道的土体损失率 η 和地面沉降槽宽度系数 i 的取值与先行隧道不同，且后行隧道引起的地面沉降曲线是对称的。

具体步骤：①采用 Peck 公式计算先行隧道开挖引起的地面沉降；②确定后行隧道轴线位置，采用 Peck 公式计算后行隧道开挖引起的地面沉降；③叠加得到总的地面沉降。由于先行隧道和后行隧道引起的地面沉降不一样，会导致叠加后总的地面沉降曲线不对称。

计算公式以右侧先开挖为例：

$$S(x) = \frac{\pi R^2 \eta_{\text{f}}}{i_{\text{f}}\sqrt{2\pi}} \exp\left[\frac{-(x - 0.5L)^2}{2i_{\text{f}}^2}\right] + \frac{\pi R^2 \eta_{\text{s}}}{i_{\text{s}}\sqrt{2\pi}} \exp\left[\frac{-(x + 0.5L)^2}{2i_{\text{s}}^2}\right] \tag{3-3}$$

式中：i_{f} 和 η_{f} 分别为先行隧道的地面沉降槽宽度系数和土体损失率；i_{s} 和 η_{s} 分别为后行隧道的地面沉降槽宽度系数和土体损失率；L 为两条隧道轴线之间的水平距离。

该方法需要确定 4 个参数，其中关键在于计算后行隧道开挖引起的地面沉降。缺点：①只能计算地面沉降，无法计算深层土体沉降；②没有明确 i_{s} 和 η_{s} 如何确定。因此，需作进一步研究。

2. 本书方法及参数取值研究

（1）本书方法

姜忻良等（2004）[4] 假定隧道开挖在地面以下土层中所形成的沉降槽体积等于土体损失体积，各土层沉降槽曲线仍采用正态分布函数表示，通过回归分析提出了不同深度处土层沉降的经验计算公式为：

$$S_z(x) = S_{\max}(z)\exp\left[-\frac{x^2}{2i(z)^2}\right] \tag{3-4}$$

$$S_{\max}(z) = \frac{V_{\text{loss}}}{i(z)\sqrt{2\pi}} \tag{3-5}$$

$$i(z) = i(1 - z/h)^{0.3} \tag{3-6}$$

式中：z 为离地面的竖向距离，以向下为正；$S_{\max}(z)$ 为 z 深度处的隧道轴线上方最大沉降值；$i(z)$ 为 z 深度处的沉降槽宽度系数。

孙玉永等（2009）[5]根据有限元模拟所得盾构隧道上方不同深度处土层的横向沉降槽曲线，提出：

$$i(z) = i(1 - z/h)^{0.5} \tag{3-7}$$

魏纲（2010）[6]对姜忻良公式与孙玉永公式进行了修正，使其适用范围更广，提出 $i(z)$ 的计算公式：

$$i(z) = i(1 - z/h)^n \tag{3-8}$$

式中：n 为与隧道半径和土质条件有关的影响系数，n 越小，$i(z)$ 越大，n 的最小值为 0，此时 $i(z)=i$。

笔者结合公式（3-3）、（3-4）、（3-5）、（3-8），建立修正的二维 Peck 公式，将公式（3-3）拓展到能够计算双线平行盾构施工引起的深层土体沉降，以右侧先开挖为例：

$$S_z(x) = \frac{S_{\max f}}{(1-z/h)^n} \exp\left[\frac{-(x-0.5L)^2}{2i_f^2(1-z/h)^{2n}}\right] + \frac{S_{\max s}}{(1-z/h)^n} \exp\left[\frac{-(x+0.5L)^2}{2i_s^2(1-z/h)^{2n}}\right] \tag{3-9}$$

式中：$S_{\max f} = \dfrac{\pi R^2 \eta_f}{i_f \sqrt{2\pi}}$，$S_{\max s} = \dfrac{\pi R^2 \eta_s}{i_s \sqrt{2\pi}}$。

该公式需要确定 5 个参数：i_f、η_f、i_s、η_s 和 n。当 $z=0$m 时，公式（3-9）就变为地面沉降计算公式，同公式（3-3）。

（2）计算参数取值研究

① 实测数据收集

Suwansawat（2007）[2]、马可栓（2008）[3]采用公式（3-3），利用 Peck 公式分别对先行隧道和后行隧道施工引起的地面沉降曲线进行了拟合，然后叠加得到总的地面沉降预测值。具体数据见表 3.2-1。表中序号 1～7 数据来源于 Suwansawat（2007）[2]，隧道开挖直径 $D=6.43$m，开挖土质主要为：软黏土、坚硬黏土、密砂；序号 8～15 数据来源于马可栓（2008）[3]，$D=11.38$m，开挖土质主要为：粉质黏土、粉细砂、中粗砂、卵石地层。

实测数据反分析结果   表 3.2-1

序号	断面名称	h(m)	L(m)	i_f(m)	i_s(m)	η_f(%)	η_s(%)
1	23-AR-001	22	10.3	15	9	4.86	1.67
2	26-AR-001	18.5	20	13	13	4.42	2.66
3	CS-8B	19	17.5	12	10	0.74	0.27
4	CS-8D	20.1	14.5	10	9	0.69	0.43
5	SS-5T-52e-s	22.2	20	13	13	1.71	2.01

续表

序号	断面名称	h(m)	L(m)	i_f(m)	i_s(m)	η_f(%)	η_s(%)
6	SS-5T-52e-o	26	15	14	9	0.92	0.22
7	23-G3-007-019	19	20	9	10	2.78	0.58
8	HS1	12.6	20	6	7	1.14	1.17
9	HS2	17.4	20	8	9	1.07	1.33
10	HS3	18.4	20	7	8	0.45	0.63
11	HS4	22.9	20	11	11	1.43	1.18
12	HS5	35.6	20	15	15	0.72	0.89
13	HS6	37.6	20	15	15	0.46	0.68
14	HS7	44	20	22	22	0.39	0.62
15	HS8	46.5	20	23	23	0.29	0.60

② 参数 i_s 取值研究

通过对表 3.2-1 中 15 组实测数据的分析，i_s 与 i_f 比较接近，两者比值（i_s/i_f）的范围为 [0.6, 1.16]，平均值为 0.97。同时，发现 i_s/i_f 与 $h/(DL)$ 成明显的线性减小关系。如图 3.2-1 所示，拟合公式为：

$$i_s/i_f = 1.2986 - 2.0187h/(DL) \tag{3-10}$$

目前关于 i_f 的研究成果非常多，且比较成熟，其取值具体可参见魏纲（2009）[7] 的研究成果。

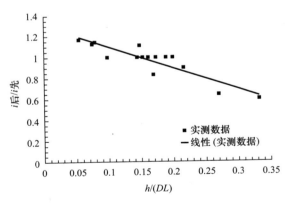

图 3.2-1 地面沉降槽宽度系数实测统计分析结果

③ 参数 η_s 取值研究

从表 3.2-1 中可以发现，η_s 值与 η_f 值区别较大，有时比 η_f 大，有时比 η_f 小。两者比值（η_s/η_f）的范围为 [0.21, 2.07]，平均值为 0.96。

统计结果表明：η_s/η_f 与 h/D 之间没有明显关系。分别对 η_s/η_f 与 h、($h+R$)、($h+D$) 进行线性拟合，拟合效果依次从差到好。因此选择 $\eta_s\eta_f$ 与 ($h+D$)

进行线性拟合，见图 3.2-2，拟合公式为：

$$\eta_s/\eta_f = 0.0355(h+D) - 0.271 \tag{3-11}$$

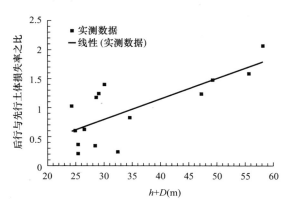

图 3.2-2 土体损失率实测统计分析结果

建议可以按 η_s/η_f 的平均值为 0.96 或公式（3-11）进行计算。

关于 η_f 的取值，具体可以参见魏纲（2010）[8]的研究成果。

④ 参数 n 取值研究

关于 n 的取值：姜忻良等[4]由于统计数据较少，发现 n 范围为 [0.2，0.45]，最后取 $n=0.3$；孙玉永[5]则是对有限元模拟结果进行拟合，得到 $n=0.5$；魏纲[6]建议 n 的取值范围：对于黏性土，在 [0.35～0.85] 之间；对于砂土，在 [0.85～1.0] 之间。

3. 工程实例验证

杭州地铁 1 号线，盾构开挖直径 $D=6.34\mathrm{m}$，隧道轴线埋深 $h=19\mathrm{m}$，两条隧道轴线水平距离 $L=12\mathrm{m}$[9]。盾构穿越粉土和粉质砂土，右侧先开挖。

采用 Peck 公式拟合先行隧道引起的地面沉降实测曲线，反分析得到：先行隧道的 $\eta_f=0.845\%$，地面沉降槽宽度系数 $i_f=7.6\mathrm{m}$。如图 3.2-3 所示，先行隧道引起的地面沉降基本符合正态分布曲线。

将总沉降减去先行隧道沉降，得到后行隧道引起的地面沉降，见图 3.2-4。采用 Peck 公式拟合后行隧道引起的地面沉降实测曲线，反分析得到：后行隧道的 $\eta_s=0.826\%$，$i_s=9.2\mathrm{m}$。采用公式（3-10）计算得到 $i_s=6.04\mathrm{m}$，与反分析结果差距较大。按公式（3-11）计算得到 $\eta_s=0.629\%$，与反分析结果差距较大；按 η_s/η_f 的平均值为 0.96，计算得到 $\eta_s=0.811\%$，与反分析数据比较接近。

如图 3.2-4 所示，实测曲线不太符合正态分布曲线，其最大沉降值偏离后行隧道轴线位置，偏向先行隧道侧约 4m，这是由于先行隧道施工对周边土体产生扰动导致的。后行隧道引起的土体损失率和最大沉降量要小于先行隧道，但地面

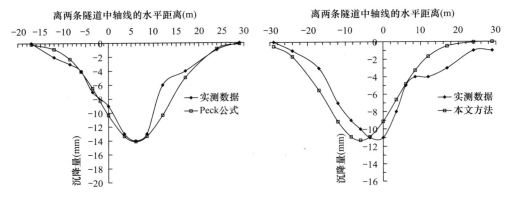

图 3.2-3 先行隧道施工引起的
地面沉降拟合

图 3.2-4 后行隧道施工引起的
地面沉降拟合

沉降槽宽度系数要大于先行隧道。

采用本文公式计算得到总的地面沉降实测曲线，见图 3.2-5。如图 3.2-5 所示，总的地面沉降比较符合正态分布曲线，本文方法计算结果与实测曲线较吻合，总沉降的最大值偏向先行隧道侧。

取 $n=0.4$，采用本文公式计算得到不同深度处的土体沉降曲线，见图 3.2-6。如图 3.2-6 所示，随着深度增加，土体沉降有所增大，沉降槽范围则略有减小。

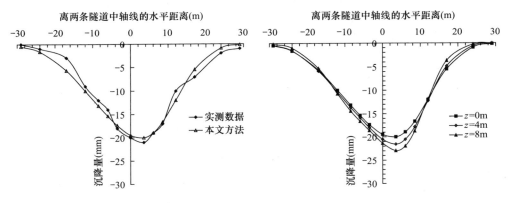

图 3.2-5 平行隧道引起的总的
地面沉降拟合

图 3.2-6 平行隧道施工引起的
不同深度处沉降

3.3 基于 Peck 公式的土体沉降三维解计算方法研究

3.2 节提出的方法能计算稳定后的二维土体沉降，但无法计算三维土体沉降。而实际双线平行盾构隧道施工引起的土体沉降是三维的，因此需作进一步研究。

本节首先参考魏纲提出的土体损失率公式，建立修正的三维 Peck 公式，可以计算单线盾构施工引起的三维深层土体沉降；然后结合马可栓[3]提出的超几何方法，建立了双线水平平行盾构施工引起的三维深层土体沉降计算公式；最后，作算例分析，研究了两条隧道开挖面前、后距离的逼近、深度 z 和两条隧道轴线之间的水平距离 L 改变的影响。

1. 本文计算公式推导

笔者利用现有单线盾构施工引起的三维土体沉降计算方法，对式（3-9）进行修正，拓展得到双线平行盾构施工引起的三维深层土体沉降计算公式。笔者仅考虑土体损失引起的沉降，不考虑其他施工因素。图 3.3-1 为双线水平平行盾构相对位置及坐标示意图，图 3.3-1 中 y 坐标为盾构掘进方向。

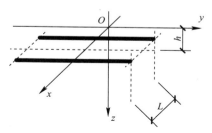

图 3.3-1　双线平行盾构
相对位置示意图

（1）现有单线盾构施工引起三维土体沉降计算方法

目前有两种较为简便的单线盾构施工引起三维土体沉降的计算方法。

方法 1：魏纲等[10]提出，计算单线盾构施工中土体损失引起的土体中任一点沉降的通用经验公式：

$$S(x,y,z) = S_{\max}\left[\Phi\left(\frac{y-y_i}{i(z)}\right) - \Phi\left(\frac{y-y_f}{i(z)}\right)\right] \cdot \left(1 - \frac{z}{h}\right)^{-0.3} \exp\left[-\frac{x^2}{2i(z)^2}\right]$$

$$(3-12)$$

式中：y_i 为隧道开挖面推进起始点，在 y 轴负方向；y_f 为当前开挖面的位置；Φ 函数可由标准正态分布函数表查得；$i(z) = i(1-z/h)^{0.3}$。

式（3-12）能够计算三维土体沉降且比较简单，但公式存在以下缺陷：①当 y 在 $[y_i, y_i+4i]$ 区间时，不符合实际规律，随着 y 的减小，$S(x, y, z)$ 不会趋于一定值，反而会不断减小；②式中常数 0.3 并不适合所有土质，需改进。

方法 2：在既定工况下，参考 CT 断层扫描技术，如果得到沿隧道掘进方向（y 方向）的每一个纵向断面的土体损失率 $\eta(y)$，就可以计算出每一个纵向断面的深层土体沉降，再将其组合起来就可以得到三维深层土体沉降[11]。

Sagaseta[12]假定土体损失为圆柱体，沿隧道掘进方向均匀分布，令 $x=0$、$z=0$，则隧道轴线上方地面最大沉降量 $S_{\max}(y)$ 沿掘进方向的变化为：

$$S(x=0, y, z=0) = S_{\max}(y) = \frac{V_{\text{loss}}}{2\pi h}\left[1 - \frac{y}{\sqrt{y^2+h^2}}\right]$$

$$(3-13)$$

由 Peck 公式可知，在既定工况下 η 与 $S_{\max}$ 成正比。因此，土体损失率 $\eta(y)$ 与 $S_{\max}(y)$ 也成正比。则：

$$\frac{\eta(y)}{S_{\max}(y)} = \frac{\eta(y=-\infty)}{S_{\max}(y=-\infty)} = \frac{\eta_{\max}}{\frac{V_{\text{loss}}}{\pi h}} \tag{3-14}$$

将式（3-13）代入式（3-14），得：

$$\eta(y) = S_{\max}(y)\frac{\eta_{\max}}{\frac{V_{\text{loss}}}{\pi h}} = \frac{V_{\text{loss}}}{2\pi h}\left[1 - \frac{y}{\sqrt{y^2+h^2}}\right]\frac{\eta_{\max}}{\frac{V_{\text{loss}}}{\pi h}} = \frac{\eta_{\max}}{2}\left[1 - \frac{y}{\sqrt{y^2+h^2}}\right]$$

$$\tag{3-15}$$

由于式（3-12）存在缺陷，故本文采用方法2。

（2）本文计算公式推导

笔者根据式（3-15），将式（3-2）中土体损失率 η 替换为 $\eta(y)$，分析得出土体损失引起的隧道轴线上方纵向地面沉降 $S_{\max}(y)$ 为：

$$S_{\max}(y) = \frac{\pi R^2}{i\sqrt{2\pi}}\eta(y) = \frac{S_{\max}}{2}\left[1 - \frac{y}{\sqrt{y^2+h^2}}\right] \tag{3-16}$$

结合式（3-1）、（3-8）、（3-16），对式（3-1）进行修正，建立修正的三维 Peck 公式，可以计算单线盾构施工引起的三维深层土体沉降为：

$$S(x,y,z) = \frac{S_{\max}}{2(1-z/h)^n}\left[1 - \frac{y}{\sqrt{y^2+h^2}}\right]\cdot\exp\left[\frac{-x^2}{2i^2(1-z/h)^{2n}}\right] \tag{3-17}$$

式中：$S_{\max}$ 采用式（3-2）计算。

由式（3-17）可知，当 $z=0$、$y\to-\infty$ 时，式（3-17）就退化为式（3-1）；当 $x=0$、$z=0$ 时，式（3-17）就变为式（3-16）。

然后参考式（3-9）的方法，将式（3-17）拓展到能够计算双线平行盾构施工引起的三维深层土体沉降。分别计算先行和后行隧道引起的三维土体沉降，叠加得到双线水平平行盾构施工引起的总的三维深层土体沉降计算公式。以右侧先开挖为例：

$$S(x,y,z) = \frac{S_{\max,\text{f}}}{(1-z/h)^n}\left[1 - \frac{y}{\sqrt{y^2+h^2}}\right]\cdot\exp\left[\frac{-(x-0.5L)^2}{2i_{\text{f}}^2(1-z/h)^{2n}}\right] +$$

$$\tag{3-18}$$

$$\frac{S_{\max,\text{s}}}{(1-z/h)^n}\left[1 - \frac{y}{\sqrt{y^2+h^2}}\right]\cdot\exp\left[\frac{-(x+0.5L)^2}{2i_{\text{s}}^2(1-z/h)^{2n}}\right]$$

当 $y\to-\infty$ 时，式（3-18）就退化为式（3-9）。

2. 算例分析

（1）实例验证

本文收集了国内两个双线水平平行盾构隧道的工程实例，共9组地面沉降实测数据。通过式（3-3）与实测数据拟合，给出了 i_{f}、η_{f}、i_{s} 和 η_{s} 的反分析数据，具体见表3.3-1。取其中武汉长江隧道[3]的 HS3、HS5 断面和杭州地铁1号线[9]

的数据，采用本文方法作具体的实例分析。

实测数据反分析结果 表 3.3-1

序号	断面名称	h(m)	L(m)	i_f(m)	η_f(%)	i_s(m)	η_s(%)
1	HS1	12.6	20	6.0	1.43	7.2	1.44
2	HS2	17.4	20	6.0	1.08	9.0	1.54
3	HS3	18.4	20	8.1	0.66	8.8	0.74
4	HS4	22.9	20	11.0	1.60	11.5	1.55
5	HS5	35.6	20	14.8	0.82	15.0	0.99
6	HS6	37.6	20	12.0	0.49	14.5	0.70
7	HS7	44.0	20	21.5	0.50	23.0	0.48
8	HS8	46.5	20	20.5	0.39	21.0	0.33
9	杭州	19.0	12	7.6	0.85	9.2	0.83

① 武汉长江隧道

武汉长江隧道[3]双线盾构开挖直径 $D=11.38$m，开挖土质主要为：粉质黏土、粉细砂、中粗砂、卵石地层，均为右侧先开挖。由于篇幅有限，取其中两组典型断面 HS3（地面沉降呈 W 形）和 HS5（地面沉降呈 V 形）的数据进行分析。

采用式（3-18），取表 3.3-1 中断面 HS3 和 HS5 的参数，计算得到横向地面总的沉降曲线，与实测数据进行对比，见图 3.3-2、图 3.3-3，图中本文公式计算工况均为右 $y=-100$m，左 $y=-100$m，代表右侧先行隧道开挖面通过计算断面 100m、左侧后行隧道开挖面通过计算断面 100m。如图所示，本文方法计算结果与实测曲线较吻合，表明本文公式具有一定可靠性。由于 HS3 断面埋深较浅（$h=8.4$m），根据本书第二章的研究可知，不属于近距离范畴，所以地面沉降曲线不符合正态分布规律；而 HS5 断面埋深较深（$h=35.6$m），根据第二章的研究可知，属于近距离范畴，所以地面沉降曲线符合正态分布规律。计算结果表明本文方法适用范围较广。

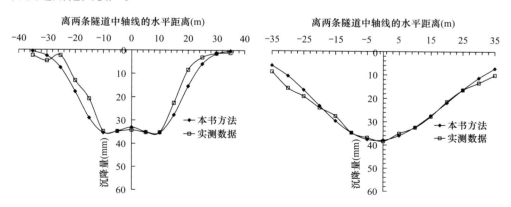

图 3.3-2 断面 HS3 总的横向地面沉降曲线　　图 3.3-3 断面 HS5 总的横向地面沉降曲线

② 杭州地铁 1 号线

杭州地铁 1 号线[9]的盾构开挖直径 $D=6.34m$，$h=19m$，$L=12m$。盾构穿越粉土和粉质砂土，右侧先开挖。采用式（3-18），取表 3.3-1 中杭州的参数，计算得到总的横向地面沉降曲线，与实测数据进行对比，见图 3.3-4，图中本文公式计算工况为右 $y=-100m$，左 $y=-100m$。如图 3.3-4 所示，本文方法计算结果与实测曲线较吻合；属于近距离范畴，实测曲线基本符合正态分布规律，总沉降的最大值偏向先行隧道一侧，与计算分析结果一致。

图 3.3-5 为离两条隧道中轴线的距离分别为 $x=6m$ 和 $x=0m$ 处，计算得到纵向地面总的沉降曲线，与实测数据进行对比，$x=6m$ 表示位于中轴线右侧 6m 处。分析可知：①在开挖面前方，土体损失引起的地面沉降量逐渐减小；②在开挖面后方，沉降量逐渐增加，到一定距离后趋于稳定，最大沉降量约为开挖面处的 2 倍；③计算曲线与实测曲线变化趋势一致，但计算值要大于实测值。这是因为盾构在推进过程中由于正面附加推力和盾壳摩擦力会使土体产生隆起效应，而本文方法没有考虑该因素。但在开挖面后方，当盾壳摩擦力和正面附加推力的影响减弱后，两者的沉降数据比较接近。

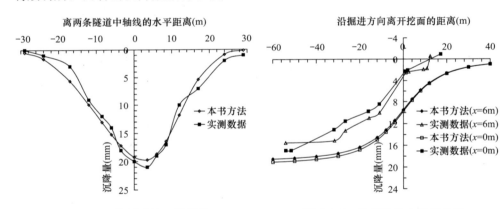

图 3.3-4　杭州地铁 1 号线的　　　　图 3.3-5　杭州地铁 1 号线总的
　　　　总的横向地面沉降　　　　　　　　　　纵向地面沉降

（2）影响因素分析

下面以杭州地铁 1 号线工程为例，对 3 个土体沉降的影响因素进行分析。

① 两条隧道开挖面前后距离改变的影响

图 3.3-6 为双线平行隧道施工引起的横向地面总的沉降曲线，计算参数与前面相同。如图所示，先行隧道开挖完后，随着后行隧道开挖面的掘进，地面总沉降量和沉降槽宽度逐渐增加，最大沉降值位置将小幅度地向后行隧道方向靠近；由于后行隧道引起的土体损失率和最大沉降量要小于先行隧道，最终最大地面沉降值偏向先行隧道一侧。表明双线平行盾构隧道施工时前、后开挖面距离不宜太近。

利用本文方法，画出三维地面沉降曲面图，见图 3.3-7，图中计算工况为右 $y=-100$m，左 $y=-100$m。如图所示，两条隧道前、后距离的逼近会对总的地面沉降产生影响，沉降槽呈不规则形状变化。由于 L 较小，最后形成的三维地面沉降槽，其后方地面沉降曲线横截面呈正态分布。

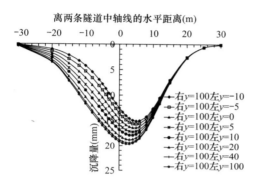

图 3.3-6 双线隧道施工引起的
横向地面沉降

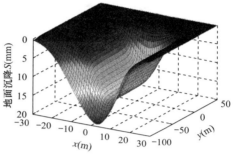

图 3.3-7 双线隧道施工引起的
三维地面沉降

② 土体深度 z 改变的影响

改变土体深度，分别令 z 为 0、4、8m，取 $n=0.4$，其他计算参数取值同前面。采用本文方法计算得到不同深度处的土体横向沉降曲线，见图 3.3-8，图 3.3-8 中计算工况均为右 $y=-100$m，左 $y=-100$m。如图 3.3-8 所示，随着土体深度的增加，土体最大沉降有所增大，沉降槽范围则略有减小。

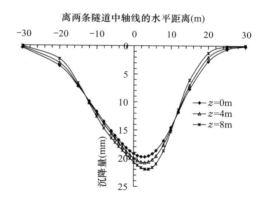

图 3.3-8 不同深度处的横向土体沉降曲线

③ L 改变的影响

改变 L，分别令 L 为 7、8、9、10、11、12、13、14、15、16、18 和 20m。由于两条隧道之间相互影响的范围难以界定，为方便研究，文中不考虑先行隧道施工对后行隧道的影响，即取 $\eta_f=\eta_s=0.85\%$，$i_f=i_s=7.6$m，其他参数取值不变。

图 3.3-9 为本文方法计算得到的不同 L 时的地面沉降曲线，图 3.3-9 中计算工况均为右 $y=-100$m，左 $y=-100$m。如图 3.3-9 所示，当 L 较小时，双线盾构隧道施工引起的地面沉降较大，沉降曲线呈轴对称，满足正态分布，可近似地考虑成一个半径较大的盾构隧道开挖引起的土体沉降；随着 L 变大，施工产生的最大地面沉降值逐渐减小，沉降槽范围则逐渐变大，沉降曲线慢慢由 V 形转变成 W 形。

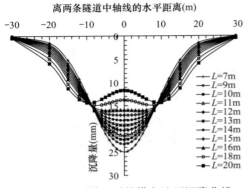

离两条隧道中轴线的水平距离(m)

图 3.3-9　不同 L 时的横向地面沉降曲线

采用式（3-1）对本文公式计算结果进行拟合。发现当 $L=7$m 时，两者十分吻合；随着 L 变大，在距离两条隧道中轴线 10m 的位置处两者沉降差异逐渐增大，当 $L=8$、9、10、11、12m 时，最大差异处的误差分别为0.2、0.3、0.6、0.8、1.0mm。当 $L=$ 12m 时整个区域的地面沉降都可看到明显差异。表明随着 L 增大，两者已明显不吻合。

由公式 $C=L(h+R)$，计算 6 组数据的 C 值，结果表明：当间距 L 分别为 7、8、9、10、11、12m 时，C 值分别为 0.32、0.36、0.41、0.45、0.50、0.54。从拟合结果得出，当 $L=7\sim11$m 时，地面沉降曲线符合正态分布规律；当 $L>11$m 后，地面沉降曲线均不符合正态分布规律。因此，笔者提出，令 $C=0.50$ 作为近距离的界限，当 $C\leqslant0.50$ 时，适合直接采用式（3-1）进行计算。这与第二章的研究（$h=12$m，$R=3.1$m）结果 $C=0.66$ 有一定差距。原因可能是两者的埋深不同以及本文分析时假定先行和后行隧道的参数相同导致的。

本文方法还存在一些不足：如仅考虑土体损失，没有考虑盾壳摩阻力、正面附加推力等因素；计算参数多且取值困难；难以界定两条隧道之间的相互影响范围和影响程度等，有待进一步研究。

3.4　基于统一解的土体变形二维解计算方法研究

本节基于盾构法隧道统一土体移动模型解析解，推导了双线水平平行盾构施工引起的土体变形二维解析解。将计算值与实测值进行了对比，对计算参数取值进行了探讨。

魏纲（2007）[13]建立了盾构法隧道统一土体移动模型，提出盾构隧道施工中土体损失引起的土体移动朝向某焦点，该焦点位置与土质条件有关。建立的盾构法隧道统一土体移动模型见图 3.4-1。

魏纲（2009）[14]基于该模型，推导了单线盾构隧道施工引起的二维土体竖向位移与水平位移解析解。推导时假定：①计算在开挖面通过一定距离后由土体损失引起的最大土体位移值，即取最大土体损失率 η_{max}；②不考虑正面附加推力和摩擦力的影响；③施工阶段土体不排水，土体泊松比 $\mu=0.5$，则地面沉降槽体积等于土体损失体积；④土质为均匀黏性土，土体为线弹性材料；⑤不考虑盾构施工工艺（如各类平衡方式和掘进参数等）的影响。

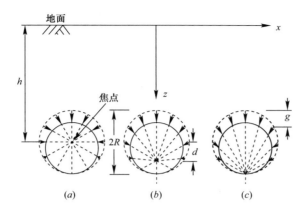

图 3.4-1　盾构法隧道统一土体移动模型

（a）极限状态 1：土很软，$d=0$；（b）中间状态：$0<d<R$；（c）极限状态 2：土很硬，$d=R$

限于篇幅，统一土体移动模型解计算参数的取值方法[15]不具体展开介绍。

盾构法隧道统一土体移动模型引起的土体竖向位移计算公式为：

$$U_z(x,z) = \frac{R^2}{2} \cdot \left\{ \frac{h-z}{x^2+(h-z)^2} + \frac{h+z}{x^2+(h+z)^2} - \frac{2z[x^2-(h+z)^2]}{[x^2+(h+z)^2]^2} \right\}$$

$$\frac{4Rg-g^2}{4R^2} B\exp\left[\frac{x^2\ln\lambda}{(h+R)^2} + \frac{z^2(\ln\lambda-\ln\delta)}{(h+d)^2} \right] \quad (3\text{-}19)$$

其中，$B = \dfrac{4h[h+d-\sqrt{(h+d)^2-\eta(R+d)^2}]}{R\eta(R+d)}$

$$\lambda = \frac{1}{4} - \frac{g}{\pi R\eta}\left[\arcsin\left(\frac{d}{R-g/2}\right) + \sqrt{1-\left(\frac{d}{R-g/2}\right)^2} - 1 \right]$$

$$\delta = \frac{1}{2} - \frac{g}{\pi R^2\eta}(R-g/4)\arcsin\left(\frac{d}{R-g/4}\right)$$

式中：x 为距离轴线的横向水平距离；z 为离地面的垂直向距离，由地面向下为正；h 为隧道轴线离地面距离；R 为隧道开挖半径；d 为土体移动焦点到隧道中心点的距离；η 为土体损失百分率；g 为等效土体损失参数，且 $g=2R(1-\sqrt{1-\eta})$。

统一土体移动模型引起的土体水平向位移为：

$$U_x(x,z) = -\frac{R^2 x}{2} \cdot \frac{h}{h+d} \cdot \left\{ \frac{1}{x^2+(h-z)^2} + \frac{1}{x^2+(h+z)^2} - \frac{4z(h+z)}{[x^2+(h+z)^2]^2} \right\} \cdot$$

$$\frac{4Rg-g^2}{4R^2} B\exp\left[\frac{x^2\ln\lambda}{(h+R)^2} + \frac{z^2(\ln\lambda-\ln\delta)}{(h+d)^2} \right] \quad (3\text{-}20)$$

1. 本文方法

本文基于盾构法隧道统一土体移动模型解，推导双线平行盾构施工引起的土

65

体变形解析解。在研究双线盾构施工引起的土体位移时，考虑后行隧道受到先行隧道开挖的影响，笔者认为其土体焦点不仅有竖向移动，而且会有水平向移动，这将造成整个沉降槽发生偏移，如图 3.4-2 所示，图 3.4-2 中 L 为两条隧道轴线的水平距离；b_0 为后行隧道土体移动焦点的水平偏移量；g_f、d_f 分别为先行隧道的等效土体损失参数、土体移动焦点到隧道中心点的距离；g_s、d_s 分别为后行隧道的等效土体损失参数、土体移动焦点到隧道中心点的距离。

　　由于焦点水平偏移后的土体位移计算公式推导非常困难，可将上述模型简化为后行隧道的沉降槽曲线整体偏移，令水平偏移量为 b 值，以考虑先行隧道对后行隧道的影响，如图 3.4-3 所示。

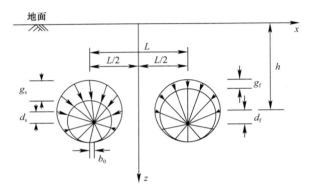

图 3.4-2　双线盾构隧道土体移动焦点偏移示意图

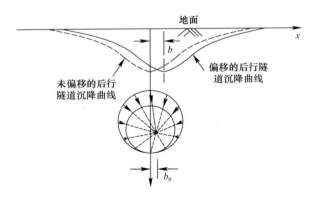

图 3.4-3　后行隧道沉降槽偏移简化示意图

　　假定右侧隧道先开挖，采用盾构法隧道统一土体移动模型解（式 3-19 和式 3-20），分别计算先行隧道和后行隧道施工引起的土体变形，其中在计算后行隧道时应考虑先行隧道对后行隧道的影响，改变后行隧道的计算参数（采用 g_s、d_s、最大值偏离后行隧道轴线的距离值 b），然后进行叠加，得到双线平行盾构施工引起的总的土体变形。

假定右侧盾构隧道先开挖，则双线水平平行盾构隧道施工引起的总的土体竖向位移计算公式为：

$$U_z(x,z) = U_{zf}(x,z) + U_{zs}(x,z)$$

$$= \frac{R^2}{2} \cdot \left\{ \frac{h-z}{(x-L/2)^2+(h-z)^2} + \frac{h+z}{(x-L/2)^2+(h+z)^2} \right.$$

$$\left. - \frac{2z[(x-L/2)^2-(h+z)^2]}{[(x-L/2)^2+(h+z)^2]^2} \right\} \cdot \frac{4Rg_f - g_f^2}{4R^2} B_f$$

$$\cdot \exp\left[\frac{(x-L/2)^2 \ln\lambda_f}{(h+R)^2} + \frac{z^2(\ln\lambda_f - \ln\delta_f)}{(h+d_f)^2} \right]$$

$$+ \frac{R^2}{2} \cdot \left\{ \frac{h-z}{(x+L/2+b)^2+(h-z)^2} + \frac{h+z}{(x+L/2+b)^2+(h+z)^2} \right.$$

$$\left. - \frac{2z[(x+L/2+b)^2-(h+z)^2]}{[(x+L/2+b)^2+(h+z)^2]^2} \right\} \cdot \frac{4Rg_s - g_s^2}{4R^2} B_s$$

$$\cdot \exp\left[\frac{(x+L/2+b)^2 \ln\lambda_s}{(h+R)^2} + \frac{z^2(\ln\lambda_s - \ln\delta_s)}{(h+d_s)^2} \right] \tag{3-21}$$

双线水平平行盾构隧道施工引起总的土体水平位移计算公式为：

$$U_x(x,z) = U_{xf}(x,z) + U_{xs}(x,z)$$

$$= \frac{-R^2(x-L/2)}{2} \cdot \frac{h}{h+d_f} \cdot \left\{ \frac{1}{(x-L/2)^2+(h-z)^2} \right.$$

$$\left. + \frac{1}{(x-L/2)^2+(h+z)^2} - \frac{4z(h+z)}{[(x-L/2)^2+(h+z)^2]^2} \right\}$$

$$\cdot \frac{4Rg_f - g_f^2}{4R^2} B_f \cdot \exp\left[\frac{(x-L/2)^2 \ln\lambda_f}{(h+R)^2} + \frac{z^2(\ln\lambda_f - \ln\delta_f)}{(h+d_f)^2} \right]$$

$$- \frac{R^2(x+L/2+b)}{2} \cdot \frac{h}{h+d_s} \cdot \left\{ \frac{1}{(x+L/2+b)^2+(h-z)^2} \right.$$

$$\left. + \frac{1}{(x+L/2+b)^2+(h+z)^2} - \frac{4z(h+z)}{[(x+L/2+b)^2+(h+z)^2]^2} \right\}$$

$$\cdot \frac{4Rg_s - g_s^2}{4R^2} B_s \cdot \exp\left[\frac{(x+L/2+b)^2 \ln\lambda_f}{(h+R)^2} + \frac{z^2(\ln\lambda_s - \ln\delta_s)}{(h+d_s)^2} \right] \tag{3-22}$$

式中：b 为后行隧道开挖引起的最大沉降值偏离后行隧道轴线的距离值，以远离中轴线为正；η_f 为先行隧道的土体损失率；η_s 为后行隧道的土体损失率；B_f、λ_f、δ_f 为先行隧道的计算参数；B_s、λ_s、δ_s 为后行隧道的计算参数。

2. 工程实例验证

本文收集了 2 个工程案例，共 9 组地面沉降实测数据，将本文方法计算值与实测值进行了对比。

（1）杭州地铁 1 号线

杭州地铁 1 号线[9]采用双线平行盾构施工，盾构开挖直径 $D=6.34\text{m}$，$h=19\text{m}$，$L=12\text{m}$，盾构穿越粉土和粉质砂土，右侧先开挖。采用本文方法（统一解）对实测数据进行拟合，计算参数取值具体见表 3.4-1（序号 1）。

实测数据反分析结果　　　　　　　　　　　　　　表 3.4-1

序号	断面名称	$h(\text{m})$	$L(\text{m})$	$\eta_f(\%)$	$d_f(R)$	$\eta_s(\%)$	$d_s(R)$	$b(\text{m})$
1	杭州	19	12	0.81	0.79	0.82	0.24	−2.8
2	HS1	12.6	20	1.3	0.9	1.3	0.4	−4
3	HS2	17.4	20	1.2	0.9	1.4	0.4	−2
4	HS3	18.4	20	0.5	0.9	0.8	0.3	−2.5
5	HS4	22.9	20	2.0	0.1	1.6	0.1	3
6	HS5	35.6	20	1.0	0.1	1.3	0.1	0
7	HS6	37.6	20	0.4	0.9	0.8	0.5	−2
8	HS7	44	20	0.3	0.3	0.7	0.3	−3
9	HS8	46.5	20	0.2	0.8	0.45	0.7	−5

计算结果见图 3.4-4～图 3.4-6。如图 3.4-4～图 3.4-6 所示，虽然本文方法得到的先行隧道和后行隧道引起的地面沉降计算值与实测值吻合程度一般，但本文方法计算得到的总的地面沉降值与实测曲线非常吻合，表明本文方法有一定可靠性。

与 Peck 公式相比，本文方法虽然计算比较繁琐，但有其优点，即能够计算深层土体沉降和水平位移。图 3.4-7 为采用本文方法计算得到的深层土体水平位移曲线，如图所示，此处离先行隧道轴线水平距离 12m，离后行隧道轴线水平距离 24m，所以先行隧道引起的土体水平位移要远大于后行隧道。

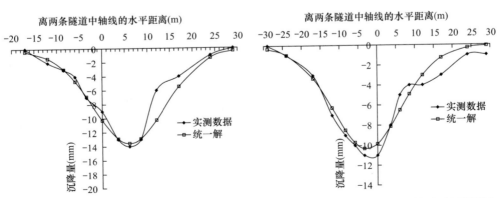

图 3.4-4　先行隧道施工引起的地面沉降拟合　　　图 3.4-5　后行隧道施工引起的地面沉降拟合

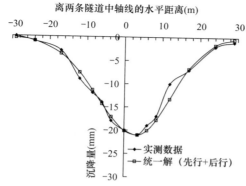

图 3.4-6　平行隧道引起的总的地面沉降拟合

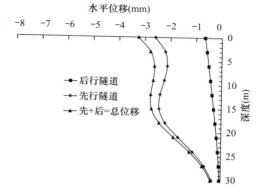

图 3.4-7　双线盾构引起土体水平位移曲线

图 3.4-8 为不同深度处的土体沉降曲线，如图 3.4-8 所示，随着土体深度增加，最大沉降量明显增大，曲线形状变得更接近正态分布曲线。

（2）武汉长江隧道

武汉长江隧道采用双线平行盾构施工，盾构开挖直径 $D = 11.38m$，开挖土质主要为：粉质黏土、粉细砂、中粗砂、卵石地层，共有 8 组地面沉降实测数据，分别为断面 HS1 ～ HS8，均为右侧先开挖，具体参见马可栓论文[3]。

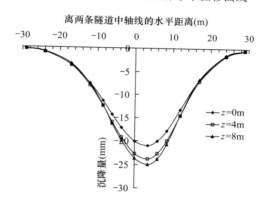

图 3.4-8　平行隧道施工引起的
不同深度处沉降曲线

采用本文方法（统一解）对实测数据进行拟合，计算参数取值具体见表 3.4-1（序号 2～9）。由于论文篇幅有限，本文仅给出了总的地面沉降拟合曲线，没有给出先行和后行隧道引起的地面沉降拟合曲线。总的地面沉降计算结果见图 3.4-9～图 3.4-16。如图 3.4-9～图 3.4-16 所示，本文方法计算结果与实测曲线比较吻合，表明本文方法可靠性较强。从表 3.4-1 中可以看出，断面 HS4 比较特殊，相对其他断面其土体损失率特别大，$\eta_f > \eta_s$，且 $b > 0$，具体原因不明。

除了断面 HS4 以外，其他 8 组数据的规律一致：

① 由于先行隧道施工影响，导致后行隧道施工时周围土体受到扰动，$\eta_s \geqslant \eta_f$，即后行隧道的土体损失率要大于先行隧道，8 组数据反分析得到 η_s/η_f 范围为 $[1, 2.25]$，平均值为 1.51。如图 3.4-17 所示，实测数据统计结果表明 η_s/η_f 与 h 基本呈线性增长关系。拟合公式为：

$$\eta_s/\eta_f = 0.0283h + 0.6933 \tag{3-23}$$

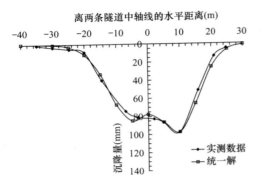

图 3.4-9　双线引起的总地面
沉降拟合（HS1）

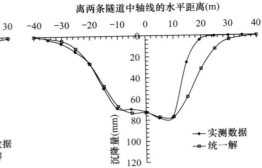

图 3.4-10　双线引起的总地面
沉降拟合（HS2）

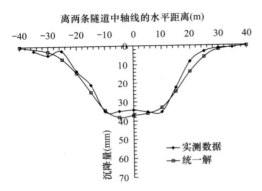

图 3.4-11　双线引起的总地面
沉降拟合（HS3）

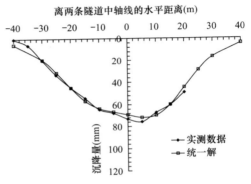

图 3.4-12　双线引起的总地面
沉降拟合（HS4）

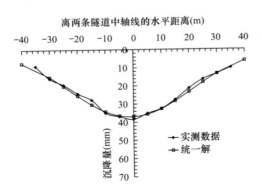

图 3.4-13　双线引起的总地面
沉降拟合（HS5）

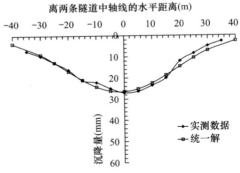

图 3.4-14　双线引起的总地面
沉降拟合（HS6）

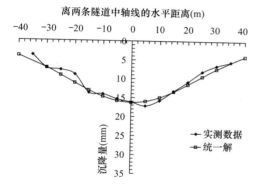

图 3.4-15 双线引起的总地面
沉降拟合（HS7）

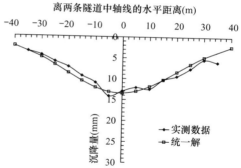

图 3.4-16 双线引起的总地面
沉降拟合（HS8）

② 由于后行隧道施工时周围土体受到扰动，导致 $d_s \leqslant d_f$，8 组数据反分析得到 d_s/d_f 范围为 [0, 0.875]，平均值为 0.37。但 d_s/d_f 的规律性不强。关于 d_f 的取值，具体可参见文献 [15]。分析也表明后行隧道施工引起的地面沉降槽宽度要大于先行隧道。

③ 由于先行隧道侧土体受施工扰动影响，导致后行隧道施工产生的最

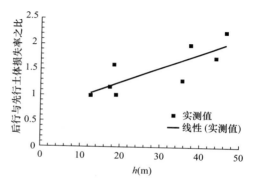

图 3.4-17 土体损失率实测统计分析结果

大沉降位置会向中轴线方向产生偏移，即 $b \leqslant 0$，8 组数据 b 的范围为 [−5m, 0]，平均值为 −2.64m。笔者在文献 [16] 中对 b 的取值方法进行了初步研究，具体参见下节。

以上实测数据分析结果与理论分析结果是一致的。由于断面 HS1～HS3 的埋深相对较浅，导致地面沉降曲线呈 W 形，此时已不适合直接采用 Peck 公式进行预测。其他曲线基本符合正态分布规律。这也表明本文方法的适用范围较广。

3. 后行隧道沉降槽偏移量取值研究

本节对后行隧道沉降槽偏移量 b 的取值方法进行了研究。笔者认为先行隧道是通过开挖后的周边土体位移场对后行隧道产生影响的，所以先行隧道施工在后行隧道处产生的土体位移，能够反映先行隧道对后行隧道的影响，也就与偏移量 b 值存在关系。因此，可以将 b 值与先行隧道引起的土体位移联系起来。笔者收集了国内外双线盾构隧道工程中的土体移动参数，经过统计分析，提出了 b 值的

取值方法，并进一步探究了先行隧道开挖对后行隧道施工的影响机理。

（1）实测数据统计收集

收集了国内 5 个双线盾构工程的实测数据[2,17-18]，采用公式（3-21）对先行、后行盾构产生的地表沉降实测曲线进行拟合，通过反分析得到相应的土体移动参数，共计 21 组 b 值，见表 3.4-2。

实测数据分析　　　　　　　　　　　　表 3. 4-2

组号	名称	$h(m)$	$L(m)$	$\eta_f(\%)$	β_f	$b(m)$
1	杭州	19.0	12.0	0.81	0.79	−2.8
2	HS1	12.6	20.0	1.30	0.90	−4.0
3	HS2	17.4	20.0	1.20	0.90	−2.0
4	HS3	18.4	20.0	0.50	0.90	−2.5
5	HS4	22.9	20.0	2.00	0.10	3.0
6	HS5	35.6	20.0	1.00	0.10	0.0
7	HS6	37.6	20.0	0.40	0.90	−2.0
8	HS7	44.0	20.0	0.40	0.30	−3.0
9	HS8	46.5	20.0	0.20	0.80	−5.0
10	23-AR-001	22.0	10.3	4.80	0.00	2.0
11	26-AR-001	18.5	20.0	4.00	0.00	−4.0
12	CS-8B	19.0	17.5	0.80	0.00	0.0
13	CS-8D	20.1	14.5	0.80	0.00	0.0
14	SS-5T-52e-s	22.2	20.0	2.00	0.00	−1.8
15	SS-5T-52e-o	26.0	15.0	1.15	0.00	−1.0
16	23-G3-7-19	19.0	20.0	2.80	0.40	−4.0
17	H14	8.0	13.0	0.89	0.00	1.0
18	H15	11.0	13.0	0.65	0.35	2.1
19	H17	13.0	13.0	1.30	0.50	6.0
20	H20	13.0	13.0	1.20	0.35	0.0
21	郑州	12.0	15.0	0.50	0.50	1.0

表 3.4-2 中组号 1～9 数据来源于表 3.4-1，这 9 组数据是通过分析杭州地铁 1 号线和武汉长江隧道实测数据得到，先行隧道土体移动焦点向下偏移量与半径的比值 β_f 平均值为 0.632；组号 10～16、17～20、21 的数据分别源自文献［2］、［17］、［18］中泰国曼谷、中国南京和中国郑州的实测数据，先行隧道 β_f 平均值分别为 0.06、0.3 和 0.5。

（2）参数b取值研究

通过收集得到的21组计算参数，采用公式（3-21）、（3-22）及勾股定理分别计算先行隧道在后行隧道轴线处产生的竖向、水平向以及总的土体位移值，再与相应的b值进行回归分析，总体并未发现明显的相关性。

当单独将取自β_f平均值较高的1～9号数据进行回归分析，发现b值与竖向、水平向以及总的土体位移值均存在比较明显的线性关系，结果见图3.4-18～图3.4-20。

从图3.4-18～图3.4-21可见，竖向土体位移与b值线性相关程度最高。该组数据通过回归统计分析，线性相关系数$r=0.9634$，表明竖向土体位移与b值的关系为高度正相关。其关系式为：

$$b = 1.6259w - 4.8728 \tag{3-24}$$

式中：w为先行隧道开挖在后行隧道轴线处产生的竖向土体位移，mm；b为后行隧道的沉降槽曲线整体偏移量，m。

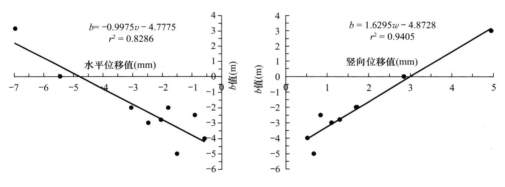

图 3.4-18　水平位移与b值关系图　　　图 3.4-19　竖向位移与b值关系图

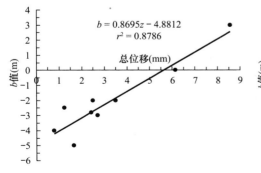
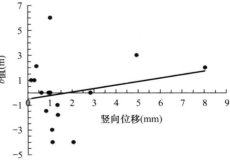

图 3.4-20　总位移与b值关系图　　　图 3.4-21　$\beta_f \leqslant 0.5$时竖向位移与b值关系图

　　而将文中收集的 21 组数据中 β_{f} 值不大于 0.5 的 15 组数据（5、6、8、10~21 号）的竖向位移和 b 值进行回归分析，发现 b 值与竖直位移没有明显的线性关系，如图 3.4-21 所示。

　　这 15 组数据中有 4 组数据比较离散，其中第 19 组的 b 值为 6m，较其他 20 组数据明显偏大，原因不明。第 5、6、10 组的土体损失率较大，据分析有可能是施工控制不当，导致过大的土体损失，使周围土体移动明显增大。

　　将以上 4 组较离散的数据剔除，余下的 11 组数据引入与土质有关的参数 β_{f} 做进一步回归分析，发现先行隧道施工在后行隧道轴线处产生的水平位移和竖向位移都是影响 b 值的因素，令 $f(v,w,\beta_{\mathrm{f}})=\dfrac{0.5}{1-\beta_{\mathrm{f}}}v-\dfrac{2.2}{1-\beta_{\mathrm{f}}}w+2.516$，式中 v、w 分别为先行隧道开挖在后行隧道轴线处产生的水平向和竖向土体位移，mm。b 值与 $f(v,w,\beta_{\mathrm{f}})$ 数据的线性拟合情况见图 3.4-22。

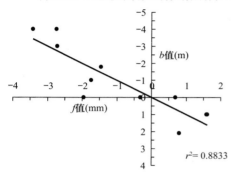

图 3.4-22　b 值与水平、竖向位移线性拟合情况图

　　线性相关系数 $r=0.8833$，通过二元线性回归分析得到以下关系式：

$$b = 1.0007f(v,w,\beta_{\mathrm{f}}) - 0.0021 \tag{3-25}$$

（3）机理研究

　　β_{f} 平均值大于 0.5 的 1~9 号数据规律显示，土体位移与 b 值呈线性关系。当先行隧道在后行隧道轴线处产生的位移较小时，b 为负值，即后行隧道引起的地表沉降曲线朝先行隧道侧偏移。随着位移值的增大，b 值增大；当位移较大时 b 可能为正值，即后行隧道引起的地表沉降曲线向远离先行隧道方向偏移。而 β_{f} 值较小的数据，显示的 b 值与土体位移的关系则更为复杂。笔者认为在 β_{f} 平均值较大的工程中，先行隧道开挖引起后行隧道沉降曲线偏移的原因由以下两部分组成：

　　① 先行隧道开挖引起的卸载效应。后行隧道开挖后，扰动后的土体仍会有向先行隧道侧移动的趋势。由于先行隧道的影响会随着距离的增加而减小，土体沉降呈现不对称性，靠近先行隧道一侧的土体沉降更大，地表最大沉降位置也相应向先行隧道侧偏移。

　　② 后行隧道两边土质不均效应。先行隧道开挖导致土体结构被扰动，这可以通过先行隧道周围的土体位移来体现。由于土体基本不承受拉力，向着先行隧道侧的位移使得土体结构被破坏，土质变得松软。可以认为位移越大，土的扰动程度越大。在后行盾构隧道施工时，隧道两侧的土体被扰动的程度不同：靠近先行隧道一侧的土体扰动更大，土质更松软。盾构机通过后，土体会迅速向隧道移

动，填充建筑空隙，土体移动焦点更靠近隧道中心点[13]。相同条件下，土体移动焦点越靠近隧道中心时，地表沉降量越小[15]；而远离先行隧道一侧的土体扰动相对较小，土质会更密实。盾构机通过后，建筑空隙闭合较慢，在重力作用下，土体移动焦点更靠近隧道底部[13]。相同条件下，土体移动焦点越靠近隧道底部，地表沉降量越大[15]。所以后行隧道两侧的地表沉降不均，沉降曲线不再对称，最大地表沉降量偏向远离隧道一侧。

当先行隧道的 β_f 值较小时，即原本土质就比较松软，此时无论是开挖卸载效应还是后行隧道两边土质不均效应都会变得不明显，后行隧道沉降槽偏移的影响因素变得复杂。笔者基于实测数据通过二元线性回归分析，拟合得到公式（3-25）。

（4）研究总结

以上研究结果表明：A. 后行隧道沉降槽偏移量 b 值可以反映先行隧道开挖对后行隧道施工的影响。β_f 平均值大于 0.5 的双线盾构工程中，先行隧道开挖在后行隧道轴线处引起的土体竖向位移与 b 值呈现明显的线性关系。当竖向位移值较小时，后行隧道沉降槽偏向先行隧道侧，即 b 为负值；随着竖向位移值增大，b 值增大且有可能变为正值；B. 统计分析表明：当 β_f 值≤0.5 时，土体位移与 b 值的关系比较复杂，仅通过竖向土体位移拟合 b 值的效果不理想。但仍可用关于 β_f 值、水平土体位移和竖向土体位移的线性关系式来拟合 b 值。

本文研究时作了一定简化，以沉降槽偏移来代替土体移动焦点偏移；仅以统计方法研究土体移动焦点偏移和土体位移之间的关系，得到的机理分析不够完整，尤其是当 β_f 值较小时，土体移动焦点偏移机理复杂，还需作进一步深入研究；文中得到的关系式也需更多的实测数据来进行验证。

3.5 基于统一解的土体变形三维解计算方法研究

本节基于 3.4 节提出的双线水平平行盾构施工引起的土体变形二维解析解，进一步推导出土体变形三维解析解。通过算例分析，将计算值与实测值进行比较，研究了不同影响因素对土体变形的影响。

1. 现有研究及本文方法

（1）现有计算方法不足之处

3.4 节推导了双线水平平行盾构施工引起的土体变形二维解析解，见公式（3-21）、（3-22）。该方法能够计算深层土体水平位移、深层沉降和地面沉降，计算值与实测地面沉降曲线比较吻合。但由于计算时假定土体变形已经稳定而采用最大土体损失率 η_{max}，因此只能够计算最大的二维土体变形，无法反映土体变形的三维过程。

（2）本文计算公式推导

由于正面附加推力和摩擦力的影响范围只限于隧道开挖面附近，在开挖面通过一定距离后，其引起的地面位移基本为 0，此时可以只考虑土体损失引起的土体位移。为了简便计算，本文也仅研究由于土体损失引起的土体变形。

由盾构隧道统一土体移动模型可知，对于既定工况，如果能够知道沿掘进方向（y 方向）的每一个横向断面的土体损失率 $\eta(y)$，就可以计算出每一个横向断面的土体变形，组合起来就可以得到土体变形三维解。将二维解公式中最大土体损失率 η_{max} 替换为 $\eta(y)$，即可得到土体损失引起的三维土体变形计算公式。此公式可计算任意一点土体的垂直方向（z 方向）沉降以及横向（x 方向）的水平位移。

$\eta(y)$ 的计算公式具体见 3.3 节式（3-15）。由此可得：

$$g(y) = 2R(1 - \sqrt{1 - \eta(y)}) \tag{3-26}$$

假定右侧盾构隧道先开挖，则双线水平平行盾构隧道施工引起总的三维土体竖向位移计算公式为：

$$
\begin{aligned}
U_z(x,y,z) =& U_{zf}(x,y,z) + U_{zs}(x,y,z) \\
=& \frac{R^2}{2} \cdot \left\{ \frac{h-z}{(x-L/2)^2 + (h-z)^2} + \frac{h+z}{(x-L/2)^2 + (h+z)^2} \right. \\
& \left. - \frac{2z[(x-L/2)^2 - (h+z)^2]}{[(x-L/2)^2 + (h+z)^2]^2} \right\} \cdot \frac{4Rg_f(y) - g_f^2(y)}{4R^2} B_f(y) \\
& \cdot \exp\left[\frac{(x-L/2)^2 \ln\lambda_f(y)}{(h+R)^2} + \frac{z^2(\ln\lambda_f(y) - \ln\delta_f(y))}{(h+d_f)^2} \right] \\
& + \frac{R^2}{2} \cdot \left\{ \frac{h-z}{(x+L/2+b)^2 + (h-z)^2} + \frac{h+z}{(x+L/2+b)^2 + (h+z)^2} \right. \\
& \left. - \frac{2z[(x+L/2+b)^2 - (h+z)^2]}{[(x+L/2+b)^2 + (h+z)^2]^2} \right\} \cdot \frac{4Rg_s(y) - g_s^2(y)}{4R^2} B_s(y) \\
& \cdot \exp\left[\frac{(x+L/2+b)^2 \ln\lambda_s(y)}{(h+R)^2} + \frac{z^2(\ln\lambda_s(y) - \ln\delta_s(y))}{(h+d_s)^2} \right]
\end{aligned} \tag{3-27}
$$

双线水平平行盾构施工引起总的三维土体水平位移计算公式为：

$$
\begin{aligned}
U_x(x,y,z) =& U_{xf}(x,y,z) + U_{xs}(x,y,z) \\
=& \frac{-R^2(x-L/2)}{2} \cdot \frac{h}{h+d_f} \cdot \left\{ \frac{1}{(x-L/2)^2 + (h-z)^2} \right. \\
& \left. + \frac{1}{(x-L/2)^2 + (h+z)^2} - \frac{4z(h+z)}{[(x-L/2)^2 + (h+z)^2]^2} \right\} \\
& \cdot \frac{4Rg_f(y) - g_f^2(y)}{4R^2} B_f(y) \cdot \exp\left[\frac{(x-L/2)^2 \ln\lambda_f(y)}{(h+R)^2} + \frac{z^2(\ln\lambda_f(y) - \ln\delta_f(y))}{(h+d_f)^2} \right] \\
& - \frac{R^2(x+L/2+b)}{2} \cdot \frac{h}{h+d_s} \cdot \left\{ \frac{1}{(x+L/2+b)^2 + (h-z)^2} \right.
\end{aligned}
$$

$$+ \frac{1}{(x+L/2+b)^2+(h+z)^2} - \frac{4z(h+z)}{[(x+L/2+b)^2+(h+z)^2]^2}\Big\}$$

$$\cdot \frac{4Rg_s(y)-g_s^2(y)}{4R^2}B_s(y) \cdot \exp\Big[\frac{(x+L/2+b)^2\ln\lambda_f(y)}{(h+R)^2} + \frac{z^2(\ln\lambda_s(y)-\ln\delta_s(y))}{(h+d_s)^2}\Big]$$

$$(3-28)$$

其中 $B(y) = \dfrac{4h[h+d-\sqrt{(h+d)^2-\eta(y)(R+d)^2}]}{R\eta(y)(R+d)}$

$$\lambda(y) = \frac{1}{4} - \frac{g(y)}{\pi R\eta(y)}\Big[\arcsin\Big(\frac{d}{R-g(y)/2}\Big)+\sqrt{1-\Big(\frac{d}{R-g(y)/2}\Big)^2}-1\Big]$$

$$\delta(y) = \frac{1}{2} - \frac{g(y)}{\pi R^2\eta(y)}[R-g(y)/4]\arcsin\Big[\frac{d}{R-g(y)/4}\Big]$$

式中：$g_f(y)$、$\eta_f(y)$ 分别为先行隧道沿掘进方向 y 距离处的等效土体损失参数和土体损失率；$g_s(y)$、$\eta_s(y)$ 分别为后行隧道沿掘进方向 y 距离处的等效土体损失参数和土体损失率；$B_f(y)$、$\lambda_f(y)$、$\delta_f(y)$ 分别为先行隧道沿掘进方向 y 距离处的计算参数；$B_s(y)$、$\lambda_s(y)$、$\delta_s(y)$ 分别为后行隧道沿掘进方向 y 距离处的计算参数。

2. 算例分析

本文收集了两个双线水平平行盾构隧道的工程实例，共 9 组地面沉降实测数据。取其中的杭州地铁一号线和武汉长江隧道的 HS1、HS5 断面数据，采用本文方法作具体的实例分析。计算参数取值来源于魏纲的研究分析，见表 3.4-1。

（1）杭州地铁一号线

杭州地铁 1 号线[9]，盾构开挖直径 $D=6.34\mathrm{m}$，盾构穿越粉土和粉质砂土，右侧先开挖。根据隧道掘进距离 y 的不同，采用式（3-27）分别计算先行和后行隧道引起的横向地面沉降曲线，叠加得到总的横向地面沉降曲线，见图 3.5-1，

图 3.5-1 中 $y=-100\mathrm{m}$ 表示开挖面已经通过计算断面100m。如图所示，在开挖面还没有到达之前（$y=5\mathrm{m}$）地面就已经产生沉降；随着隧道不断地掘进，最大地面沉降值不断增大，但其增幅会减小；当掘进到一定距离后，最大沉降值趋于稳定。由于该断面为近距离双线盾构隧道，地面沉降曲线基本符合正态分布规律，总沉降的最大值偏向先行隧道一侧。当隧道掘进至一定距离时，本文方法计算结果与

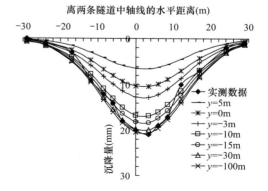

图 3.5-1 双线施工引起的横向
地面总沉降（杭州）

实测数据比较吻合。

图 3.5-2 为距离两条隧道中轴线 6m 和 0m 处，纵向地面沉降曲线计算值和实测值的对比，$x=6$m 表示位于中轴线右侧 6m 处。如图 3.5-2 所示，随着隧道的掘进，在隧道通过该断面前，土体损失引起的地面沉降量逐渐变大；当隧道开挖至该计算断面后，地面沉降量同样逐渐增大，但增加幅度逐渐变小直至趋于稳定，双线隧道引起的最大沉降量约为在计算断面处的 2 倍。对比计算值与实测值，可知两者的变化趋势比较吻合，但计算得的土体沉降量要大于实测数据。这是由于本文方法没有考虑盾壳摩擦力和正面附加推力的作用，无法反映刀盘推进过程中产生的土体隆起效应。但在开挖面后方，当盾壳摩擦力和正面附加推力的影响减弱后，两者的沉降数据比较接近。

图 3.5-3 为采用式（3-28）计算得到的深层土体水平位移曲线，图中计算点位于先行隧道的右侧，离先行隧道轴线水平距离为 12m，离后行隧道轴线水平距离为 24m，计算工况均为"右 $y=-30$m、左 $y=0$m"。如图 3.5-3 所示，水平位移朝向先行隧道一侧移动，先行隧道引起的土体水平位移要远大于后行隧道，在此处所引起的最大水平位移位于地面，约为 4.2mm。

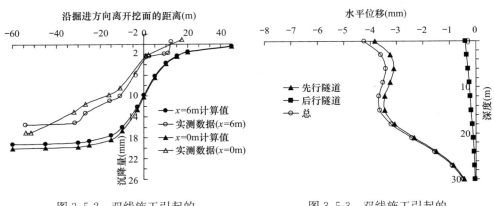

图 3.5-2　双线施工引起的　　　　　图 3.5-3　双线施工引起的
　　　纵向地面沉降　　　　　　　　　　土体水平位移曲线

（2）武汉长江隧道

武汉长江隧道[3]双线盾构开挖直径 $D=11.38$m，开挖土质主要为：粉质黏土、粉细砂、中粗砂、卵石地层，均为右侧先开挖。本文取其中两组典型断面 HS1 和 HS5 的数据来进行分析说明。

采用式（3-27）计算得到不同 y 时双线盾构隧道引起的横向地面总沉降曲线，见图 3.5-4（HS1 断面）和图 3.5-5（HS5 断面），图中 $y=0$m 表示隧道开挖面正处于计算断面处。如图 3.5-4 和图 3.5-5 所示，地面沉降规律与图 3.5-1 类似，随着隧道的掘进，横向地面总沉降慢慢接近于实测数据。在 $y=-40$m 时的计算值与实测值比较吻合；当 y 继续增大时总沉降曲线变化不明显。由于 HS1 断面埋深较浅（$h=12.6m$），根据第二章的研究可知，不属于近距离范畴，所以地面沉降曲线不符合正态分布规律。而 HS5 断面埋深较深（$h=35.6m$），根据第二章的研究可知，属于近距离范畴，所以地面沉降曲线符合正态分布规律。计算结果表明本文方法适用范围较广。

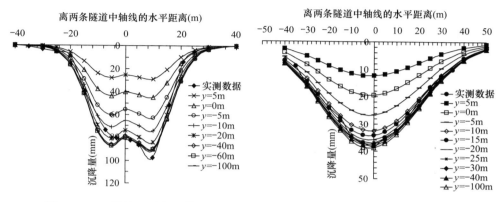

图 3.5-4 双线施工引起的横向
地面总沉降（HS1）

图 3.5-5 双线引起的横向
地面总沉降（HS5）

（3）影响因素分析

下面基于武汉长江隧道 HS5 断面工况，来研究土体变形的影响因素，计算时均仅改变单因素，其他计算参数与前面相同。

① 两条隧道开挖面前后距离改变的影响

图 3.5-6 为 HS5 断面在双线盾构开挖面前后距离为不同位置时引起总的横向地面沉降曲线。令先行隧道开挖位置不变（均为 $y=-100m$），如图所示，随着后行隧道开挖面的接近，地面总沉降量和沉降槽宽度逐渐增加，最大沉降值将小幅

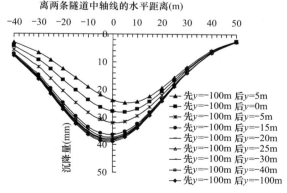

图 3.5-6 双线隧道引起的总的横向地面沉降

79

度地向后行隧道方向（左侧）靠近；由于后行隧道引起的土体损失率与最大沉降量都略大于先行隧道，所以最大地面总沉降值偏向后行隧道一侧。计算结果表明双线平行盾构隧道施工时前后开挖面距离不宜太近。

②　土体深度 z 改变的影响

改变 HS5 断面的土体计算深度，分别令 $z=0$m、4m、8m，其他计算参数取值不变。采用本文方法计算得到不同深度处总的土体横向沉降曲线，见图 3.5-7。图中计算工况均为"右 $y=-40$m、左 $y=-40$m"。如图所示，随着土体深度的增加，土体最大沉降有所增加，沉降槽宽度在两侧略有减小。

③　L 改变的影响

改变 HS5 断面的 L 值，分别令 L 为 15m、20m、25m、30m、35m、40m、45m，其他计算参数取值不变。图 3.5-8 为采用本文方法计算得到的不同 L 时总的地面沉降曲线，图中计算工况均为"右 $y=-40$m、左 $y=-40$m"。如图所示，当 L 较小时，双线盾构隧道施工引起的地面沉降较大，沉降曲线呈轴对称，满足正态分布规律，可近似地考虑成一个半径较大的盾构隧道开挖引起的土体变形；随着 L 变大，施工产生的最大地面沉降逐渐减小，沉降曲线慢慢由 V 形转变成 W 形，两隧道产生的沉降慢慢独立，总沉降曲线不再符合正态分布规律。

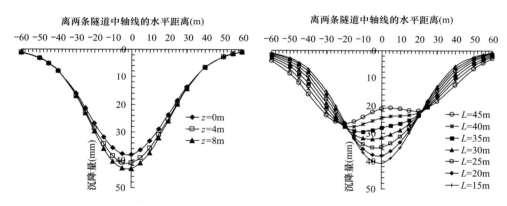

图 3.5-7　不同深度处的横向地面沉降曲线　　图 3.5-8　不同隧道间距下横向地面沉降曲线

本文方法能够考虑两条隧道开挖面的前后距离、L 和 z 的影响，能够反映总的土体沉降曲线的不对称性，适用范围较广。但也存在一些不足之处：如仅考虑土体损失，没有考虑其他原因；计算参数多且取值比较困难；难以界定两条隧道之间的相互影响范围和影响程度等，可作进一步研究。

3.6　基于随机介质理论的地面沉降二维解计算方法研究

本节基于随机介质理论简化方法，考虑先行和后行盾构的参数取值不同以及后行盾构引起的最大地表沉降值位置的偏移，建立了双线水平平行盾构施工引起的地表沉降计算方法。作算例分析，将预测值与实测值进行了比较。

1. 研究现状及不足之处

关于随机介质基本原理和随机介质理论简化公式的介绍见 2.5 节 2. 内容。

计算方法一：刘波等（2006）[19] 首次将随机介质理论应用于双线平行隧道开挖引起的横向和纵向变形的预测，假设两隧道处于同一埋深，隧道轴线开挖深度为 h，开挖初始半径均为 R，两条隧道中心水平间距为 $L(L>2R)$，收敛后的半径值均为 r，$\tan\beta$ 为开挖主要影响角的正切。则先行盾构所引起的地表沉降 $W_1(x)$ 表示为：

$$W_1(x)=\int_{h-R}^{h+R}\int_{-\sqrt{R^2-(h-\eta)^2}-L/2}^{\sqrt{R^2-(h-\eta)^2}-L/2}\frac{\tan\beta}{\eta}\exp\left[-\frac{\pi\tan^2\beta}{\eta^2}(x+L/2-\xi)^2\right]\mathrm{d}\xi\mathrm{d}\eta$$
$$-\int_{h-r}^{h+r}\int_{-\sqrt{r^2-(h-\eta)^2}-L/2}^{\sqrt{r^2-(h-\eta)^2}-L/2}\frac{\tan\beta}{\eta}\exp\left[-\frac{\pi\tan^2\beta}{\eta^2}(x+L/2-\xi)^2\right]\mathrm{d}\xi\mathrm{d}\eta$$

$$(3\text{-}29)$$

后行盾构所引起的地表沉降 $W_2(x)$ 表示为：

$$W_2(x)=\int_{h-R}^{h+R}\int_{-\sqrt{R^2-(h-\eta)^2}+L/2}^{\sqrt{R^2-(h-\eta)^2}+L/2}\frac{\tan\beta}{\eta}\exp\left[-\frac{\pi\tan^2\beta}{\eta^2}(x-L/2-\xi)^2\right]\mathrm{d}\xi\mathrm{d}\eta$$
$$-\int_{h-r}^{h+r}\int_{-\sqrt{r^2-(h-\eta)^2}+L/2}^{\sqrt{r^2-(h-\eta)^2}+L/2}\frac{\tan\beta}{\eta}\exp\left[-\frac{\pi\tan^2\beta}{\eta^2}(x-L/2-\xi)^2\right]\mathrm{d}\xi\mathrm{d}\eta$$

$$(3\text{-}30)$$

根据叠加原理，双线平行隧道施工所导致的地表沉降 $W(x)$ 可表示为：

$$W(x)=W_1(x)+W_2(x) \tag{3-31}$$

由于式（3-31）的数值积分计算方法过于复杂。刘大刚等（2008）[20] 在此基础上对计算方法进行了改进，将直角坐标系转换为局部极坐标系进行计算。虽然优化了积分过程，但仍然比较繁琐，并且其假定先行和后行隧道的参数取值相等，存在不足。祝志恒等（2010）[21] 进一步提出在反分析时，先行隧道和后行隧道的计算参数（半径收敛值和主要影响角）取值不同。但其应用的单纯形混合加速遗传算法求解过程过于繁琐，且没有考虑后行隧道施工引起的地表沉降曲线的不对称性，仍然有一定缺陷。

计算方法二：胡斌等（2012）[22] 运用随机介质理论简化公式[23]，以典型地表沉降和隧道断面收敛监测位移为基础，对某一实际工程各典型断面进行位移反分析，分别得出了半径收敛值与主要影响角和上覆岩土黏聚力加权平均值与上覆岩土内摩擦角加权平均值的关系。

对于全局坐标（图 3.5-3），先行隧道的地表沉降曲线 $W_\mathrm{F}(x)$ 可表示为：

$$W_\mathrm{F}(x)=\frac{2\pi R\Delta A\tan\beta_\mathrm{F}}{h}\exp\left[-\frac{\pi\tan^2\beta_\mathrm{F}}{h^2}\left(x-\frac{L}{2}\right)^2\right] \tag{3-32}$$

式中：ΔA 为先行隧道开挖半径收敛值；β_F 为先行隧道主要影响角。

相似的，后行隧道的公式 $W_S(x)$ 可表示为：

$$W_S(x) = \frac{2\pi R \Delta B_S \tan\beta_S}{h} \exp\left[-\frac{\pi\tan^2\beta_S}{h^2}\left(x+\frac{L}{2}\right)^2\right] \qquad (3\text{-}33)$$

式中：ΔB_S 为后行隧道开挖半径收敛值；β_S 为后行隧道主要影响角。

根据叠加原理，两条隧道施工引起的总的地表沉降曲线 $W(x)$ 的计算公式为：

$$W(x) = W_F(x) + W_S(x) \qquad (3\text{-}34)$$

式中：下标 F 和 S 与上文式（3-31）的下标 1 和 2 区分仅表示两种不同的方法，代表的含义相同。

同时，也可以分别得到两条隧道施工引起的地表水平位移曲线 $U_F(x)$ 和 $U_S(x)$，表示为：

$$U_F(x) = \frac{2\pi R \Delta A \tan\beta_F (x-L/2)}{h^2} \exp\left[-\frac{\pi\tan^2\beta_F}{h^2}(x-L/2)^2\right] \qquad (3\text{-}35)$$

$$U_S(x) = \frac{2\pi R \Delta B_S \tan\beta_S (x+L/2)}{h^2} \exp\left[-\frac{\pi\tan^2\beta_S}{h^2}(x+L/2)^2\right] \qquad (3\text{-}36)$$

同理，总的水平位移曲线 $U(x)$ 可计算为：

$$U(x) = U_F(x) + U_S(x) \qquad (3\text{-}37)$$

该方法在实际应用中，假定先行隧道和后行隧道的计算参数取值近似相等，且总的地表沉降最大值在平行隧道中轴线处（即轴对称）。但先行隧道的开挖会在周围地层形成扰动区，而通常后行隧道是滞后开挖的，当后行隧道处于先行隧道开挖的影响范围之内时，就会导致其地表沉降曲线发生改变，使得总的地表沉降最大值偏离中轴线。并且土体扰动也将导致后行隧道的半径收敛值以及主要影响角发生改变。因此上述方法存在一定的缺陷。

2. 本文方法

（1）基本假定

本文方法基于以下两点假设：

① 假定隧道收敛模式为均匀收敛。目前很多研究都表明，隧道断面的不均匀收敛模式更符合实际。但韩煊等提出均匀收敛和不均匀收敛计算得到的沉降差异会随着埋深的增加而有减少的趋势，并且在相对埋深（h/R）为 13 时，二者的差异只有 4% 左右；在相对埋深为 5 时，二者的差异略小于 10%。考虑到目前隧道埋深通常较大，为了计算简便，因此采用均匀收敛模式；

② 采用随机介质理论简化公式。传统的随机介质理论公式的积分计算过程繁琐，需要计算机编程辅助计算，不实用。而 Yang 等[23]和胡斌等[22]的研究则表明了 Yang 等提出的简化公式与随机介质理论公式和实测值均能较好吻合。因此本文基于 Yang 等所提出的简化公式进行修正。

（2）偏移量 b 的修正

先行隧道开挖后，土体应力场变的不均匀，考虑后行隧道施工引起的地表沉降曲线的不对称性，在后行隧道施工引起的沉降公式中增加一个轴线位移偏移量 b。以右侧隧道先开挖为例，则地表总沉降以及地表水平总位移的计算公式分别变为：

$$W(x) = \frac{2\pi R\Delta A\tan\beta_F}{h}\exp\left[-\frac{\pi\tan^2\beta_F}{h^2}\left(x-\frac{L}{2}\right)^2\right]$$
$$+ \frac{2\pi R\Delta B_S\tan\beta_S}{h}\exp\left[-\frac{\pi\tan^2\beta_S}{h^2}\left(x+\frac{L}{2}-b\right)^2\right] \tag{3-38}$$

$$U(x) = \frac{2\pi R\Delta A\tan\beta_F(x-L/2)}{h^2}\exp\left[-\frac{\pi\tan^2\beta_F}{h^2}(x-L/2)^2\right]$$
$$+ \frac{2\pi R\Delta B_S\tan\beta_S(x+L/2)}{h^2}\exp\left[-\frac{\pi\tan^2\beta_S}{h^2}(x+L/2-b)^2\right]$$

$$\tag{3-39}$$

式中：b 为后行盾构施工引起的沉降最大值偏移后行隧道轴线的距离，以偏向先行隧道侧为正。

（3）先行和后行隧道的计算参数取值不同

Yang 等[23]提出的简化方法近似认为先行隧道和后行隧道的断面收敛面积和影响角相同。笔者认为施工方法虽然一致，但施工过程中不确定因素仍将导致施工差异，而且土层应力场分布不均也会引起后行隧道施工时地层条件发生变化。因此本文方法计算时 ΔA 和 ΔB_S、β_F 和 β_S 的取值各不相同。

3. 工程实例

（1）杭州地铁 1 号线

杭州市地铁 1 号线[9]采用双线水平平行盾构法施工，盾构开挖直径 $D=6.34m$，$h=19m$，$L=12m$，盾构机身长 8.4m，盾构穿越粉土和粉质砂土，右侧先开挖。

采用本文方法对实测数据进行拟合，计算参数取值具体见表 3.6-1（序号1），计算结果见图 3.6-1～图 3.6-3。如图 3.6-1～图 3.6-3 所示，先行隧道、后行隧道以及双线隧道施工引起的地表沉降曲线都基本符合正态分布曲线，尤其是计算得到的总的地表沉降值与实测曲线非常吻合。后行隧道的沉降最大值偏向先行隧道一侧。表明本文方法有一定可靠性。

实测数据反分析结果　　　　　　　　　　　　　　表 3.6-1

序号	断面名称	h(m)	L(m)	R(m)	ΔA(mm)	ΔB_S(mm)	β_F(°)	β_S(°)	b(m)
1	杭州	19.0	12	3.17	12.36	12.48	45.16	39.12	3
2	HS1	12.6	20	5.69	34.12	39.31	38.22	31.14	3
3	HS2	17.4	20	5.69	20.72	45.94	48.29	31.42	3

续表

序号	断面名称	h(m)	L(m)	R(m)	ΔA(mm)	ΔB_S(mm)	β_F(°)	β_S(°)	b(m)
4	HS3	18.4	20	5.69	12.04	22.24	47.84	36.82	3
5	HS4	22.9	20	5.69	54.86	44.62	32.95	29.85	0
6	HS5	35.6	20	5.69	20.49	34.32	44.05	34.09	3
7	HS6	37.6	20	5.69	9.81	24.64	55.21	40.44	3
8	HS7	44.0	20	5.69	9.27	15.70	44.94	43.94	3
9	HS8	46.5	20	5.69	5.88	13.98	47.23	43.65	3

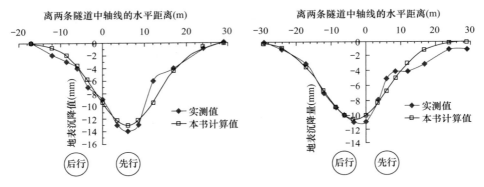

图 3.6-1　先行隧道施工引起的　　　　图 3.6-2　后行隧道施工引起的
地表沉降拟合　　　　　　　　　　　地表沉降拟合

反分析得到：先行隧道的半径收敛值 $\Delta A = 12.36$mm，主要影响角 $\beta_F = 45.16°$；后行隧道的 $\Delta B_S = 12.48$mm，主要影响角 $\beta_S = 39.12°$；离中轴线的偏移量为 $b = 3$m，由此可见此工程的隧道半径收敛值变化不是很大，而主要影响角的改变较大。

图 3.6-4 为本文方法（公式 3-39）计算得到的地表水平位移曲线，先行隧道

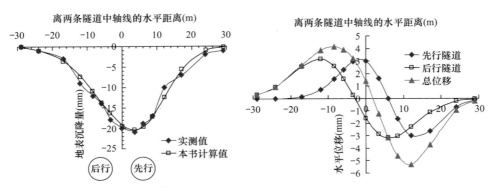

图 3.6-3　双线施工引起的总的　　　　图 3.6-4　平行隧道施工引起的
地表沉降拟合　　　　　　　　　　　地表水平位移

引起的水平位移和后行隧道引起的水平位移之和得到总的水平位移。如图所示，后行隧道偏移后，总的水平位移曲线在中轴线位置处仍然有一定位移。

（2）武汉长江隧道

武汉长江隧道采用双线水平平行盾构施工，盾构开挖直径 $D=11.38\text{m}$，开挖土质主要为：粉质黏土、粉细砂、中粗砂、卵石地层，共有 8 组地表沉降实测数据，分别为断面 HS1~HS8，均为右侧先开挖，具体参见马可栓论文[3]。

采用本文方法对实测数据进行拟合，计算参数取值具体见表 3.6-1（序号 2~9）。本文选取了 HS1、HS3、HS6 三个断面进行对比，计算结果见图 3.6-5~图 3.6-13。

图 3.6-5、图 3.6-6、图 3.6-8、图 3.6-9、图 3.6-11、图 3.6-12 分别表示三个断面的先行隧道和后行隧道施工引起的地表沉降曲线。结果显示除去某些点有些偏差外，6 条曲线整体皆能较好吻合，可靠度高。

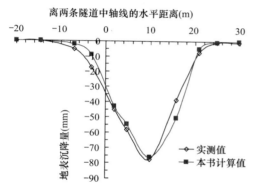

图 3.6-5　先行隧道引起的地表
沉降拟合（HS1）

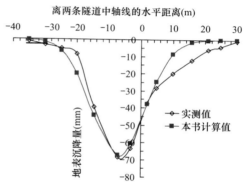

图 3.6-6　后行施工引起的地表
沉降拟合（HS1）

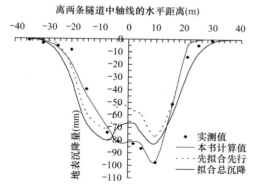

图 3.6-7　双线引起的总的地表
沉降拟合（HS1）

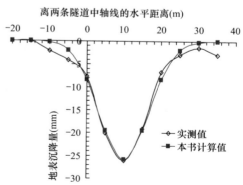

图 3.6-8　先行隧道引起的地表
沉降拟合（HS3）

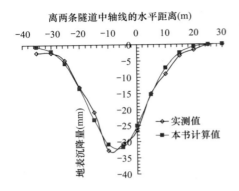

图 3.6-9 后行隧道引起的
地表沉降拟合（HS3）

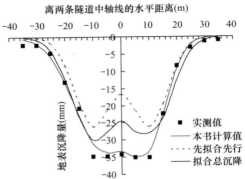

图 3.6-10 双线引起的总的
地表沉降拟合（HS3）

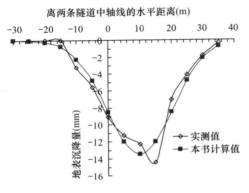

图 3.6-11 先行隧道引起的
地表沉降拟合（HS6）

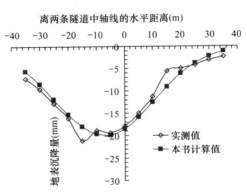

图 3.6-12 后行隧道引起的
地表沉降拟合（HS6）

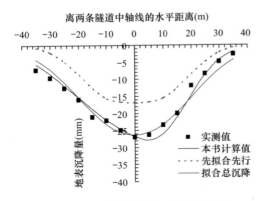

图 3.6-13 平行隧道施工引起的总的
地表沉降拟合（HS6）

图 3.6-7、图 3.6-10、图 3.6-13 对比了三种情况下的总的地表沉降曲线。第一种为采用本文方法计算得到的总的地表沉降曲线；第二种为通过拟合先行隧道实测数据得出参数，令后行隧道和先行隧道参数取值相同，再计算得到的总的地表沉降曲线；第三种为直接拟合总的地表沉降实测数据，得到总的地表沉降曲线。即在第一种情况下，后行隧道存在偏移量且先行、后行隧道参数取值不同；第二

种情况下，后行隧道无偏移且先行、后行参数取值相同。

如图 3.6-7、图 3.6-10、图 3.6-13 所示，第一种方法（即本文方法）得到的总的地表沉降曲线吻合度最高；第二种方法的吻合度最差且明显偏小，表明实际后行隧道施工引起的土体损失要大于先行隧道；第三种方法在拟合精度上介于前面两者之间，有所欠缺，但随着埋深增加，两条隧道的相对水平距离系数变小，拟合精度也有所提升。结果表明本文方法比较先进和可靠，适用范围广且精度较高。

从表 3.6-1 中可以看出，断面 HS4 比较特殊，相对其他断面其后行断面收敛值小于先行断面收敛值，即 $\Delta A > \Delta B_S$，与其他断面结果相反。并且其后行隧道偏移量为 0，即在没有偏移量时吻合度更高，与其他断面结果不同，具体原因不明。

剔除断面 HS4，其他 8 组数据的规律均一致：

① 由于先行隧道施工影响，导致后行隧道施工时周围土体受到扰动，后行隧道的主要影响角 β_S 要小于先行隧道的 β_F。8 组数据反分析得到 β_S/β_F 的范围为 $[0.65，0.98]$，平均值为 0.81。可见其比值波动范围不大，可近似取其平均值，令 $\beta_S/\beta_F = 0.81$。

② 后行隧道的半径收敛值 ΔB_S 要大于先行隧道半径收敛值 ΔA。8 组数据反分析得到 $\Delta B_S/\Delta A$ 范围为 $[1，2.51]$，平均值为 1.81。表明 $\Delta B_S/\Delta A$ 的范围波动大，规律性不强。

③ 后行隧道侧土体受施工扰动影响，导致后行隧道施工产生的最大沉降值位置会向中轴线方向产生偏移。8 组数据的 b 值均为 3m，因此推测 L 值在一定范围内时 b 值接近于 3m。但随着 L 值的变大，两隧道相互影响变小，b 值会相应变小；当 L 超过某一数值时，b 值将接近 0。但由于缺乏数据，本文没有给定此范围，有待进一步研究。以上实测数据分析结果与魏新江等[24]的理论分析结果是一致的。

3.7 本章小结

本章主要是利用叠加原理来计算双线平行盾构隧道施工引起的土体变形，分别采用了 Peck 公式、盾构隧道统一土体移动模型解、随机介质理论这三种方法，这三种计算方法各有优缺点，可以根据需要来进行选择。关于三种方法的优缺点，笔者已经在第二章小结里面进行阐述，这里不再解释。

1. 基于 Peck 经验公式

针对现有方法只能计算地面沉降的不足，建立修正的二维 Peck 公式，使之拓展到能够计算双线平行盾构施工引起的深层土体沉降。研究结果表明：本文方法通过分别预测先行隧道和后行隧道引起的土体沉降，再叠加得到总沉降；能够考虑 L 的影响和总的土体沉降曲线不对称性，适用范围更广。

其次，将二维解拓展到修正的三维 Peck 公式。研究结果表明：①该方法适用于各种工况，且计算简便。在开挖面前、后本文方法计算值略大于实测值，沉降稳定后计算值与实测值比较吻合；②两条隧道开挖面前后距离地逼近，会导致土体最大沉降量增加，表明双线平行盾构隧道施工时，前后开挖面距离不宜太近；随着深度 z 的增大，最大沉降量略有增加、沉降槽宽度则略有减小；③若不考虑先行隧道施工对后行隧道的影响，当 L 较小时地面沉降曲线符合正态分布规律，当 $C = L/(h/R) \leqslant 0.50$ 时适合直接采用 Peck 公式。随着 L 的增大，土体最大沉降量逐渐减小，沉降槽宽度增大，沉降曲线形状慢慢由 V 形转变成 W 形。

2. 基于盾构法隧道统一土体移动模型解

利用盾构法隧道统一土体移动模型解，建立了双线平行盾构施工引起的土体变形二维解析解。通过分别计算先行隧道和后行隧道引起的土体变形，然后叠加得到双线平行盾构施工引起的总的土体变形。算例分析结果表明：①本文方法计算值与实测值比较吻合，且适用范围较广。由于先行隧道施工影响，导致后行隧道施工时周围土体受到扰动，$\eta_s \geqslant \eta_f$，而 $d_s \leqslant d_f$。后行隧道引起的最大地面沉降位置会向中轴线方向产生偏移，即 $b \leqslant 0$。η_s/η_f 与 h 基本呈线性增长关系；②与基于 Peck 公式的经验方法相比，本文方法的优点在于能够计算深层土体水平位移和深层沉降。缺点在于计算比较繁琐，但如果采用计算机程序进行计算，则工作量较小。

其次，将二维解拓展到修正的三维盾构法隧道统一土体移动模型解。研究结果表明：①由本文方法得到的三维土体变形预测值的变化趋势与实测值比较吻合，在开挖面前后预测值略大于实测值，在沉降稳定后两者比较接近；②在隧道开挖面没有到达之前地面就已经产生沉降。随着隧道不断地掘进，最大地面沉降值不断增大，但其增幅会减小。当掘进到一定距离（$x = -40\text{m}$ 左右）后，最大沉降值趋于稳定；③先行隧道与后行隧道开挖面距离接近，会增大土体总沉降量。土体沉降会随着深度 z 的增大略为增加，但沉降槽宽度将略微减小。随着 L 的增大，最大土体沉降量会逐渐减小，沉降曲线形状慢慢由 V 形转变成 W 形，不再符合正态分布规律。

3. 基于随机介质理论简化公式

利用随机介质理论简化公式，考虑双线平行盾构施工引起的总的地表沉降曲线的不对称性，对后行隧道引起的沉降曲线增加一个位置偏移量的修正，同时先行和后行隧道参数取值不同，建立了修正的双线平行盾构隧道施工引起的地表沉降计算公式。研究结果表明：①本文方法计算值与实测值比较吻合，且适用范围较广；②由于受到先行隧道施工影响，导致后行隧道施工时周围土体受到扰动，$\Delta A < \Delta B_s$，而 $\beta_F > \beta_s$；β_s/β_F 近似等于 0.81。后行隧道引起的最大地表沉降值位置会向中轴线方向产生偏移，即 $b \geqslant 0$，本文案例中 $b = 3\text{m}$。

以上方法的难点跟第二章类似，即计算参数多且取值困难。建议通过大量实测数据的反分析，来进一步研究计算参数的取值方法。研究也发现后行隧道引起的地面沉降不一定对称，对这个现象可作进一步研究。

参考文献

[1] PECK R B. Deep excavations and tunneling in soft ground [C] // Proceedings of the 7th International Conference on Soil Mechanics and Foundation Engineering, Mexico City: [s. n.], 1969: 225-290.

[2] SUWANSAWAT S, EINSTEIN H H. Describing settlement troughs over twin tunnels using a superposition technique [J]. Journal of Geotechnical and Geoenvironmental Engineering, 2007, 133 (4): 445-468.

[3] 马可栓. 盾构施工引起地基移动与近邻建筑保护研究 [博士学位论文 D]. 武汉: 华中科技大学, 2008.

[4] 姜忻良, 赵志民, 李圆. 隧道开挖引起土层沉降槽曲线形态的分析与计算 [J]. 岩土力学, 2004, 25 (10): 1542-1544.

[5] 孙玉永, 周顺华, 宫全美. 软土地区盾构掘进引起的深层位移场分布规律 [J]. 岩石力学与工程学报, 2009, 28 (3): 500-506.

[6] 魏纲. 盾构隧道深层土体沉降槽宽度系数计算方法研究 [J]. 公路交通科技, 2010, 27 (4): 110-115.

[7] 魏纲. 盾构法隧道地面沉降槽宽度系数取值的研究 [J]. 工业建筑, 2009, 39 (12): 74-79, 109.

[8] 魏纲. 盾构隧道施工引起的土体损失率取值及分布研究 [J]. 岩土工程学报, 2010, 32 (9): 1354-1361.

[9] CHEN R P, ZHU J, LIU W, TANG X W. Ground movement induced by parallel EPB tunnels in silty soils [J]. Tunnelling and Underground Space Technology, 2011, 26 (1): 163-171.

[10] 魏纲, 吴华君, 陈春来. 顶管施工中土体损失引起的沉降预测 [J]. 岩土力学, 2007, 28 (2): 359-363.

[11] 魏纲. 盾构法隧道施工引起的土体变形三维解 [C] // 第二届全国工程安全与防护学术会议论文集, 北京: 中国岩石力学与工程学会, 2010: 369-374.

[12] SAGASETA C. Analysis of undrained soil deformation due to ground loss [J]. Geotechnique, 1987, 37 (3): 301-320.

[13] 魏纲. 盾构法隧道统一土体移动模型的建立 [J]. 岩土工程学报, 2007, 29 (4): 554-559.

[14] 魏纲. 盾构法隧道施工引起的土体变形预测 [J]. 岩石力学与工程学报, 2009, 28 (2): 418-424.

[15] 魏纲, 刘加湾. 盾构法隧道统一土体移动模型参数取值研究 [J]. 铁道建筑, 2009,

(2)：48-51.

[16] 张鑫海，魏纲，王霄. 双线盾构施工中后行隧道沉降槽偏移量取值研究 [J]. 市政技术，2017，35（2）：30-33，66.

[17] 李曙光，方理刚，赵丹. 盾构法地铁隧道施工引起的地表变形分析 [J]. 中国铁道科学，2006，27（5）：87-92.

[18] 张露根. 郑州砂性地层盾构穿越电力隧道数值计算分析 [J]. 现代隧道技术，2014，51（5）：161-165，173.

[19] 刘波，陶龙光，丁城刚，等. 地铁双隧道施工诱发地表沉降预测研究与应用 [J]. 中国矿业大学学报，2006，35（3）：356-361.

[20] 刘大刚，陶德敬，王明年. 地铁双隧道施工引起地表沉降及变形的随机预测方法 [J]. 岩土力学，2008，29（12）：3422-3426.

[21] 祝志恒，阳军生，董辉. 双洞隧道施工引起地表移动的多参数反分析研究 [J]. 岩土力学，2010，31（1）：293-298.

[22] 胡斌，刘永林，唐辉明，等. 武汉地铁虎泉—名都区间隧道开挖引起的地表沉降研究 [J]. 岩石力学与工程学报，2012，31（5）：908-913.

[23] Yang X L，Wang J M. Ground movement prediction for tunnels using simplified procedure [J]. Tunnelling and Underground Space Technology，2011，26（3）：462-471.

[24] 魏新江，魏纲. 水平平行顶管引起的地面沉降计算方法研究 [J]. 岩土力学，2006，27（7）：1129-1132.

第四章　考虑多因素的双线盾构隧道施工引起的土体变形及控制研究

4.1　引言

城市地铁隧道区间大多采用双线平行盾构施工,其引起的地表沉降和单线盾构隧道有很大差别,无论是最大沉降值还是地表沉降槽宽度都要大于单线盾构隧道,所以其对周边环境的危害也更大。因此研究双线盾构施工引起的地表隆陷预测方法,对于保护地铁建设施工现场周边环境和建筑设施,具有重要的指导意义和应用价值。

近年来,国内外关于双线盾构施工引起的土体变形研究,由单因素(仅考虑土体损失)下的研究,逐渐过渡到考虑多因素下(考虑土体损失、正面附加推力、盾壳摩擦力、附加注浆力等二者或以上)的研究:

(1) 单因素下的单线盾构隧道研究。姜忻良等(2004)[1]在 Peck 公式[2]的基础上对盾构施工引起的地表沉降进行了相关研究,Sagaseta(1987)[3]、Verruijt(1996)[4]、Loganathan 等(1998)[5]、魏纲等(2007)[6]采用镜像法进行了相关研究。

(2) 单因素下的双线(或双圆)盾构隧道研究。朱洪高等(2006)[7]通过计算圆形盾构的地表沉降,运用土体位移叠加法对双圆盾构隧道引起的土体沉降进行了研究。

(3) 多因素下的单线盾构隧道研究。魏纲[8]最早在 2005 年提出了盾构施工多因素的概念,并推导了正面附加推力、盾壳与土体之间的摩擦力以及土体损失引起的纵向地面变形计算公式。魏纲等(2006)[9]进一步得到多因素引起的横向地面变形计算公式。基于 Sagaseta 的镜像法,卢海林等(2007)[10]对考虑了土体损失以及注浆量条件下的单线盾构隧道的地表沉降进行了研究。唐晓武等(2010)[11]进一步考虑了刀盘与土体之间摩擦力引起的地面变形计算公式。林存刚等(2011)[12]进一步考虑了同步注浆附加压力引起的地面变形计算公式,另外姜安龙(2014)[13]和梁荣柱等(2015)[14]也作了相关研究。

(4) 多因素下的双线(或双圆)盾构隧道研究。孙统立等(2009)[15]建立了考虑盾构掘进正面附加推力、侧摩阻力、土体损失的双圆盾构施工扰动土体位移计算方法。洪杰(2013)[16]进一步考虑了同步注浆附加压力引起的地面变形计算公式。目前关于双线盾构施工在多因素条件下引起的土体变形研究不多,因此有必要作进一步研究。

　　本章采用了两种研究方法。首先，利用弹性力学中的 Mindlin 解[17]，分别推导了正面附加推力、盾壳与土体之间的摩擦力和同步注浆附加压力引起的地表竖向位移和土体变形计算公式。方法一是采用陈春来[18]修正的 Peck 公式计算土体损失引起的地表沉降，通过先行和后行盾构隧道的地表隆陷叠加，得到双线盾构施工引起的总的地表隆陷公式。方法二是采用盾构法隧道统一解[19]推导出土体损失引起的土体变形计算公式，通过先行和后行盾构隧道的土体变形叠加，得到双线盾构施工引起的总的土体变形计算公式。分别作算例分析，将预测值和实测值进行了比较。

4.2　双线平行盾构作用力引起的土体变形计算方法

1. 本文假定及力学计算模型

　　本文主要针对双线水平平行盾构展开研究，下文简称为双线盾构。本文主要考虑正面附加推力、盾壳与土体之间的摩擦力及土体损失引起的土体变形[8]，同时考虑注浆压力的影响。而刀盘正面摩擦力和侧面摩擦力仅产生微小的地表沉降[11]，可忽略不计。

　　本文假定：①土体为均质的线弹性半无限体；②土体不排水固结，仅考虑施工期间的变形；③盾构是在正常固结软土中沿直线顶进，不考虑盾构机偏斜；④盾构的开挖面为荷载作用面，将正面附加推力近似为圆形均布荷载[20]；⑤盾壳与土体之间的摩擦力均匀分布[8]；⑥盾构掘进仅为空间位置上的变化，不考虑时间效应[9]。

　　双线盾构相对位置关系和土体受力模型及坐标见图 4.2-1 和图 4.2-2，图中 x 坐标为离隧道中轴线的横向水平距离；y 坐标为盾构掘进方向；z 坐标为地表以下的计算深度；p_1 为盾构正面附加推力；p_2 为盾壳与土体之间的摩擦力；p_3 为附加注浆压力；K 为先行与后行盾构开挖面前后水平距离；J 为盾构机长度（不

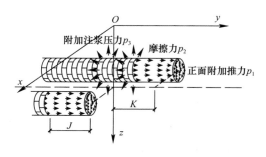

图 4.2-1　双线平行盾构力学计算模型

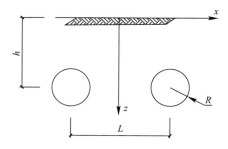

图 4.2-2　双线平行盾构横断面示意图

包括刀盘长度）；h 为隧道轴线埋深；L 为双线盾构隧道的轴线水平间距；R 为盾构机开挖半径。以下公式符号含义相同。

2. Mindlin 位移解

根据弹性力学 Mindlin 解[17]，如图 4.2-3 所示，在半无限体内部 z 轴上 $z=h$ 处沿 y 轴方向受到单位集中荷载作用的情况下，土体中任一点（x，y，z）处沿 y 轴方向引起的位移为：

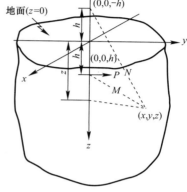

$$u_y(x,y,h) = \frac{1}{16\pi G(1-\mu)}\left[\frac{3-4\mu}{M}\right.$$
$$+\frac{1}{N}+\frac{y^2}{M^3}+\frac{(3-4\mu)y^2}{N^3}$$
$$+\frac{2zh}{N^3}\left(1-\frac{3y^2}{N^2}\right)$$
$$+\frac{4(1-\mu)(1-2\mu)}{N+z+h}$$
$$\left.\left(1-\frac{y^2}{N(N+z+h)}\right)\right]$$

(4-1)

图 4.2-3 水平集中力作用示意图

沿 x 轴方向引起的位移为：

$$v_y(x,y,h) = \frac{xy}{16\pi G(1-\mu)}\left[\frac{1}{M^3}+\frac{3-4\mu}{N^3}-\frac{6zh}{N^5}-\frac{4(1-\mu)(1-2\mu)}{N(N+z+h)^2}\right] \quad (4-2)$$

沿 z 轴方向引起的位移为：

$$w_y(x,y,h) = \frac{y}{16\pi G(1-\mu)}\left[\frac{z-h}{M^3}+\frac{(3-4\mu)(z-h)}{N^3}\right.$$
$$\left.-\frac{6zh(z+h)}{N^5}+\frac{4(1-\mu)(1-2\mu)}{N(N+z+h)}\right]$$

(4-3)

式中：$M=\sqrt{x^2+y^2+(z-h)^2}$，$N=\sqrt{x^2+y^2+(z+h)^2}$ 分别代表集中荷载作用点及其对称点到所求位移点之间的距离；G 为横向弹性模量，本文中代表土的剪切弹性模量，$G=\dfrac{(1-2\mu K_0)E_s}{2(1+\mu)}$，其中 K_0 为静止土压力系数，E_s 为土的压缩模量，μ 为土的泊松比。

通过旋转坐标系，可以得到在半无限体内部 z 轴上 $z=h$ 处沿 x 轴方向受到单位集中荷载作用时的 Mindlin 位移解。沿 x 轴方向的水平位移计算公式为：

$$v_x(x,y,h) = \frac{1}{16\pi G(1-\mu)}\left[\frac{3-4\mu}{M}+\frac{1}{N}+\frac{x^2}{M^3}+\frac{(3-4\mu)x^2}{N^3}\right.$$
$$\left.+\frac{2zh}{N^3}\left(1-\frac{3x^2}{N^2}\right)+\frac{4(1-\mu)(1-2\mu)}{N+z+h}\left(1-\frac{x^2}{N(N+z+h)}\right)\right]$$

(4-4)

沿 z 轴方向的竖向位移计算公式为：

$$w_x(x,y,h) = \frac{x}{16\pi G(1-\mu)}\left[\frac{z-h}{M^3} + \frac{(3-4\mu)(z-h)}{N^3}\right.$$
$$\left. - \frac{6zh(z+h)}{N^5} + \frac{4(1-\mu)(1-2\mu)}{N(N+z+h)}\right] \tag{4-5}$$

在半无限体内部 z 轴上 $z=h$ 处沿 z 轴方向受到单位集中荷载作用的情况下 Mindlin 位移解，沿 x 轴方向的水平位移计算公式为：

$$v_z(x,y,h) = \frac{x}{16\pi G(1-\mu)}\left[\frac{z-h}{M^3} + \frac{(3-4\mu)(z-h)}{N^3}\right.$$
$$\left. - \frac{4(1-\mu)(1-2\mu)}{N(N+z+h)} + \frac{6hz(z+h)}{N^5}\right] \tag{4-6}$$

沿 z 轴方向的竖向位移计算公式为：

$$w_z(x,y,h) = \frac{1}{16\pi G(1-\mu)}\left[\frac{(3-4\mu)}{M} + \frac{8(1-\mu)^2 - (3-4\mu)}{N}\right.$$
$$\left. + \frac{(z-h)^2}{M^3} + \frac{(3-4\mu)(z+h)^2 - 2hz}{N^3} + \frac{6hz(z+h)^2}{N^5}\right] \tag{4-7}$$

3. 正面附加推力引起的土体变形计算

本文参考魏纲[9]的方法，在正面附加推力作用的开挖面（圆截面）内取微分

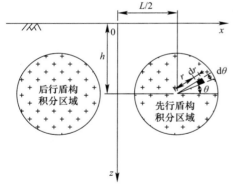

图 4.2-4　双线盾构施工中正面
附加推力积分示意图

面积 $rdrd\theta$，如图 4.2-4 所示。将其受到的单位面积正面附加推力 $dp_1 = p_1 rdrd\theta$ 代入 Mindlin 解[17]进行积分计算，得到双线盾构施工中正面附加推力引起的土体变形。

右侧盾构开挖面内任一点的坐标为 $(L/2 - r\cos\theta, K, h - r\sin\theta)$，进行坐标变换得到可代入 Mindlin 解的等效坐标：

$$\begin{cases} x_{1f} = x - L/2 + r\cos\theta \\ y_{1f} = y - K \\ h_{1f} = h - r\sin\theta \end{cases} \tag{4-8}$$

在右侧盾构开挖面圆形均布荷载作用下，土体中任一点（x，y，z）处产生的沿 x、z 轴方向的位移为：

$$v_{1f} = \int_0^{2\pi}\int_0^{D/2} p_{1f} \cdot v_y(x_{1f}, y_{1f}, h_{1f})rdrd\theta \tag{4-9}$$

$$w_{1f} = \int_0^{2\pi}\int_0^{D/2} p_{1f} \cdot w_y(x_{1f}, y_{1f}, h_{1f})rdrd\theta \tag{4-10}$$

式中：p_{1f} 为右侧盾构的正面附加推力，其取值可参考文献 [21]；D 为盾构开挖直径。

左侧盾构开挖面内任一点的坐标为（$-L/2-r\cos\theta$，0，$h-r\sin\theta$），进行坐标变换得到可代入 Mindlin 解的等效坐标：

$$\begin{cases} x_{1s} = x + L/2 + r\cos\theta \\ y_{1s} = y \\ h_{1s} = h - r\sin\theta \end{cases} \tag{4-11}$$

同理，在左侧盾构开挖面圆形均布正面附加推力作用下，土体中任一点（x，y，z）处产生的沿 x、z 轴方向的位移为：

$$v_{1s} = \int_0^{2\pi}\int_0^{D/2} p_{1s} \cdot v_y(x_{1s}, y_{1s}, h_{1s}) r\mathrm{d}r\mathrm{d}\theta \tag{4-12}$$

$$w_{1s} = \int_0^{2\pi}\int_0^{D/2} p_{1s} \cdot w_y(x_{1s}, y_{1s}, h_{1s}) r\mathrm{d}r\mathrm{d}\theta \tag{4-13}$$

式中：p_{1s} 为左侧盾构的正面附加推力。

在先行、后行盾构正面附加推力共同作用下，土体中任一点（x，y，z）产生的沿 x、z 方向位移为：

$$v_1 = v_{1f} + v_{1s} \tag{4-14}$$

$$w_1 = w_{1f} + w_{1s} \tag{4-15}$$

4. 盾壳与土体之间的摩擦力引起土体变形计算

本文参考魏纲[9]的方法，取盾构机表面的微分面积 $R\mathrm{d}l\mathrm{d}\theta$，如图 4.2-5 所示。将其受到的单位面积摩擦力 $\mathrm{d}p_2 = p_2 R\mathrm{d}l\mathrm{d}\theta$ 代入 Mindlin 解[17]进行积分计算，得到双线盾构施工中盾壳与土体之间的摩擦力引起的土体变形。

右侧盾壳上任一点的坐标为（$L/2 -R\cos\theta$，$-l+K$，$h-R\sin\theta$），进行坐标变换得到可代入 Mindlin 解的等效坐标：

$$\begin{cases} x_{2f} = x - L/2 + R\cos\theta \\ y_{2f} = y + l - K \\ h_{2f} = h - R\sin\theta \end{cases} \tag{4-16}$$

在右侧盾构机盾壳与土体摩擦力

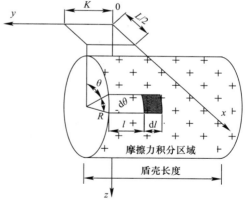

图 4.2-5　双线盾构施工中盾壳
摩擦力积分示意图

作用下，土体中任一点（x，y，z）处产生的沿 x、z 轴方向位移为：

$$v_{2f} = \int_0^{2\pi}\int_0^{J} p_{2f} \cdot v_y(x_{2f}, y_{2f}, h_{2f}) R\mathrm{d}l\mathrm{d}\theta \tag{4-17}$$

$$w_{2f} = \int_0^{2\pi}\int_0^{J} p_{2f} \cdot w_y(x_{2f}, y_{2f}, h_{2f}) R\mathrm{d}l\mathrm{d}\theta \tag{4-18}$$

式中：p_{2f} 为先行盾构机盾壳与土体之间单位面积的摩擦力，其取值可参考文献[21-22]。

左侧盾壳上任一点的坐标为（$-L/2-R\cos\theta$，$-l$，$h-R\sin\theta$），进行坐标变换得到可代入 Mindlin 解的等效坐标：

$$\begin{cases} x_{2s} = x - L/2 + R\cos\theta \\ y_{2s} = y + l \\ h_{2s} = h - R\sin\theta \end{cases} \tag{4-19}$$

同理，在左侧盾构机盾壳与土体摩擦力作用下，土体中任一点（x，y，z）处沿 x、z 轴方向的位移为：

$$v_{2s} = \int_0^{2\pi}\int_0^J p_{2s} \cdot v_y(x_{2s}, y_{2s}, h_{2s})R\mathrm{d}l\mathrm{d}\theta \tag{4-20}$$

$$w_{2s} = \int_0^{2\pi}\int_0^J p_{2s} \cdot w_y(x_{2s}, y_{2s}, h_{2s})R\mathrm{d}l\mathrm{d}\theta \tag{4-21}$$

式中：p_{2s} 为后行盾构机盾壳与土体之间单位面积的摩擦力。

在先行和后行盾构机盾壳与土体之间的摩擦力共同作用下，土体中任一点（x，y，z）沿 x、z 轴方向的位移为：

$$v_2 = v_{2f} + v_{2s} \tag{4-22}$$

$$w_2 = w_{2f} + w_{2s} \tag{4-23}$$

5. 附加注浆力引起的土体变形计算

本文参考洪杰[16]方法，取盾构的盾尾单元 $\mathrm{d}A = R\mathrm{d}\theta\mathrm{d}l$，如图 4.2-6 所示。其所受的集中力 $\mathrm{d}p_3 = p_3 R\mathrm{d}\theta\mathrm{d}l$。将 $\mathrm{d}p_3$ 分解为水平力 $\mathrm{d}p_{3h} = -p_3 R\cos\theta\mathrm{d}\theta\mathrm{d}l$ 和竖向力 $\mathrm{d}p_{3v} = -p_3 R\sin\theta\mathrm{d}\theta\mathrm{d}l$，再分别进行计算。求和得到盾构施工中附加注浆压力引起的任一点（x，y，z）处沿 x、z 轴方向的土体变形。

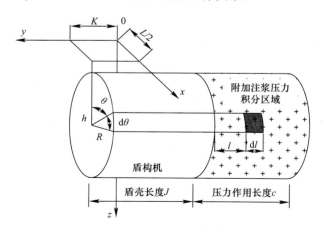

图 4.2-6　双线盾构施工中附加注浆压力积分示意图

先行盾构附加注浆力作用段任一点的坐标为 $(L/2-R\cos\theta, -J-l+K, h-R\sin\theta)$，进行坐标变换可得到代入 Mindlin 解的等效坐标：

$$\begin{cases} x_{3f} = x - L/2 + R\cos\theta \\ y_{3f} = y + J + l - K \\ h_{3f} = h - R\sin\theta \end{cases} \tag{4-24}$$

在先行盾构附加注浆力作用下，土体中任一点 (x, y, z) 处产生的沿 x、z 轴方向的位移为：

$$\begin{aligned} v_{3f} = &-\int_0^c\int_0^{2\pi} p_{3f} \cdot v_x(x_{3f}, y_{3f}, h_{3f})R\cos\theta \mathrm{d}\theta \mathrm{d}l \\ &-\int_0^c\int_0^{2\pi} p_{3f} \cdot v_z(x_{3f}, y_{3f}, h_{3f})R\sin\theta \mathrm{d}\theta \mathrm{d}l \end{aligned} \tag{4-25}$$

$$\begin{aligned} w_{3f} = &-\int_0^c\int_0^{2\pi} p_{3f} \cdot w_x(x_{3f}, y_{3f}, h_{3f})R\cos\theta \mathrm{d}\theta \mathrm{d}l \\ &-\int_0^c\int_0^{2\pi} p_{3f} \cdot w_z(x_{3f}, y_{3f}, h_{3f})R\sin\theta \mathrm{d}\theta \mathrm{d}l \end{aligned} \tag{4-26}$$

式中：p_{3f} 为先行盾构的附加注浆压力；c 为附加注浆压力在盾尾的作用长度。

后行盾构附加注浆力作用段任一点的坐标为 $(-L/2-R\cos\theta, -J-l, h-R\sin\theta)$，进行坐标变换得到可代入 Mindlin 解的等效坐标：

$$\begin{cases} x_{3s} = x - L/2 + R\cos\theta \\ y_{3s} = y + J + l \\ h_{3s} = h - R\sin\theta \end{cases} \tag{4-27}$$

后行盾构附加注浆力作用下，土体中任一点 (x, y, z) 处产生的沿 x、z 轴方向的位移为：

$$\begin{aligned} v_{3s} = &-\int_0^c\int_0^{2\pi} p_{3s} \cdot v_x(x_{3s}, y_{3s}, h_{3s})R\cos\theta \mathrm{d}\theta \mathrm{d}l \\ &-\int_0^c\int_0^{2\pi} p_{3s} \cdot v_z(x_{3s}, y_{3s}, h_{3s})R\sin\theta \mathrm{d}\theta \mathrm{d}l \end{aligned} \tag{4-28}$$

$$\begin{aligned} w_{3s} = &-\int_0^c\int_0^{2\pi} p_{3s} \cdot w_x(x_{3s}, y_{3s}, h_{3s})R\cos\theta \mathrm{d}\theta \mathrm{d}l \\ &-\int_0^c\int_0^{2\pi} p_{3s} \cdot w_z(x_{3s}, y_{3s}, h_{3s})R\sin\theta \mathrm{d}\theta \mathrm{d}l \end{aligned} \tag{4-29}$$

式中：p_{3s} 为后行盾构的附加注浆压力。

在先行和后行盾构附加注浆压力共同作用下，土体中任一点 (x, y, z) 沿 x、z 轴方向的位移为：

$$v_3 = v_{3f} + v_{3s} \tag{4-30}$$

$$w_3 = w_{3f} + w_{3s} \tag{4-31}$$

4.3　基于 Peck 公式的地表沉降研究

Peck 公式具有适用范围广、计算方便等优点。但 Peck 公式仅通过土体损失估算地表沉降，没有考虑盾构施工过程中其他因素对土体变形的影响，所得的计算结果不能准确的反映对盾构施工过程中产生的地表隆陷。同时双线平行盾构施工引起的地面沉降槽形状变化多样，且由于先行隧道对后行隧道的影响，不像单线盾构那样具有很好的对称性，所以难以准确计算土体总沉降量。本章在 Peck 公式基础上，考虑盾构施工作用力的因素，结合先行、后行隧道相互影响，提出考虑多因素的双线平行盾构施工引起地表隆陷计算方法，并对双线盾构开挖面前后距离 K 和隧道轴线水平间距 L 这两个土体变形的影响因素进行分析。

1. Peck 公式计算土体损失引起的地表沉降

对于土体损失产生的地表沉降计算，本文采用陈春来等[18]建立的修正三维 Peck 公式：

$$S(x,y,z) = \frac{S_{maxf}}{2(1-z/h)^n}\left[1-\frac{y}{\sqrt{y^2+h^2}}\right]\exp\left[\frac{-(x-0.5L)^2}{2i_f^2(1-z/h)^{2n}}\right]$$
$$+ \frac{S_{maxs}}{2(1-z/h)^n}\left[1-\frac{y}{\sqrt{y^2+h^2}}\right]\exp\left[\frac{-(x+0.5L)^2}{2i_s^2(1-z/h)^{2n}}\right]$$

$$(4\text{-}32)$$

式中：S_{maxf} 和 S_{maxs} 分别为先行和后行盾构轴线上方最大地表沉降量，$S_{maxf} = \frac{\pi R^2 \eta_f}{i_f\sqrt{2\pi}}$，$S_{maxs} = \frac{\pi R^2 \eta_s}{i_s\sqrt{2\pi}}$，其中 η_f、η_s 分别为先行和后行盾构的土体损失率；i_f、i_s 分别为先行和后行盾构的地表沉降槽宽度系数；n 为与隧道半径和土质条件有关的影响系数。

该公式表述不够严谨，容易让人产生先行和后行盾构隧道 y 取值一样的误解，所以本文引入先行与后行盾构隧道开挖面前后距离 K，并取 $z=0$ 时的地表沉降解，得到先行和后行盾构隧道土体损失引起的总的地表沉降值 w_4 为：

$$w_4 = \frac{S_{maxf}}{2}\left[1-\frac{(y-K)}{\sqrt{(y-K)^2+h^2}}\right]\exp\left[\frac{-(x-0.5L)^2}{2i_f^2}\right]$$
$$+ \frac{S_{maxs}}{2}\left[1-\frac{y}{\sqrt{y^2+h^2}}\right]\exp\left[\frac{-(x+0.5L)^2}{2i_s^2}\right] \qquad (4\text{-}33)$$

魏纲[23]考虑先行盾构施工对后行盾构的影响，通过 15 组实测数据的反分析，给出了计算参数 η_s 和 i_s 的计算公式：

$$i_s = [1.2986 - 2.0187h/(DL)]i_f \qquad (4\text{-}34)$$

$$\eta_s = [0.0355(h+D) - 0.271]\eta_f \qquad (4\text{-}35)$$

笔者对文献［23］的反分析数据进行研究，结果表明公式（4-35）的拟合效果并非最佳，该公式线性拟合相关系数 $R^2 = 0.5601$。考虑到双线盾构相互影响与 L 有关，本文提出了拟合效果更好的计算公式：

$$\eta_s = [0.0017(h + D)L - 0.1454]\eta_f \qquad (4-36)$$

该公式的线性拟合相关系数 $R^2 = 0.6822$，且能够考虑 L 的影响。因此，笔者建议参数取值可参考公式（4-34）和（4-36）。

当计算考虑多因素的双线盾构施工引起的地表沉降时，可将四个因素引起的地表沉降公式进行叠加，得到双线盾构施工引起的总的地表沉降 w 的计算公式：

$$w = w_1 + w_2 + w_3 + w_4 \qquad (4-37)$$

其中 w_1、w_2 和 w_3 分别可以由 4.2 节中式（4-15）、式（4-23）和式（4-31）计算得到。

2. 实例验证

杭州地铁 1 号线某区间盾构隧道，采用双线水平平行盾构隧道施工，两条平行隧道轴线的间距 $L = 12$m，位于埋深 $h = 19$m 处，采用土压平衡盾构机施工，盾构机长 $J = 8.4$m，开挖直径 $D = 6.34$m，盾构穿越粉土和粉质砂土[24]。

采用本节方法计算时取 $K = 0$m，通过反分析得到的数据：$i_f = 7.6$m，$\eta_f = 0.6\%$，$i_s = 9.2$m，$\eta_s = 0.6\%$。为了简化计算，假设先行和后行盾构的正面附加推力、盾壳摩擦力和附加注浆压力及其作用长度取值相同，$p_{1f} = p_{1s} = 20$kPa，$p_{2f} = p_{2s} = 40$kPa，$p_{3f} = p_{3s} = 120$kPa，$c = 8$m。各种施工因素引起的中轴线上方地表沉降计算结果见图 4.3-1，图中 y 为正表示在开挖面前方，y 为负表示在开挖面后方。

如图 4.3-1 所示，正面附加推力和盾壳与土体之间的摩擦力引起的地表隆陷形状相似。本算例中正面附加推力引起的最大地表隆起为 0.77mm，摩擦力引起的最大地表隆起为 3.81mm，都出现在开挖面前方 10m 处。注浆压力引起的地表隆起形状类似于正态分布，本算例中注浆压力产生的最大隆起值为 6.19mm，出现在开挖面后方 10m 左右。

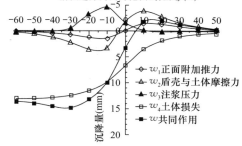

图 4.3-1　双线盾构施工中各因素引起的地表隆陷

土体损失是引起地表沉降的主要原因。四者共同作用引起的地表隆陷曲线呈 S 形。

图 4.3-2 和图 4.3-3 为离两条隧道中轴线的距离分别为 $y = 0$m 和 $y = 6$m 处，分别用陈春来公式[18]和本文方法计算得到的纵向地表隆陷曲线，与实测数据进行对比。分析结果表明：①由于盾壳摩擦力、正面附加推力和注浆压力的作用，在开挖面前方地表产生隆起。由于仅考虑土体损失，陈春来公式得到的计算曲线

并不能反映开挖面前方隆起的实际情况。而本文方法则弥补了上述不足；②与陈春来公式计算结果相比，本文方法得到的计算曲线能够更好地反映实测曲线的变化趋势；③本文方法显示开挖面通过约 30m 之后沉降值趋于稳定，但是实测中沉降继续发展，原因在于土体排水固结导致地表继续沉降[11]。

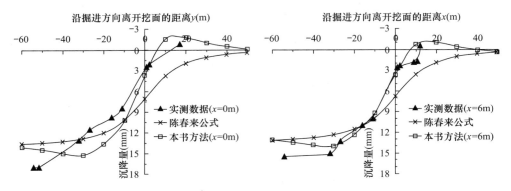

图 4.3-2　纵向地表隆陷曲线（$x=0$m）　　图 4.3-3　纵向地表隆陷曲线（$x=6$m）

3. 影响因素分析

对双线盾构开挖面前后距离 K 和隧道轴线水平间距 J 这两个土体变形的影响因素进行分析。

（1）双线盾构开挖面前后距离 K 改变的影响

盾构隧道施工间隔的设计对地表变形的控制具有重要意义[25]。本文在分析施工间隔时仅改变该参数 K，其他参数取值不变。令 y_1 和 y_2 分别为先行和后行盾构隧道开挖面在掘进方向上的位置坐标，则 $K=y_1-y_2$。假设先行盾构停止开挖，后行盾构开挖面从先行盾构开挖面后方 35m 处继续向前掘进，直至先行和后行盾构开挖面齐平。此时在先行盾构开挖面位置处，双线盾构施工引起的总的横向地表隆陷曲线见图 4.3-4，图中先行盾构隧道轴线位置坐标为 $x=6$m。

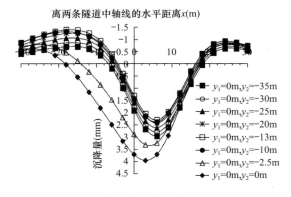

图 4.3-4　K 取不同值时横向地表隆陷曲线变化（$y=0$m）

　　如图 4.3-4 所示。随着先行和后行盾构开挖面的接近（K 值减小），尽管先行盾构开挖面一侧的最大沉降量略有减少，但后行盾构一侧的地表隆起明显增加；当 $K \approx 13\text{m}$ 时隆起达到最大；之后随着后行盾构开挖面的继续接近，后行隧道一侧的地表隆起值减少，并开始出现沉降。

　　沿中轴线的纵向地表隆陷曲线变化见图 4.3-5。如图所示，随着 K 值减小，双线盾构开挖面之间的相互影响增大，地表沉降曲线由阶梯型转变成类似单线盾构的 S 型曲线，最大沉降值和最大隆起值都有所增大，但最终沉降值趋于相同。算例表明双线盾构隧道施工时 K 值不宜太小，适当的增加开挖面前后距离可以更好地控制施工期间的地表沉降和隆起。

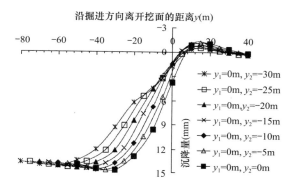

图 4.3-5　K 取不同值时纵向地表隆陷曲线（$x=0\text{m}$）

（2）两条隧道轴线间距 L 改变的影响

　　研究 L 改变对地表沉降曲线的影响，改变 L 值，分别令 L 为 8m、10m、12m、14m、16m、18m 和 20m。研究分以下两种工况。

　　① 不考虑先行隧道施工对后行隧道的影响

　　计算时取 $i_\text{f}=i_\text{s}=7.6\text{m}$，$\eta_\text{f}=\eta_\text{s}=0.6\%$，其他参数取值不变。计算结果见图 4.3-6～图 4.3-8。

　　② 考虑先行隧道施工对后行隧道的影响

　　计算时取 $i_\text{f}=7.6\text{m}$、$\eta_\text{f}=0.6\%$，然后采用公式（4-34）和（4-36）来计算 i_s 和 η_s 值，当 L 为 8m、10m、12m、14m、16m、18m 和 20m 时，i_s 分别取 4.1m、5.3m、6.0m、6.6m、7.0m、7.3m 和 7.6m；η_s 分别取 0.12%、0.17%、0.22%、0.27%、0.33%、0.38% 和 0.43%。其他参数取值不变。计算结果见图 4.3-9～图 4.3-11。

　　通过对图 4.3-6～图 4.3-11 的对比分析，可以得到以下规律：①当 L 较小时，双线盾构施工引起的最大地表沉降位于两条隧道中轴线附近，最大地表沉降值较大。随着 L 变大，地表沉降槽范围则逐渐扩大，施工引起的最大地表沉降值逐渐减小，沉降曲线慢慢由 V 形转变成 W 形；②是否考虑两条隧道相互影响对

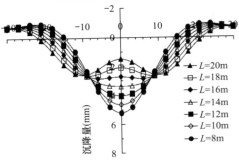

图 4.3-6 不同 L 时横向地表
沉降曲线（$K=0$m，$y=0$m）

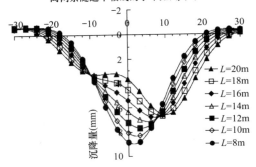

图 4.3-7 不同 L 时横向地表
沉降曲线（$K=13$m，$y=0$m）

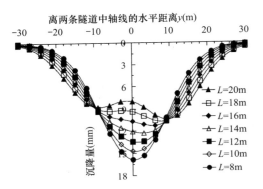

图 4.3-8 不同 L 时横向地表
沉降曲线（$K=13$m，$y=-15$m）

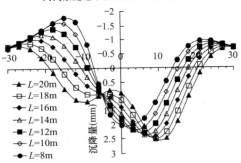

图 4.3-9 不同 L 时横向地表
沉降曲线（$K=0$m，$y=0$m）

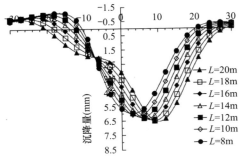

图 4.3-10 不同 L 时横向地表
沉降曲线（$K=13$m，$y=0$m）

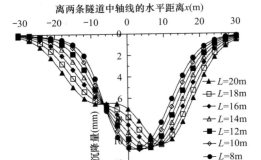

图 4.3-11 不同 L 时横向地表
沉降曲线（$K=13$m，$y=-15$m）

计算结果会有一定影响，尤其是在距离开挖面较近时影响更大。不考虑两条隧道相互影响时曲线则更具有对称性。考虑两条隧道相互影响时，最大沉降量往往会偏向先行隧道一侧。

③ K 值对地表沉降曲线的影响也比较大，K 越小时曲线更接近对称。在相同 K 值时，随着盾构掘进距离的增加（即 y 负值越来越大），地表沉降曲线越接近对称。

4.4　基于统一土体移动模型解的土体变形研究

本节提出了盾构法隧道统一土体移动模型的改进方法，基于 Mindlin 解及统一土体移动模型解，考虑先行、后行隧道间的影响，推导得到多因素下双线盾构隧道施工引起的土体变形理论解；对双线盾构施工引起的纵向地表沉降、水平位移与不同深度的土体沉降进行了计算，最后对影响因素进行了分析。

1. 统一土体移动模型改进方法的提出

魏纲[19]对 Verriujt 计算公式进行修正，提出统一土体移动模型解。假定隧道周围土体有向一点移动的趋势，称该点为焦点。魏纲[6]指出，土体的焦点不是固定的，且根据土质条件的不同在 $[0, R]$ 范围内竖向移动（R 为隧道开挖半径）。

对于双线水平平行盾构工况，先行隧道焦点仍在隧道中心点与隧道底部位置之间竖向移动，但后行隧道由于受到先行隧道开挖的影响，其焦点不仅有竖向移动，而且会有水平向移动，这将造成整个沉降槽向先行隧道方向偏移。双线盾构隧道土体移动焦点偏移模型见图 3.4-2。

目前由于焦点水平偏移后的公式推导困难，可将上述模型简化为后行隧道的沉降槽曲线向先行隧道侧偏移 b，以考虑先行隧道对后行隧道的影响。后行隧道沉降槽偏移简化模型见图 3.4-3。

假定右侧盾构隧道先开挖，则双线盾构土体损失引起的三维土体水平位移 $U_x(x, y, z)$ 和三维土体竖向位移 $U_z(x, y, z)$ 可分别由第三章中公式（3-28）和公式（3-27）进行计算。先、后行隧道参数 η、d、b 的不同反映了先、后行隧道之间的相互影响。参数 η_f、d_f 的取值参见文献 [26-27]；参数 d_s 取值可通过反分析得到，η_s 采用公式（4-35）计算得到。

先行、后行盾构的土体损失引起土体中任一点（x, y, z）沿 x、z 轴方向的位移为：

$$v_4 = U_x(x, y, z) \tag{4-38}$$

$$w_4 = U_z(x, y, z) \tag{4-39}$$

将四个因素引起的土体变形公式进行叠加，得到双线盾构施工引起的总的水平位移 v 和总的竖向位移 w 的计算公式分别为：

$$v = v_1 + v_2 + v_3 + v_4 \tag{4-40}$$

$$w = w_1 + w_2 + w_3 + w_4 \qquad (4\text{-}41)$$

其中 v_1、v_2 和 v_3 分别可以由 4.2 节中式（4-14）、式（4-22）和式（4-30）计算得到；w_1、w_2 和 w_3 分别可以由 4.2 节中式（4-15）、式（4-23）和式（4-31）计算得到。

2. 实例验证

为验证本节方法的可靠性，将杭州地铁 1 号线的实测数据与本节计算结果进行了对比分析。

杭州地铁 1 号线，盾构开挖直径 $D = 6.34\text{m}$，盾构机长度 $J = 8.4\text{m}$，隧道轴线埋深 $h = 19\text{m}$，两条隧道轴线水平间距 $L = 12\text{m}$。盾构穿越粉土和粉质砂土，右侧先开挖[24]。本节计算参数选取为：两台盾构机正面附加推力 $p_{1f} = p_{1s} = 20\text{kPa}$，盾壳与土体的摩擦力 $p_{2f} = p_{2s} = 40\text{kPa}$，附加注浆压力取 $p_{3f} = p_{3s} = 120\text{kPa}$，附加注浆压力作用长度 $c = 8\text{m}$。先行、后行隧道土体移动焦点到隧道中心点的距离分别为 $d_f = 0.79R$，$d_s = 0.24R$；后行隧道最大值位置偏移量 $b = -2.8\text{m}$，先行隧道最终土体损失率 $\eta_f = 0.82\%$，后行隧道最终土体损失率根据公式（4-35）得到，$\eta_s = 0.301\%$。

文献［28］在只考虑土体损失的情况下，对杭州地铁 1 号线的竖向位移进行了计算。在离隧道中轴线距离为 $x = 0\text{m}$、$x = 6\text{m}$（位于中轴线右侧 6m）处，将本节计算得出的纵向地表沉降值与实测数据、文献［28］方法进行对比，见图 4.4-1 和图 4.4-2。

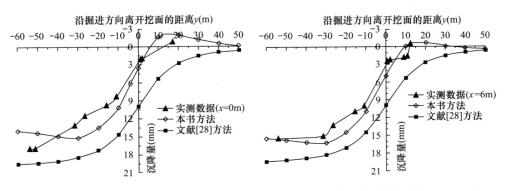

图 4.4-1　纵向地表沉降曲线（$x = 0\text{m}$）　　　图 4.4-2　纵向地表沉降曲线（$x = 6\text{m}$）

分析表明：①总体而言，相比文献［28］的计算值，本节计算值与实测值更接近。文献［28］没有考虑正面附加推力、盾壳摩擦力和注浆压力的影响，因此其计算的纵向地表沉降曲线并不能反映开挖面前方的地表隆起，本节通过分别考虑四种因素影响下的地表沉降再进行叠加，对此不足进行了改进；②本节通过先、后行隧道计算参数取值的不同，考虑到两隧道之间的影响，使地表沉降曲线更符合实测值；③在开挖面后方，本节得到的沉降量达到最大值后又逐渐恢复一部分，这是由于盾尾通过后地表出现反弹，到一定距离后趋于稳定。

3. 深层土体沉降分析

改变土体计算深度，令 z 为 0m、4m、8m，其他参数不变。若先行、后行隧道开挖面齐平，且将开挖面作为计算断面，按照本节计算方法得到三种深度下的土体横向沉降曲线，见图 4.4-3。

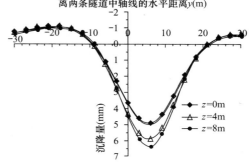

如图 4.4-3 所示，离两条隧道中轴线左侧距离 10m 及其左侧，土体呈现隆起的状态，这是由于盾壳摩擦力与附加注浆力导致土体产生向上的位移。同理，离两条隧道右侧 20m 及其右侧，土体同样呈现隆起的状态。而随土体深度增加，土体最大沉降增加，

图 4.4-3　不同深度的纵向地表沉降曲线

但变化仅局限于最大沉降量附近 10～13m 横向范围内的土体，范围之外的土体竖向位移值变化量不大。

4. 土体水平位移分析

本节采用统一土体移动模型解计算土体损失引起的土体变形，结合 Mindlin 解计算其余三种因素引起的土体变形，因此本文方法不仅可以计算双线盾构施工引起的竖向位移，还可计算水平位移。

按本文方法计算得到双线盾构施工引起土体在横向上的水平位移曲线，见图 4.4-4 和图 4.4-5。计算时考虑工况为两隧道同时开挖，取 $x=18$m，$y=0$m 为计算点。

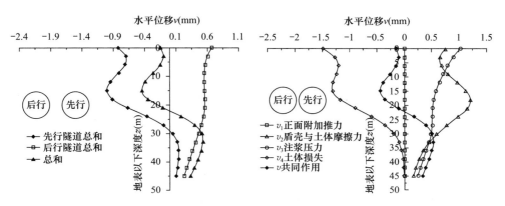

图 4.4-4　横向水平位移曲线（$x=18$m）　　图 4.4-5　各因素引起横向水平位移的比较（$x=18$m）

由图 4.4-4 可知，隧道引起的土体水平位移与计算点和隧道的相对位置有关，距离计算点较近的先行隧道产生的土体水平位移方向，主要是靠近隧道方向。而距离计算点较远的后行隧道主要产生远离隧道方向的水平位移。从先行和后行隧道共同引起的水平位移曲线来看，隧道上方的土体水平位移是朝着隧道方向的，并且随着深度的增加，水平位移值增大，大致在隧道顶部埋深处达到最大值。到达最大值之后，随着深度的继续增大，水平位移值开始减小，大致在隧道底部埋深处，水平位移值减小到 0，并逐渐演变成远离隧道的位移，在深度 33m 处，水平位移达到远离隧道方向的最大值，之后随着深度的增加，水平位移逐渐减小。

由图 4.4-5 可知，土体损失在横断面上引起的土体水平位移朝着隧道所在的方向，其引起的最大水平位移主要发生在地表和隧道顶部埋深处；正面附加推力在开挖断面上不会引起土体位移；在盾壳与土体之间的摩擦力的作用下，土体向远离隧道方向移动，在隧道轴线埋深处其引起的土体水平位移达到最大值；附加注浆压力使土体被推离隧道，其引起的水平位移在地表处达到最大值。在以上四个因素的共同作用下，总的横向水平位移曲线变化趋势与土体损失引起的水平位移曲线变化趋势一致，可知开挖面处总的土体水平位移受土体损失的影响最大。

同样的工况，在 19m 埋深处沿着隧道掘进方向布置计算点，得到双线盾构施工引起的纵向水平位移曲线图，见图 4.4-6。

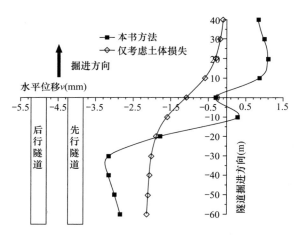

图 4.4-6　纵向水平位移曲线（$x=18m$，$z=19m$）

由图 4.4-6 可知，土体损失在纵断面上引起的水平位移只朝着隧道方向，且开挖面前方土体水平位移较小，开挖面后方土体水平位移不断增大，最后趋于稳定。考虑多因素的纵向水平位移曲线变化趋势较复杂，开挖面前方主要产生远离隧道方向的水平位移，大约在开挖面前方 20m 处正向水平位移达到最大。在开挖面附近水平位移急剧减小后又出现反弹，在开挖面后方 10m 左右产生一个正向的极大值，这主要是由于注浆压力造成的。开挖面后方的土体在水平面上主要向靠近隧道方向移动，水平位移值在开挖面后方 30m 附近便达到了最大值，之后随着离开挖面的距离增大，其余三个因素对水平位移的影响减小，土体损失引起的水平位移所占比重增大，位移曲线逐渐趋近于仅考虑土体损失得到的水平位移曲线。

5. L 改变对土体水平位移的影响分析

下面以杭州地铁 1 号线工程为例，研究 L 值改变对土体横向水平位移曲线的影响。令 L 值为 8m、10m、12m、14m、16m、18m 和 20m，其他施工参数不变。选择隧道中轴面各深度处作为计算点，得到一组横向水平位移曲线，见图 4.4-7。

通过对图 4.4-7 各条曲线的对比分析，可以得到以下规律：①当 L 较小时，最大水平位移位于隧道轴线埋深处，方向朝先行隧道一侧；②随着 L 变大，水平位移值逐渐减小，隧道埋深深度处的水平位移值减小最快，

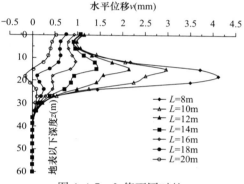

图 4.4-7 L 值不同时的
横向水平位移曲线（$y=0m$）

使水平位移曲线产生内凹，形成水平位移的两个峰值，较浅的为最大值，较深的为极大值。当先后行隧道轴线间距达到 20m 时，中轴面处的水平位移已经很小，隧道埋深深度处的土体开始向后行隧道方向移动；③当 L 较小时，随着 L 变化，地表附近深度处的水平位移值变化值不大，而隧道深度附近的水平位移变化剧烈；35m 深度以下的土体基本无影响。

4.5 多因素计算参数取值研究

1. 正面附加推力取值

现有的研究认为施工中正面附加推力一般控制在 ±20kPa 之间[29]。其取值与盾构刀盘的开口率、转速以及盾构推进速度等有关。

王洪新[30]指出，盾构对前方土体的挤压由两部分组成，一部分是刀盘转动产生的挤压力，另一部分是切口切入土体等产生的挤压力，并提出了相应的定量计算公式：

$$p_1 = \frac{10.13(1-\mu)E_u\pi v_s(1-\xi)^2}{(1+\mu)(3-4\mu)Dkw_s} + \Delta p'$$
(4-42)

式中：μ 为土体泊松比；E_u 为土体不排水弹性模量（MPa），可根据 $E_u = (36 \sim 80)E_{s0.1 \sim 0.2}$ 进行换算，$E_{s0.1 \sim 0.2}$ 为土体压缩模量（MPa）；v_s 为盾构机掘进速度（cm/min）；ξ 为刀盘开口率；D 为刀盘直径（m）；k 为刀盘闭口部分幅数；w_s 为盾构机刀盘转速（r/min）；$\Delta p'$ 为切口切入土体产生的挤压力，范围为 $10 \sim 25$kPa。

2. 盾壳与土的摩擦力取值

盾构对土体摩擦剪切效应使得盾壳带动周围扰动土体前移。盾构机与土体之间的摩擦力 p_2 等于法向压力 σ_N 乘以摩擦系数 f，即 $p_2 = \sigma_N f$。σ_N 可近似取隧道轴线处的垂直土压力作为平均压力，等于土压力和地下水压力的合力[31]。根据剪切试验，J. G. Potyondy 给出了黏土—光滑钢材界面的内摩擦角建议值为 $6.5° \sim 9.0°$[32]，考虑到盾壳与土体发生相对位移后，摩擦力会发生一定程度的软化，为原来的 $83\% \sim 97\%$[33]。文献 [34] 给出了摩擦系数 f 的建议值，见表 4.5-1。由此得到盾壳与土体摩擦力取值，本章将盾壳与土体的摩擦力简化为均匀分布。

摩擦系数值[34]　　　　　　　　　　　　　　　　　表 4.5-1

土的种类	钢筋混凝土管			钢管		
	干燥	湿润	一般值	干燥	湿润	一般值
软土		0.20	0.20		0.20	0.20
黏土	0.40	0.20	0.30	0.40	0.20	0.30
砂黏土	0.45	0.25	0.35	0.38	0.32	0.34
粉土	0.45	0.30	0.38	0.45	0.30	0.37
砂土	0.47	0.35	0.40	0.48	0.32	0.39
砂砾土	0.50	0.40	0.45	0.50	0.50	0.50

3. 附加注浆压力取值

理论上注浆压力应略大于地层土压与水压之和，以达到对环向空隙的有效充填。本章中附加注浆压力即注浆压力平衡注浆位置土压力之后的附加压力。

注浆压力的确定需要综合考虑土的性状、前方泥水压力和土层压力等多个方面。注浆压力不能大于土的劈裂压力 p_f，否则会产生"劈裂现象"，即造成注浆层切入土层的情况[35]。森等[36]通过室内试验对黏性土的劈裂压大小进行了研究，其试验公式如下：

$$p_f = \gamma h + a q_u \tag{4-43}$$

式中：p_f 为劈裂压；γ 为土湿重度；a 为随浆液黏性和直径比变化的系数；q_u 为土的无侧限抗压强度。

同时也要略大于土层压力，所以注浆压力一般控制在 $0.25 \sim 0.3$MPa[37]，附加注浆压力可取土层压力的 $10\% \sim 15\%$。当采用泥水盾构时，如果注浆压力值超过前方泥水压力值，注入的浆液将会窜到开挖面前方，因而注浆压力值应和前方泥水压力基本持平[38]。

4. 附加注浆压力作用长度取值

采用盾尾注浆时，附加注浆压力作用段从盾尾开始，随着浆液的扩散和注浆体的固结，附加注浆压力逐渐减小直至消失。

本章为简化计算，假定盾尾一定长度范围内附加注浆压力为定值。作用段的长度等于盾构推进速度乘以注浆压力消散时间。注浆压力消散时间与浆液的渗透扩散、注浆压力、注浆材料以及土质条件等多种因素有关。叶飞等[39-40]国内学者对浆液扩散过程深入的研究，形成了较为系统的浆液扩散模型。韩月旺等[41]和袁小会等[42]研究了在不同的注浆压力、注浆材料和围岩土质条件下浆体变形及浆液压力消散的规律。

4.6　盾构施工引起的土体变形控制措施

在盾构隧道施工前，首先应根据经验选取合理的施工参数，然后通过对地面变形影响的预测，优化选取和本工程相适宜的施工参数；施工时，应通过信息化施工进一步优化施工参数，精心控制地层变形，使其不至于影响周围建（构）筑物的正常使用或安全。

根据已有的盾构施工经验及研究成果，盾构施工参数中对周围环境影响比较显著的是：正面压力、盾构千斤顶推力、掘进速度、开挖排土量、超/欠挖量，背后注浆的浆压、浆量、浆液性质和注浆时间，以及盾构姿态等[43-47]。具体控制措施如下：

（1）盾构机前仓压力的设定应随上覆土厚度的不同而变化。根据实践，一般设定为理论值（静止土压＋水压）的105％～115％。

（2）盾构推进速度的选取应尽量使土体受到的是切削而不是挤压。不同地质条件下的推进速度不同。根据盾构隧道所在土层状况合理控制推进速度，正常推进时控制在 3～5cm/min，在加固区或穿越重要建（构）筑物时宜控制在 3cm/min 内。另外，推进速度应根据同步注浆速度及注浆量进行调节，真正落实推进与注浆的"同步性"，而非越慢越好。对于土压平衡盾构，施工中要注意调整掘进速度和排土量，使前仓压力的波动控制在最小幅度。

（3）由于盾构的外径大于管片的直径，随着盾构的推进，在管片与土体之间将产生建筑空隙。为了能及时填充这些空隙，尽可能的减少盾构施工对地面的影响。所以采用较为有效的同步注浆法，即盾构一边向前推进，一边对盾构推进产生的建筑空隙进行及时注浆填充。同步注浆的主要作用有两点：一是填充盾尾建筑空隙，二是形成有效防水层，所以同步注浆量及压力不宜过大，尽量减少对土体扰动；此外同步注浆材料要具备及早初凝有效形成防水层的特性，同时可有效控制盾尾管片上浮。

同步注浆的主要参数为：注浆材料、注浆压力、注浆量和注浆时间。注浆材料一般选用合理配比和性质优良的材料，稠度值一般控制在 10.5～11.0，容重近似原状土。注浆压力在理论上只需使浆液压入口的压力大于该处水土压力之和，即能使建筑空隙得以充盈。但因实际注浆量大于计算注浆量，超体积浆液必须用适当高于计算的压力方可压入建筑空隙。但压力也不能过大，因为压力过大会使周围土层产生劈裂，这样管片外的土层将会被浆液扰动而造成较大的后期沉降及隧道本身的沉降。实践中，多采用注浆压力为 1.1～1.2 倍静止水土压力。注浆量在理论上为衬砌和周围地层之间的间隙体积，但由于盾构纠偏、跑浆和浆料的失水收缩等因素，实践上常采用理论计算值的 1.3～1.8 倍。注浆时间一般以同步注浆为宜，在土层较好，地层变形控制要求不高的地段，为提高施工速度，也可采用即时注浆等注浆形式。

（4）为提高注浆层的防水性及密实度，考虑前期注浆效果不佳以及浆液固结率的影响，必要时在同步注浆结束后进行二次注浆，从而减少盾构机通过后土体的后期沉降，减轻隧道的防水压力，提高止水效果。

（5）盾构司机应根据激光导向系统，随时调整盾构推进方向及姿态；为保证管片与盾构间隙，需先做好管片的超前量后进行纠偏，合理纠偏，做到"勤纠、少纠"。在盾构机高程姿态和盾尾间隙存在矛盾时，要先确保盾尾间隙及管片质量，强行纠偏只会把后面管片顶上去，造成上部间隙更小影响隧道质量，只有管片超前量和盾尾间隙出来了，盾构机高程姿态自然会下来；盾构机推进过程中要尽量保持盾构机姿态平稳，每环高程纠偏量不宜超过 5mm，不要过大纠偏造成周围土体扰动过大，影响成型隧道质量及地面后期沉降过大。

（6）根据盾构机断面范围内具体土层，摸索出盾构机推进坡度和设计坡度之间的平衡点，一般情况下盾构机推进坡度和管片超前量要适当大于设计坡度（但要确保盾构机推进坡度和管片坡度一致以及盾尾上部有足够间隙）。推进过程中要确保管片超前量（考虑上浮量后）和盾构机实际坡度相差小于 2°，尽量保证盾构机和管片平行，减少隧道轴线偏差，保证盾尾刷处钢板不会拉碎管片外弧面，造成管片碎裂渗水。盾构司机在每环管片推进完成后都需进行管片超前量测量，并密切关注管片与盾尾间隙。管片超前量控制不宜连用转弯环，尽量做到少纠。

（7）实践证明，盾构机停止推进时，会因正面土压力的作用而后退，从而增大周围地层的变形，因此施工中宜保持施工的连续性。当必须停止推进时，务必作好防止后退的措施，正面及盾尾要严密封闭，以减少停机期间对周围环境的影响。

4.7 本章小结

本章研究双线水平平行盾构隧道施工中多因素引起的土体变形计算方法。

采用 Peck 公式计算土体损失引起的地表沉降，叠加其他因素得到多因素的双线盾构施工引起总的地表隆沉计算公式。研究结果表明：①本文方法考虑了多个施工因素，因此能够准确地反映出双线盾构掘进时开挖面附近地表的三维隆陷过程，适用于计算隧道轴线间距以及前后开挖面距离不同的多种工况。计算值能够反映出实际施工过程中地表隆陷情况和变化趋势；② K 值对地表沉降曲线的影响较大，K 越小时曲线更接近对称。随着 K 值的减小，先行隧道开挖面处的地表在原有沉降基础上，先隆起、后下沉，$K \approx 13m$ 时隆起达到最大。开挖面继续接近，地表总的沉降量和沉降槽宽度将显著增加。表明双线盾构隧道施工时，保持适当的开挖面前后距离，能有效控制开挖面附近的地表隆起和沉降；③隧道轴线间距 L 的变化，会对地表隆陷曲线形状产生影响。是否考虑两条隧道相互影响对计算结果也会有一定影响，尤其是在开挖面附近影响更大，不考虑两条隧道相互影响时曲线更接近对称。

采用盾构法隧道统一解析解计算土体损失引起的土体变形，叠加其他因素得到多因素的双线盾构施工引起总的土体变形计算公式。研究结果表明：①本文考虑多因素下双线盾构施工引起的土体变形，可反映开挖面附近的隆起；同时，由于土体损失采用统一解进行计算，本文不仅能计算地表沉降，还能计算水平位移。分析表明，随土体深度增加，土体最大沉降增加，但变化仅局限于最大沉降量附近 $10 \sim 13m$ 横向范围内的土体；②土体水平位移方向随计算点和隧道的位置关系变化而发生改变。隧道附近土体水平位移主要由土体损失引起，土体主要往靠近隧道方向移动。而离隧道较远的水平位移，受注浆压力影响较大；③当隧道间距较小时，位于双线隧道中轴面处的土体朝先行隧道方向移动，而隧道间距增大时，土体水平位移减少，并开始出现向后行隧道移动的趋势。随着 L 变化，地表附近处的水平位移值变化值不大，隧道深度处的水平位移变化剧烈，$35m$ 深度以下的土体基本无变化。

以上两种方法各有优缺点，根据需要进行选择。本文方法还存在一些局限性，如未考虑各个因素之间的耦合作用，先行与后行盾构之间的相互影响考虑还不够充分，另外施工参数易产生变化、取值困难，有待进一步研究。

最后，提出了一些在盾构隧道施工过程中可以减小土体变形的控制措施。

参考文献

[1] 姜忻良，赵志民，李园. 隧道开挖引起土层沉降槽曲线形态的分析与计算 [J]. 岩土力

学，2004，25（10）：1542-1544.

[2] Peck R B. Deep excavations and tunneling in soft ground [C]//Proceedings of the 7th International Conference on Soil Mechanics and Foundation Engineering，Mexico City：[s. n.]，1969：225-290.

[3] Sagaseta C. Analysis of undrained soil deformation due to ground loss [J]. Geotechnique，1987，37（3）：301-320.

[4] Verruijt A，Booker J R. Surface settlements due to deformation of a tunnel in an elastic half plane [J]. Geotechnique，1996，46（4）：753-756.

[5] Loganathan N，Poulos H G. Analytical Prediction for Tunneling-Induced Ground Movement in Clays [J]. Journal of Geotechnical and Geoenvironmental Engineering，1998，124（9）：846-856.

[6] 魏纲. 盾构法隧道统一土体移动模型的建立 [J]. 岩土工程学报，2007，29（4）：554-559.

[7] 朱洪高，郑宜枫，陈昊. 双圆盾构隧道土体地表沉降特性 [J]. 建筑科学与工程学报，2006，23（2）：62-67.

[8] 魏纲，徐日庆. 软土隧道盾构法施工引起的纵向地面变形预测 [J]. 岩土工程学报，2005，27（9）：1077-1081.

[9] 魏纲，张世民，齐静静，等. 盾构隧道施工引起的地面变形计算方法研究 [J]. 岩石力学与工程学报，2006，25（增1）：3317-3323.

[10] 卢海林，赵志民，方苨，等. 盾构法隧道施工引起土体位移与应力的镜像分析方法 [J]. 岩土力学，2007，28（1）：45-50.

[11] 唐晓武，朱季，刘维，等. 盾构施工过程中的土体变形研究 [J]. 岩石力学与工程学报，2010，29（2）：417-422.

[12] 林存刚，张忠苗，吴世明，等. 软土地层盾构隧道施工引起的地面隆陷研究 [J]. 岩石力学与工程学报，2011，30（12）：2583-2592.

[13] 姜安龙. 城市地铁盾构施工地表沉降计算方法研究 [J]. 南昌航空大学学报：自然科学版，2014，28（1）：101-108.

[14] 梁荣柱，夏唐代，林存刚，等. 盾构推进引起地表变形及深层土体水平位移分析 [J]. 岩石力学与工程学报，2015，34（3）：585-593.

[15] 孙统立，李浩，吕虎，等. 双圆盾构施工扰动引起的地表位移特性分析 [J]. 土木工程学报，2009，42（6）：108-114.

[16] 洪杰. 双圆盾构隧道施工扰动及对周边构筑物影响研究 [博士论文 D]. 杭州：浙江大学，2013.

[17] Mindlin R D. Force at a point in the interior of a semi-infinite solid [J]. Physics，1936，7（5）：195-202.

[18] 陈春来，赵城丽，魏纲，等. 基于 Peck 公式的双线盾构引起的土体沉降预测 [J]. 岩土力学，2014，35（8）：2212-2218.

[19] 魏纲. 盾构法隧道施工引起的土体变形预测 [J]. 岩石力学与工程学报，2009，28

（2）：418-424.

［20］ 张冬梅，黄宏伟，林平，等. 地铁盾构推进引起周围土体附加应力分析［J］. 地下空间，1999，19（5）：379-382，394.

［21］ 侯学渊，钱达仁，杨林德. 软土工程施工新技术［M］. 合肥：安徽科学技术出版社，1999.

［22］ 许宏发，王斌，戴小平，等. 桩土接触面力学参数取值研究［J］. 河海大学学报，2001，29（增）：54-56.

［23］ Wei G. Prediction of Soil Settlement Caused by Double-line Parallel Shield Tunnel Construction［J］. Disaster Advances，2013，6（6）：23-27.

［24］ Chen R. P. ，Zhu J，Liu W，et al. Ground Movement Induced by Parallel EPB Tunnels in Silty Soils［J］. Tunnelling and Underground Space Technology，2011，26（1）：163-171.

［25］ 张社荣，于茂，杜晓喻，等. 天津地铁6号线双线平行盾构隧道施工间隔对地表土体变形影响研究［J］. 隧道建设，2015，35（10）：989-996.

［26］ 祝志恒，阳军生，董辉. 双洞隧道施工引起地表移动的多参数反分析研究［J］. 岩土力学，2010，31（1）：293-298.

［27］ Yang X L，Wang J M. Ground movement prediction for tunnels using simplified procedure［J］. Tunnelling and Underground Space Technology，2011，26（3）：462-471.

［28］ 魏纲，庞思远. 双线平行盾构隧道施工引起的三维土体变形研究［J］. 岩土力学，2014，35（9）：2562-2568.

［29］ 孙统立，张庆贺，韦良文，等. 双圆盾构掘进施工扰动土体附加应力分析［J］. 岩土力学，2008，29（8）：2246-2251.

［30］ 王洪新. 土压平衡盾构刀盘挤土效应及刀盘开口率对盾构正面接触压力影响［J］. 土木工程学报，2009，42（7）：113-118.

［31］ 魏纲. 顶管工程土与结构的性状及理论研究［博士学位论文］［D］. 杭州：浙江大学，2005.

［32］ Potyondy J G. Skin friction between various soils and construction materials［J］. Geotechnique，1961，11（4）：339-353.

［33］ 张乾青，李连祥，李术才，等. 成层土中单桩受力性状简化算法［J］. 岩石力学与工程学报，2012，31（增1）：3390-3394.

［34］ 高乃熙，张小珠. 顶管技术［M］. 北京：中国建筑工业出版社，1984：62-70.

［35］ 魏纲，魏新江，洪杰. 盾构隧道壁后注浆机理及其对周边环境的影响［J］. 防灾减灾工程学报，2010，30（增）：299-304.

［36］ 森. シールト下ネルの裏込め注人およひ切羽泥水压ょわ粘性土地盘の劈裂现象［J］. トンネど地下，土木工程学会，1991：30-34.

［37］ 何炬，杨有海，陈达. 深圳地铁盾构施工注浆机理与参数分析［J］. 低温建筑技术，2009，（10）：108-109.

［38］ 宋天田，周顺华，徐润泽. 盾构隧道盾尾同步注浆机理与注浆参数的确定［J］. 地下空

间与工程学报，2007，4（1）：130-133.

[39]　叶飞，苟长飞，刘燕鹏，等. 盾构隧道壁后注浆浆液时变半球面扩散模型 [J]. 同济大学学报：自然科学版，2012，40（12）：1789-1794.

[40]　叶飞，苟长飞，陈治，等. 盾构隧道粘度时变性浆液壁后注浆渗透扩散模型 [J]. 中国公路学报，2013，26（1）：127-134.

[41]　韩月旺，钟小春，虞兴福. 盾构壁后注浆体变形及压力消散特性试验研究 [J]. 地下空间与工程学报，2007，3（6）：1142-1147，1175.

[42]　袁小会，韩月旺，钟小春. 盾尾注浆硬性浆液固结变形数值计算模型构建 [J]. 岩土力学，2012，33（3）：925-932.

[43]　丁智. 盾构隧道施工与邻近建筑物相互影响研究 [D]. 杭州：浙江大学，2007.

[44]　赵先鹏. 穿越上软下硬地层盾构隧道施工控制技术研究 [D]. 成都：西南交通大学，2012.

[45]　汤怀凯. 盾构隧道下穿既有线施工控制技术研究 [D]. 长沙：中南大学，2013.

[46]　朱合华，丁文其，乔亚飞，等. 盾构隧道微扰动施工控制技术体系及其应用 [J]. 岩土工程学报，2014，36（11）：1983-1993.

[47]　赵江涛. 盾构隧道下穿既有桥梁精细化施工控制 [J]. 铁道建筑，2017，57（10）：63-66，77.

第五章　双线盾构隧道施工对邻近地下管线影响的研究

5.1　引言

地下管线是城市生命线工程，承担着给水、排水、供气、供电等多项与人们日常生活和生产息息相关的任务。

近年来，我国的地铁建设事业得到空前发展。地铁建设大多采用双线水平平行盾构施工，其所引起的土体最大沉降值与沉降槽宽度均大于单线盾构。而盾构施工会造成隧道周围的土体变形，当隧道穿越邻近地下管线时，会对管线产生较大的附加变形和附加应力，导致管线受损，引发给水管爆管、电缆管线故障等事故。双线平行盾构开挖对地下管线（以下简称管线）的影响与单线盾构有明显区别，因此，有必要研究双线平行盾构隧道开挖对邻近管线的影响。

目前关于单线隧道开挖对管线影响的研究较多，方法主要有：解析解[1-10]、模型试验法[11-14]、数值分析法[15-17]和现场实测法[18-19]等。解析解方面：Attewell 等[1]将此问题简化为 Winkler 地基模型，并给出了解析解。Vorster 等[2]给出了一个连续弹性解答，并用离心模型试验验证了其可行性，但公式为上限解，偏保守且计算复杂。吴为义等（2008）[3]利用弹性地基梁法给出了管线的位移解析解，但计算比较复杂。王涛等（2006）[4]针对 Attewell 解的不足，在 Winkler 地基模型基础上采用 Loganathan 公式来计算与隧道开挖方向正交的管线受力情况。魏纲等（2009）[5]针对王涛解的不足，基于 Winkler 地基模型，得到管线由于顶管开挖引起的极限弯矩、理论弯矩以及管线变形的计算方法。范德伟等（2009）[6]基于 Peck 公式，在 Winkler 地基模型基础上考虑硬化地基扩散作用因素影响，推导了管线位移、转角、弯矩和剪力的表达式。张陈蓉等（2013）[7]考虑了管线接口的非连续，基于改进的 Winkler 地基模型，给出了管线位移和弯矩的解析解。谷拴成等（2015）[8]推导出了管线的沉降、弯矩和剪力的表达式。王春梅等（2016）[9]则结合横观各向同性小孔扩张原理，提出了管线的沉降计算式。刘晓强等（2014）[10]基于能量变分方法得到双线隧道施工引起的管线沉降解。

上述研究大多采用的是 Winkler 模型，该模型由于没有考虑地基的连续性，忽略了土体的剪切作用，不能很好地反映地基实际情况。盛宏玉等（2006）[20]提出一种改进的 Pasternak 地基模型，发现随着地基刚度的增大，剪应力的影响不可忽略；张桓等（2013）[21] 采用 Loganathan 公式并基于 Pasternak 地基模型，推导出单线盾构开挖引起的管线沉降和内力表达式，但其采用的土体沉降公式具有一定缺陷，仅适用于土质较差条件，且无法计算双线盾构开挖工况和三维管线沉降。

目前关于双线隧道开挖对管线影响的研究相对较少，方法主要有：数值分析和实测法，缺乏解析解。由于单线隧道施工引起的管线变形一般呈轴对称正态分布，比较简单。而双线隧道施工引起的管线变形比较复杂，呈现"V"形和"W"形两种情况，且会出现不对称分布。因此，急需采用解析解研究双线水平平行盾构开挖对邻近管线的影响。

本章研究工作如下：①基于弹性力学 Mindlin 解，分别推导先行、后行盾构开挖过程中多因素引起的土体附加应力计算公式。假定土体为 Winkler 模型，建立土体损失引起的竖向土体附加应力计算公式。作算例分析，研究管线与双线盾构垂直时，管线附加荷载的大小及分布规律，并作影响因素分析；②采用修正二维 Peck 公式，计算与双线水平平行盾构隧道开挖方向正交的管线平面处的土体竖向位移，基于 Winkler 地基模型，得到管线由于双线水平平行盾构开挖引起的极限弯矩、应力和应变的计算方法；③采用盾构法隧道统一土体移动模型三维解，计算盾构施工引起的地下管线平面处土体竖向位移，基于 Pasternak 地基模型，建立单线、双线盾构隧道开挖引起的地下管线三维竖向位移计算公式。探讨了管线材质、管线埋深以及土体损失率改变对管线竖向位移的影响；④采用盾构法隧道统一解，计算盾构隧道施工引起的土体自由位移场，并通过能量方法建立变分控制方程，得到盾构隧道施工引起的地下管线竖向位移计算方法，计算结果与刘晓强方法及实测数据进行对比，并分析了土质条件、管线轴线埋深、管线材质等因素对管线竖向位移的影响。

5.2　双线盾构施工对邻近地下管线附加荷载的分析

1. 双线盾构隧道掘进模型建立

双线盾构施工使周围土体产生附加应力的主要因素有：正面附加推力、盾壳摩擦力、附加注浆压力、土体损失。因此必须考虑以上几个主要因素及其共同作用对管线附加荷载的影响。本文仅研究当管线与隧道开挖方向垂直时管线的附加荷载。图 5.2-1 为双线盾构和管线的相对位置示意图；图 5.2-2 为力学计算模型示意图。图中 D 为盾构开挖直径；令 R 为盾构开挖半径；J 为盾构机长度；L 为先行、后行隧道轴线水平间距；K 为先行、后行盾构开挖面前后距离；h 为盾构轴线埋深；H 为管线轴线埋深；x 为与盾构隧道轴线垂直的水平方向；y 为盾构掘进方向；z 为竖直方向。

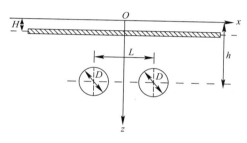

图 5.2-1 双线盾构和邻近管线相对位置

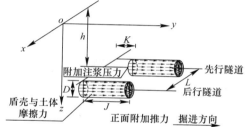

图 5.2-2 力学计算模型示意图

本节假定同魏纲（2012）[22]的论文，且考虑先行隧道对后行隧道的影响，不考虑后行隧道对先行隧道产生的影响。

2. 双线盾构施工引起的土体附加应力

（1）正面附加推力因素

在荷载作用的圆截面（即开挖面）内取微分面积 $r\mathrm{d}r\mathrm{d}\theta$，则先行盾构开挖面内任一点的坐标为（0，$-L/2+r\cos\theta$，$h-r\sin\theta$），利用 Mindlin 水平弹性解[23]，推导得到先行盾构施工中，正面附加推力引起的土体附加应力计算公式：

$$\sigma_{\mathrm{x1f}} = \int_0^{2\pi}\int_0^{\frac{D}{2}}\Phi(r,\theta)p_{1\mathrm{f}}r\mathrm{d}r\mathrm{d}\theta \tag{5-1}$$

$$\sigma_{\mathrm{y1f}} = \int_0^{2\pi}\int_0^{\frac{D}{2}}\Omega(r,\theta)p_{1\mathrm{f}}r\mathrm{d}r\mathrm{d}\theta \tag{5-2}$$

$$\sigma_{\mathrm{z1f}} = \int_0^{2\pi}\int_0^{\frac{D}{2}}\Psi(r,\theta)p_{1\mathrm{f}}r\mathrm{d}r\mathrm{d}\theta \tag{5-3}$$

式中：σ_{x1f}、σ_{y1f}、σ_{z1f} 分别为先行盾构正面附加推力引起的 x、y、z 方向土体附加应力；$p_{1\mathrm{f}}$ 为先行盾构机正面附加推力，正常施工中一般控制在 $\pm20\mathrm{kPa}$[24]；Φ、Ω、Ψ 为 Mindlin 水平力解中三维应力分量，详见魏纲（2012）[22]的研究成果，其中：$M_{1\mathrm{f}} = \sqrt{(x-r\cos\theta+L/2)^2+y^2+(z-h+r\sin\theta)^2}$；

$N_{1\mathrm{f}} = \sqrt{(x-r\cos\theta+L/2)^2+y^2+(z+h-r\sin\theta)^2}$。

同理，后行盾构施工中，正面附加推力引起的土体附加应力计算公式为：

$$\sigma_{\mathrm{x1s}} = \int_0^{2\pi}\int_0^{\frac{D}{2}}\Phi(r,\theta)p_{1\mathrm{s}}r\mathrm{d}r\mathrm{d}\theta \tag{5-4}$$

$$\sigma_{\mathrm{y1s}} = \int_0^{2\pi}\int_0^{\frac{D}{2}}\Omega(r,\theta)p_{1\mathrm{s}}r\mathrm{d}r\mathrm{d}\theta \tag{5-5}$$

$$\sigma_{\mathrm{z1s}} = \int_0^{2\pi}\int_0^{\frac{D}{2}}\Psi(r,\theta)p_{1\mathrm{s}}r\mathrm{d}r\mathrm{d}\theta \tag{5-6}$$

式中：σ_{x1s}、σ_{y1s}、σ_{z1s} 分别为后行盾构正面附加推力引起的 x、y、z 方向土体的附加应力；$p_{1\mathrm{s}}$ 为后行盾构机的正面附加推力；其中：

$M_{1\mathrm{s}} = \sqrt{(x-r\cos\theta-L/2)^2+y^2+(z-h+r\sin\theta)^2}$；

$$N_{1s} = \sqrt{(x - r\cos\theta - L/2)^2 + y^2 + (z + h - r\sin\theta)^2}。$$

则正面附加推力引起的总的土体附加应力为：

$$\sigma_{x1} = \sigma_{x1f} + \sigma_{x1s} \tag{5-7}$$

$$\sigma_{y1} = \sigma_{y1f} + \sigma_{y1s} \tag{5-8}$$

$$\sigma_{z1} = \sigma_{z1f} + \sigma_{z1s} \tag{5-9}$$

（2）盾壳与土体之间的摩擦力因素

在盾壳摩擦力作用截面上取微分面积 $Rdld\theta$，则先行盾构机盾壳表面任一点的坐标为（$-l, -L/2 + R\cos\theta, h - R\sin\theta$），利用 Mindlin 水平弹性解，推导得到先行盾构施工中，盾壳摩擦力引起的土体附加应力计算公式：

$$\sigma_{x2f} = \int_0^{2\pi}\int_0^J \Phi(l,\theta) p_{2f} Rdld\theta \tag{5-10}$$

$$\sigma_{y2f} = \int_0^{2\pi}\int_0^J \Omega(l,\theta) p_{2f} Rdld\theta \tag{5-11}$$

$$\sigma_{z2f} = \int_0^{2\pi}\int_0^J \Psi(l,\theta) p_{2f} Rdld\theta \tag{5-12}$$

式中：σ_{x2f}、σ_{y2f}、σ_{z2f} 分别为先行盾构盾壳摩擦力引起的 x、y、z 方向的土体附加应力；l 为距盾构开挖面的距离；p_{2f} 为先行盾构机盾壳与土体间的摩擦力，取值可参考齐静静（2009）[25]的研究成果；其中：

$$M_{2f} = \sqrt{(x - R\cos\theta + L/2)^2 + (y + l)^2 + (z - h + R\sin\theta)^2};$$
$$N_{2f} = \sqrt{(x - R\cos\theta + L/2)^2 + (y + l)^2 + (z + h - R\sin\theta)^2}。$$

同理，后行盾构施工中，盾壳与土体间的摩擦力引起的土体附加应力计算公式为：

$$\sigma_{x2s} = \int_0^{2\pi}\int_0^J \Phi(l,\theta) p_{2s} Rdld\theta \tag{5-13}$$

$$\sigma_{y2s} = \int_0^{2\pi}\int_0^J \Omega(l,\theta) p_{2s} Rdld\theta \tag{5-14}$$

$$\sigma_{z2s} = \int_0^{2\pi}\int_0^J \Psi(l,\theta) p_{2s} Rdld\theta \tag{5-15}$$

式中：p_{2s} 为后行盾构机盾壳与土体间的摩擦力；其中：

$$M_{2s} = \sqrt{(x - R\cos\theta - L/2)^2 + (y + l)^2 + (z - h + R\sin\theta)^2};$$
$$N_{2s} = \sqrt{(x - R\cos\theta - L/2)^2 + (y + l)^2 + (z + h - R\sin\theta)^2}。$$

则盾壳与土体间的摩擦力引起的总的土体附加应力为：

$$\sigma_{x2} = \sigma_{x2f} + \sigma_{x2s} \tag{5-16}$$

$$\sigma_{y2} = \sigma_{y2f} + \sigma_{y2s} \tag{5-17}$$

$$\sigma_{z2} = \sigma_{z2f} + \sigma_{z2s} \tag{5-18}$$

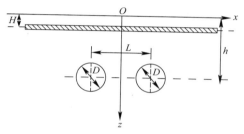 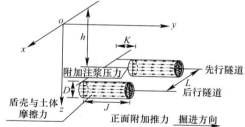

图 5.2-1 双线盾构和邻近管线相对位置   图 5.2-2 力学计算模型示意图

本节假定同魏纲（2012）[22]的论文，且考虑先行隧道对后行隧道的影响，不考虑后行隧道对先行隧道产生的影响。

2. 双线盾构施工引起的土体附加应力

（1）正面附加推力因素

在荷载作用的圆截面（即开挖面）内取微分面积 $rdrd\theta$，则先行盾构开挖面内任一点的坐标为（0，$-L/2+r\cos\theta$，$h-r\sin\theta$），利用 Mindlin 水平弹性解[23]，推导得到先行盾构施工中，正面附加推力引起的土体附加应力计算公式：

$$\sigma_{x1f} = \int_0^{2\pi}\int_0^{\frac{D}{2}} \Phi(r,\theta)p_{1f}rdrd\theta \tag{5-1}$$

$$\sigma_{y1f} = \int_0^{2\pi}\int_0^{\frac{D}{2}} \Omega(r,\theta)p_{1f}rdrd\theta \tag{5-2}$$

$$\sigma_{z1f} = \int_0^{2\pi}\int_0^{\frac{D}{2}} \Psi(r,\theta)p_{1f}rdrd\theta \tag{5-3}$$

式中：σ_{x1f}、σ_{y1f}、σ_{z1f} 分别为先行盾构正面附加推力引起的 x、y、z 方向土体附加应力；p_{1f} 为先行盾构机正面附加推力，正常施工中一般控制在 ± 20kPa[24]；Φ、Ω、Ψ 为 Mindlin 水平力解中三维应力分量，详见魏纲（2012）[22]的研究成果，其中：$M_{1f} = \sqrt{(x-r\cos\theta+L/2)^2+y^2+(z-h+r\sin\theta)^2}$；
$N_{1f} = \sqrt{(x-r\cos\theta+L/2)^2+y^2+(z+h-r\sin\theta)^2}$。

同理，后行盾构施工中，正面附加推力引起的土体附加应力计算公式为：

$$\sigma_{x1s} = \int_0^{2\pi}\int_0^{\frac{D}{2}} \Phi(r,\theta)p_{1s}rdrd\theta \tag{5-4}$$

$$\sigma_{y1s} = \int_0^{2\pi}\int_0^{\frac{D}{2}} \Omega(r,\theta)p_{1s}rdrd\theta \tag{5-5}$$

$$\sigma_{z1s} = \int_0^{2\pi}\int_0^{\frac{D}{2}} \Psi(r,\theta)p_{1s}rdrd\theta \tag{5-6}$$

式中：σ_{x1s}、σ_{y1s}、σ_{z1s} 分别为后行盾构正面附加推力引起的 x、y、z 方向土体的附加应力；p_{1s} 为后行盾构机的正面附加推力；其中：

$$M_{1s} = \sqrt{(x-r\cos\theta-L/2)^2+(z-h+r\sin\theta)^2};$$

$$N_{1s} = \sqrt{(x - r\cos\theta - L/2)^2 + y^2 + (z + h - r\sin\theta)^2}。$$

则正面附加推力引起的总的土体附加应力为：

$$\sigma_{x1} = \sigma_{x1f} + \sigma_{x1s} \tag{5-7}$$

$$\sigma_{y1} = \sigma_{y1f} + \sigma_{y1s} \tag{5-8}$$

$$\sigma_{z1} = \sigma_{z1f} + \sigma_{z1s} \tag{5-9}$$

（2）盾壳与土体之间的摩擦力因素

在盾壳摩擦力作用截面上取微分面积 $Rdl d\theta$，则先行盾构机盾壳表面任一点的坐标为 $(-l, -L/2 + R\cos\theta, h - R\sin\theta)$，利用 Mindlin 水平弹性解，推导得到先行盾构施工中，盾壳摩擦力引起的土体附加应力计算公式：

$$\sigma_{x2f} = \int_0^{2\pi} \int_0^J \Phi(l, \theta) p_{2f} Rdl d\theta \tag{5-10}$$

$$\sigma_{y2f} = \int_0^{2\pi} \int_0^J \Omega(l, \theta) p_{2f} Rdl d\theta \tag{5-11}$$

$$\sigma_{z2f} = \int_0^{2\pi} \int_0^J \Psi(l, \theta) p_{2f} Rdl d\theta \tag{5-12}$$

式中：σ_{x2f}、σ_{y2f}、σ_{z2f} 分别为先行盾构盾壳摩擦力引起的 x、y、z 方向的土体附加应力；l 为距盾构开挖面的距离；p_{2f} 为先行盾构机盾壳与土体间的摩擦力，取值可参考齐静静（2009）[25]的研究成果；其中：

$$M_{2f} = \sqrt{(x - R\cos\theta + L/2)^2 + (y + l)^2 + (z - h + R\sin\theta)^2};$$
$$N_{2f} = \sqrt{(x - R\cos\theta + L/2)^2 + (y + l)^2 + (z + h - R\sin\theta)^2}。$$

同理，后行盾构施工中，盾壳与土体间的摩擦力引起的土体附加应力计算公式为：

$$\sigma_{x2s} = \int_0^{2\pi} \int_0^J \Phi(l, \theta) p_{2s} Rdl d\theta \tag{5-13}$$

$$\sigma_{y2s} = \int_0^{2\pi} \int_0^J \Omega(l, \theta) p_{2s} Rdl d\theta \tag{5-14}$$

$$\sigma_{z2s} = \int_0^{2\pi} \int_0^J \Psi(l, \theta) p_{2s} Rdl d\theta \tag{5-15}$$

式中：p_{2s} 为后行盾构机盾壳与土体间的摩擦力；其中：

$$M_{2s} = \sqrt{(x - R\cos\theta - L/2)^2 + (y + l)^2 + (z - h + R\sin\theta)^2};$$
$$N_{2s} = \sqrt{(x - R\cos\theta - L/2)^2 + (y + l)^2 + (z + h - R\sin\theta)^2}。$$

则盾壳与土体间的摩擦力引起的总的土体附加应力为：

$$\sigma_{x2} = \sigma_{x2f} + \sigma_{x2s} \tag{5-16}$$

$$\sigma_{y2} = \sigma_{y2f} + \sigma_{y2s} \tag{5-17}$$

$$\sigma_{z2} = \sigma_{z2f} + \sigma_{z2s} \tag{5-18}$$

（3）附加注浆压力因素

参考洪杰[26]的思路，取盾构的盾尾单元 $dA=Rdl'd\theta$，其所受的集中力 $dp_3 = p_3Rdl'd\theta$。将 dp_3 分解为水平力 $dp_{3-h}=p_3R\cos\theta dl'd\theta$ 和竖向力 $dp_{3-v}=p_3R\sin\theta dl'd\theta$，再分别进行计算。

通过变换坐标系，利用 Mindlin 水平解推导得到水平分力引起的土体附加应力计算公式；竖向分力引起的土体附加应力计算公式推导参见郭琪（2013）[27] 的研究成果。两者求和，得到先行盾构施工中，附加注浆压力引起的任一点（x，y，z）处，在 x、y、z 方向的土体附加应力计算公式。

先行盾构注浆压力作用段任一点的坐标为（$-l$，$-L/2+R\cos\theta$，$h-R\sin\theta$），则计算公式为：

$$\sigma_{x3f} = \int_0^{2\pi}\int_J^{J+c}\Omega(l,\theta)p_{3f}R\cos\theta dl d\theta + \int_0^{2\pi}\int_J^{J+c}\Phi'(l,\theta)p_{3f}R\sin\theta dl d\theta \qquad (5\text{-}19)$$

$$\sigma_{y3f} = \int_0^{2\pi}\int_J^{J+c}\Phi(l,\theta)p_{3f}R\cos\theta dl d\theta + \int_0^{2\pi}\int_J^{J+c}\Omega'(l,\theta)p_{3f}R\sin\theta dl d\theta \qquad (5\text{-}20)$$

$$\sigma_{z3f} = \int_0^{2\pi}\int_J^{J+c}\Psi(l,\theta)p_{3f}R\cos\theta dl d\theta + \int_0^{2\pi}\int_J^{J+c}\Psi'(l,\theta)p_{3f}R\sin\theta dl d\theta \qquad (5\text{-}21)$$

式中：c 为盾尾注浆长度；p_{3f} 为先行盾构单位面积附加注浆压力；Φ'、Ω'、Ψ' 为 Mindlin 竖向力解中三维应力分量，其中：

$M_{3f}=\sqrt{(x-R\cos\theta+L/2)^2+(y+l)^2+(z-h+R\sin\theta)^2}$；

$N_{3f}=\sqrt{(x-R\cos\theta+L/2)^2+(y+l)^2+(z+h-R\sin\theta)^2}$。

同理，后行盾构施工中，附加注浆压力引起的土体附加应力计算公式为：

$$\sigma_{x3s} = \int_0^{2\pi}\int_J^{J+c}\Omega(l,\theta)p_{3s}R\cos\theta dl d\theta + \int_0^{2\pi}\int_J^{J+c}\Phi'(l,\theta)p_{3s}R\sin\theta dl d\theta \qquad (5\text{-}22)$$

$$\sigma_{y3s} = \int_0^{2\pi}\int_J^{J+c}\Phi(l,\theta)p_{3s}R\cos\theta dl d\theta + \int_0^{2\pi}\int_J^{J+c}\Omega'(l,\theta)p_{3s}R\sin\theta dl d\theta \qquad (5\text{-}23)$$

$$\sigma_{z3s} = \int_0^{2\pi}\int_J^{J+c}\Psi(l,\theta)p_{3s}R\cos\theta dl d\theta + \int_0^{2\pi}\int_J^{J+c}\Psi'(l,\theta)p_{3s}R\sin\theta dl d\theta \qquad (5\text{-}24)$$

式中：p_{3s} 为后行盾构单位面积附加注浆压力；其中：

$M_{3s}=\sqrt{(x-R\cos\theta-L/2)^2+(y+l)^2+(z-h+R\sin\theta)^2}$；

$N_{3s}=\sqrt{(x-R\cos\theta-L/2)^2+(y+l)^2+(z+h-R\sin\theta)^2}$。

则先行和后行盾构附加注浆压力引起的总的土体附加应力为：

$$\sigma_{x3} = \sigma_{x3f} + \sigma_{x3s} \qquad (5\text{-}25)$$

$$\sigma_{y3} = \sigma_{y3f} + \sigma_{y3s} \qquad (5\text{-}26)$$

$$\sigma_{z3} = \sigma_{z3f} + \sigma_{z3s} \qquad (5\text{-}27)$$

（4）土体损失引起的 z 方向附加应力

陈春来等（2014）[28] 提出双线水平平行盾构施工引起的三维深层土体沉降计

算公式，先行盾构施工引起的土体沉降公式为：

$$S(x,y,z)_f = \frac{S_{maxf}}{2(1-z/h)^n}\left[1-\frac{y}{\sqrt{y^2+h^2}}\right]\exp\left[\frac{-(x+0.5L)^2}{2i_f^2(1-z/h)^{2n}}\right] \quad (5\text{-}28)$$

后行盾构施工引起的土体沉降公式为：

$$S(x,y,z)_s = \frac{S_{maxs}}{2(1-z/h)^n}\left[1-\frac{y}{\sqrt{y^2+h^2}}\right]\exp\left[\frac{-(x-0.5L)^2}{2i_s^2(1-z/h)^{2n}}\right] \quad (5\text{-}29)$$

式中：S_{maxf} 为先行盾构轴线上方最大地面沉降量；S_{maxs} 为后行盾构轴线上方最大地面沉降量；i_f 为先行盾构的沉降槽宽度系数；i_s 为后行盾构的沉降槽宽度系数；n 为与隧道半径和土质条件有关的影响系数，取值可参考魏纲（2010）[29] 的成果。

假定土体为 Winkler 模型，魏纲等（2006）[30] 提出土体损失引起土体中任一点 (x,y,z) 处产生的 z 方向的附加应力 σ 为：

$$\sigma = -kS(x,y,z) \quad (5\text{-}30)$$

式中：k 为地基反力系数。

由公式（5-28）、（5-29）、（5-30）可推导出，先行盾构在 z 方向产生的附加应力 σ_{z4f} 为：

$$\sigma_{z4f} = -k\frac{S_{maxf}}{2(1-z/h)^n}\left[1-\frac{y}{\sqrt{y^2+h^2}}\right]\exp\left[\frac{-(x+0.5L)^2}{2i_f^2(1-z/h)^{2n}}\right] \quad (5\text{-}31)$$

同理，后行盾构在 z 方向产生的土体附加应力 σ_{z4s} 为：

$$\sigma_{z4s} = -k\frac{S_{maxs}}{2(1-z/h)^n}\left[1-\frac{y}{\sqrt{y^2+h^2}}\right]\exp\left[\frac{-(x-0.5L)^2}{2i_s^2(1-z/h)^{2n}}\right] \quad (5\text{-}32)$$

式中：$S_{maxf} = \dfrac{\pi R^2\eta_f}{i_f\sqrt{2\pi}}$，$S_{maxs} = \dfrac{\pi R^2\eta_s}{i_s\sqrt{2\pi}}$；$\eta_f$ 和 η_s 分别为先行盾构、后行盾构施工条件下的土体损失率。

则先行和后行盾构施工土体损失引起的总的土体附加应力 σ_{z4} 为：

$$\sigma_{z4} = \sigma_{z4f} + \sigma_{z4s} \quad (5\text{-}33)$$

（5）多因素的共同作用

因为土体损失因素只有引起 z 方向附加应力的计算公式，所以在研究 x，y 方向的附加应力时，本文只考虑其他三个因素的共同作用。各方向应力叠加得到双线盾构施工引起土体总的附加应力计算公式为：

$$\sigma_x = \sigma_{x1} + \sigma_{x2} + \sigma_{x3} \quad (5\text{-}34)$$

$$\sigma_y = \sigma_{y1} + \sigma_{y2} + \sigma_{y3} \quad (5\text{-}35)$$

$$\sigma_z = \sigma_{z1} + \sigma_{z2} + \sigma_{z3} + \sigma_{z4} \tag{5-36}$$

3. 算例分析

1）工况概述

某软土地区双线盾构隧道区间施工计算参数取值如下：$D = 6.34\mathrm{m}$，$R = 3.17\mathrm{m}$，$L = 12\mathrm{m}$，$h = 12\mathrm{m}$，$J = 8.5\mathrm{m}$，$H = 2\mathrm{m}$，$p_{1f} = p_{1s} = 20\mathrm{kPa}$，$p_{2f} = p_{2s} = 30\mathrm{kPa}$，$p_{3f} = p_{3s} = 60\mathrm{kPa}$，$k = 5.4 \times 10^5 \mathrm{N/m^3}$，$\mu = 0.35$，$i_f = 7.6\mathrm{m}$，$\eta_f = 0.85\%$，$i_s = 9.2\mathrm{m}$，$\eta_s = 0.83\%$。

本节分析以下三种工况中管线的附加荷载分布规律。工况 1：先行盾构在管线前方（已穿越管线）50m 处施工，改变后行盾构位置，即后行盾构从距管线 40m 外处开挖至通过管线 40m，研究双线平行盾构前后间距不同时管线附加荷载的分布规律。工况 2：模拟最危险工况，即先行盾构在管线前方 15m（此时 x、y、z 三个方向的荷载均较大）处施工，后行盾构开挖面从先行盾构开挖面后方 45m 处向前掘进，直至超过先行隧道，研究该过程中双线平行盾构施工对管线附加荷载分布规律的影响。工况 3：令其他条件相同，单独改变两隧道轴线距离 L，研究两盾构开挖面均通过管线 15m 时管线附加荷载的分布规律。

为简化计算，将管线视为一弹性杆件，忽略盾构掘进过程中管线受到附加荷载的作用面变化。管线轴线处的附加应力乘以管线直径即为附加线荷载。当管线直径较小时，该假定带来的误差较小。管线的计算长度取 60m，令 D_p 为管线外直径，$D_p = 1\mathrm{m}$。规定使管线产生远离盾构的力为压力，用正号表示。

2）工况 1 管线附加荷载分析

（1）y 方向的附加荷载分析

图 5.2-3 为先行盾构推进过程中，盾构轴线上方管线截面处 y 方向附加荷载的变化曲线。如图所示：①正常推进时，由于正面附加推力、盾壳摩擦力沿 y 方向，而注浆压力为环向力，且主要沿 x、z 方向，因此正面附加推力、盾壳摩擦力是引起管线 y 方向附加荷载的主要因素；②在共同作用下，由于先行盾构开挖面前方土体有隆起趋势，因此管线受到挤压力作用；而在开挖面后方土体有沉降趋势，因此管线受到拉力作用。

图 5.2-4 为后行盾构推进过程中管线各点处 y 方向的附加荷载分布。图中 y 为正值表示后行盾构开挖面未通过管线，负值表示已通过管线，以下同。如图所示：①由于先行盾构的作用，先行盾构左侧部分受到拉力作用；②随着盾构机靠近管线，管线附加荷载不断增大。在 $y = 16\mathrm{m}$（约 2.5D）时达到最大（值为 1.62kN/m），且曲线峰值出现在后行隧道轴线附近，而靠近两端附加荷载值减小，表明盾构轴线上方处管线容易受损；③随着盾构机靠近管线，注浆压力在 z 方向上对管线的压力作用趋于明显，而同为水平力的正面附加推力和盾壳摩擦力在 z 方向上对管线的拉力作用逐渐减弱，因此管线附加荷载值逐渐减小。当开挖

面完全通过管线后，正面附加推力和盾壳摩擦力重新起主导作用，因此管线承受的拉力随盾构机的推进而增大；④管线产生的拉力最大值在 $y=-25\mathrm{m}$ 处，值为 $-3.25\mathrm{kN/m}$；⑤附加荷载大小由后行盾构的中轴线附近处往两侧递减，在 y 方向的影响范围大约在 $-15\sim30\mathrm{m}$。

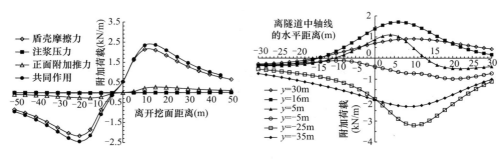

图 5.2-3　先行盾构引起管线 y 方向　　　　图 5.2-4　双线引起管线 y 方向
　　　　　　附加荷载　　　　　　　　　　　　　　　　　附加荷载分布

（2）x 方向的附加荷载分析

图 5.2-5 为先行盾构推进过程中，盾构轴线上方管线 x 方向的附加荷载变化。如图所示：①当盾构未通过管线时，由于盾构开挖过程中，盾构机周围的土体被挤压，因此管线主要承受拉力，峰值出现在 5m 左右（值为 $-1.67\mathrm{kN/m}$）；②当盾构通过管线后，盾构机周围的土体有收缩回弹的趋势，因此管线承受压力，在开挖面后方 12m 附近压力最大（值为 $2.35\mathrm{kN/m}$）。

图 5.2-6 为后行盾构推进过程中，管线各点处 x 方向的附加荷载分布。如图所示：①后行盾构开挖面一侧由于土体挤压明显，管线所受附加荷载变化较大；②随着后行盾构的通过前后，在开挖面前方时，管线主要承受拉力；③开挖面后方则产生压力，并且随着后行盾构的掘进，后行盾构对管线的影响趋于明显，因此附加荷载峰值位置逐渐右移。

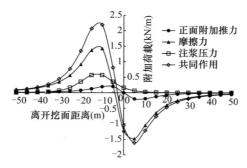
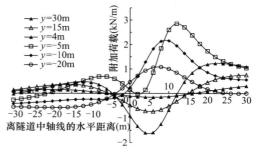

图 5.2-5　先行盾构引起管线 x 方向　　　　图 5.2-6　双线引起管线 x 方向
　　　　　　附加荷载　　　　　　　　　　　　　　　　　附加荷载分布

（3）z 方向的附加荷载分析

图 5.2-7 为先行盾构推进过程中，开挖面上方管线 z 方向的附加荷载变化。如图所示：①在先行盾构通过管线这一过程中，管线在 z 方向始终受到拉力。由于正面附加推力、盾壳摩擦力均为水平力，附加注浆压力一部分为水平力，因此土体损失是引起 z 方向附加荷载的主要原因；②在多因素共同作用下，在先行盾构靠近管线过程中，管线附加荷载逐渐增大；③在先行盾构穿过并远离管线后，附加荷载沿 y 轴的负方向逐渐增大，最后由于土体损失趋于稳定，附加荷载也逐渐稳定；④先行盾构施工引起的 z 方向附加荷载最大值达 $-10.19\mathrm{kN/m}$。

图 5.2-8 为后行盾构推进过程中，管线各点处 z 方向的附加荷载分布。如图所示：①当后行盾构远离管线时，z 方向附加荷载峰值出现在先行盾构轴线上方附近，并沿两端递减；②随着后行盾构的推进，z 方向的附加荷载由于土体损失逐渐增大，附加荷载峰值逐渐向后行隧道轴线移动；③双线盾构共同作用下，z 方向的附加荷载影响范围大约在 $-30\mathrm{m}$ 至 $30\mathrm{m}$，此范围以外，附加荷载几乎为 0。

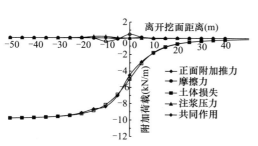

图 5.2-7　先行盾构引起管线 z 方向
附加荷载

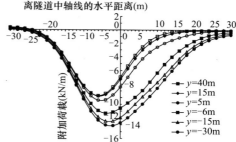

图 5.2-8　双线引起管线 z 方向
附加荷载分布

3）工况 2 管线附加荷载分析

（1）y 方向的附加荷载分析

图 5.2-9 为 K 值改变时 y 方向的附加荷载分布曲线。如图所示：①由于左侧隧道先开挖，在 $x=-10\mathrm{m}$ 附近，管线受拉力，且 y 方向的附加荷载达最大值；②当后行盾构距先行盾构较远时，后行盾构轴线上方附近管线受压力作用，且在两者共同作用的 $x=0\mathrm{m}$ 附近荷载最大；③随着

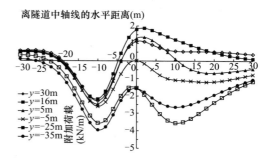

图 5.2-9　K 值改变时 y 方向
附加荷载分布

后行盾构的掘进，后行盾构轴线上方管线压力先增大、后减小，至后行盾构开挖面通过管线后，作用力由压力转变为拉力，且随着后行盾构掘进逐渐增大；④当后行盾构超过先行盾构后，y 方向的附加荷载先增大，而后随着远离管线，附加荷载又逐渐减小，且在 $y=-25\text{m}$ 处达最大值，此时曲线最接近对称，但由于算例考虑先行盾构对后行盾构的影响，不考虑后行盾构对先行盾构的影响，因此曲线不完全对称。

（2）x 方向的附加荷载分析

图 5.2-10 为 K 值改变时 x 方向的附加荷载分布曲线。如图所示：①该方向附加荷载分布呈"M"形；②左侧管线由于远离后行开挖面，附加荷载随 K 变化较缓和；③右侧管线附加荷载随 K 变化较明显，且在盾构刚通过管线时最大；④由于叠加效果，附加荷载在两隧道中轴线处最大。

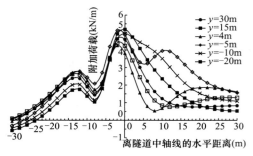

图 5.2-10　K 值改变时 x 方向附加荷载分布

（3）z 方向的附加荷载分析

K 值不同时 z 方向的附加荷载分布规律与图 5.2-8 类似。由于篇幅有限，不再具体说明。

4）工况 3 管线附加荷载分析

（1）y 方向的附加荷载分析

图 5.2-11 为 L 值改变时 y 方向的附加荷载分布曲线。如图所示：①该方向附加荷载分布呈"W"形，存在三个极值；②随着 L 增大，先、后行盾构影响叠加的部分减小，因此中间部分的拉力逐渐减小，"W"形趋于明显，两条隧道趋于独立，同时表明影响范围增大，且图形整体对称性更加明显。

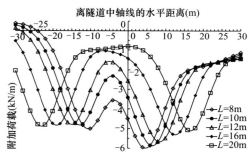

图 5.2-11　L 值改变时 y 方向附加荷载分布

（2）x 方向的附加荷载分析

图 5.2-12 为 L 值改变时 x 方向的附加荷载分布曲线。如图所示：①单线盾构施工条件下，该方向附加荷载曲线呈"M"形或"V"形；因此双线盾构施工条件下，图形呈起伏型，有多个波峰波谷；②随着 L 增大，曲线在隧道中轴线附近处以波谷叠加，附加荷载减小，由凸型变成凹性。

（3）z 方向的附加荷载分析

图 5.2-13 为 L 值改变时 z 方向的附加荷载分布曲线。如图所示：①当 L 较

小时，双线盾构施工引起的 z 方向附加荷载最大值位于两条隧道中轴线附近，主要为土体损失的叠加作用；②随着 L 增大，施工引起的附加荷载最大值逐渐减小，附加荷载曲线慢慢由"V"形转变成"W"形，逐渐区分出左右两个附加荷载极值，影响范围也逐渐变大。

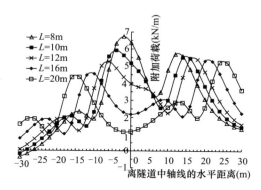

图 5.2-12　L 值改变时 x 方向附加荷载分布

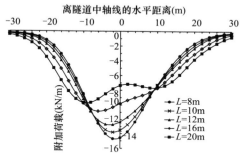

图 5.2-13　L 值改变时 z 方向附加荷载分布

5.3　基于 Winkler 地基的双线盾构施工引起邻近地下管线受力与变形的研究

1. 管线变形与作用机理分析

本节采用二维解析解进行研究，假设土体为 Winkler 弹性地基。

双线平行盾构隧道施工引起土体变形的因素主要有：土体损失、盾壳摩擦力、正面附加推力、注浆力、刀盘摩擦力等，其中土体损失是主要影响因素。由于正面附加推力和盾壳摩擦力的影响范围只限于隧道开挖面附近，在开挖面通过一定距离后其引起的地面位移基本为 0，此时可以只考虑土体损失[31]。为计算简便，本节仅研究由于土体损失引起的管线受力和变形。分析表明，当管线与双线盾构正交时其受力最不利，因此本节仅研究该工况。

管线受双线平行盾构开挖的影响见图 5.3-1，图中 D_p 为管线外直径，H 为管线轴线离地面深度，h 为隧道轴线埋深，R 为隧道开挖半径，L 为两条隧道轴线的水平距离。由于双线水平平行盾构隧道施工引起的土体变形比较复杂，随着参数 h、L、R 的变化，地面沉降曲线会呈现"W"形和"V"形两种情况[32]。导致双线隧道施工引起的管线变形，也会受参数 h、H、L、R 的影响，呈现"W"形和"V"形两种情况，见图 5.3-1 (a) 和图 5.3-1 (b)。

第二章研究了双线平行盾构施工引起的地面沉降曲线变化规律，提出地面沉降曲线形状与 L 和 $h+R$ 有关。令 $C=L/(h+R)$ 为隧道的相对水平距离系数，当

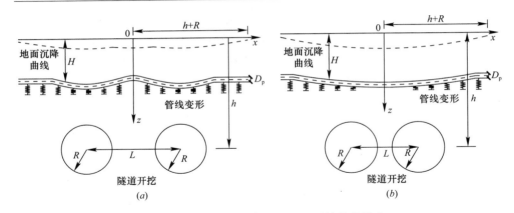

图 5.3-1　双线平行盾构施工对地下管线的影响

$C \leqslant 0.66$ 时，地面沉降曲线符合正态分布规律（即 V 形）；当 $C > 1$ 时，根据几何原理地面沉降曲线会呈 W 形分布；当 $0.66 < C \leqslant 1$ 时，曲线由 V 形向 W 形过渡。

与地面相比，管线与隧道的距离更近。参考以上研究成果，笔者提出了管线的相对水平距离系数 $G = L/(h - H + R)$。同理，当 $G \leqslant 0.66$ 时，管线的沉降曲线符合正态分布规律（呈 V 形）；当 $0.66 < G \leqslant 1$ 时，曲线由 V 形向 W 形过渡；当 $G > 1$ 时，曲线呈 W 形。

下面用实例进行验证。孙宇坤等[18]对某双线盾构施工引起的管线沉降进行了实测，结果表明管线沉降呈 V 形，但不符合正态分布规律，管线的最大沉降偏向先行隧道一侧。利用本节方法进行评估，参数 $L = 13.2\text{m}$、$h = 15.12\text{m}$、$R = 3.17\text{m}$、$H = 0.9\text{m}$，计算得到 $G = 0.76$，略大于 0.66、小于 1，所以管线沉降曲线不符合正态分布规律，应由 V 形向 W 形过渡且偏向 V 形。评估结果与实测结果非常吻合，表明本节方法的可靠性。

双线平行盾构施工引起的管线与土体之间的作用机理，与单线盾构是类似的[5]。假定管线与底部土体不发生脱离，管线平面处土体产生沉降，导致管线上部产生附加压力。在两条隧道均穿越后管线沉降逐渐达到最大值，其附加压力也达到最大值，管线处于最不利条件。本节研究管线在该工况下的受力特点。假设管线不产生变形，则管线所受到的弯矩最大，称为极限弯矩。极限弯矩可作为一个综合性评价指标，极限弯矩越大，管线遭受破坏的可能性也越高。

2. 管线产生的弯矩和变形计算

（1）管线受力模型的假定和简化

本节参照魏纲等（2009）[5]提出的管线受力模型的假定和简化，限于篇幅，不具体展开。要确定管线的极限弯矩，需要确定管线平面处的土体沉降量。

令双线平行盾构开挖引起的管线平面处（即管线轴线位置处，以下含义相同）土体竖向位移为 $S_z(x)$，可认为这是管线平面处土体卸荷的过程，则管线所

受力可等效为:

$$P = kS_z(x)D_p \tag{5-37}$$

式中:k 为管线平面处的地基反力系数,可通过载荷板试验确定地面处的地基反力系数 k_0,然后进行深度修正;也可将地基反力系数与基础刚度和弹性地基特性加以联系,文献[33]建议长梁($l/B>10$,l、B 分别为梁的长度和宽度)的地基反力系数表达式为:

$$k' = \frac{0.65E_0}{B(1-\mu^2)}\left(\frac{E_0B^4}{EI}\right)^{\frac{1}{12}} \tag{5-38}$$

式中:E_0 为土的变形模量;μ 为土的泊松比;E 为管线的弹性模量;EI 为管线的抗弯刚度;B 为地基梁的宽度,可取 d。

Attewell[1] 考虑到管线埋深的影响,建议管线平面处的地基反力系数 $k=2k'$,本节采用该方法。

(2)管线平面处的土体沉降计算

双线平行盾构施工引起的管线平面处各点土体位移,可以采用魏纲(2013)[34]提出的修正二维 Peck 公式准确描述,即双线隧道开挖引起总的土体沉降等于先行隧道引起的土体沉降叠加后行隧道引起的土体沉降,则土体中任意一点(x,z)的沉降 $S_z(x)$ 的计算公式为:

$$S_z(x) = \frac{S_{maxf}}{(1-z/h)^n}\exp\left[\frac{-(x-0.5L)^2}{2i_f^2(1-z/h)^{2n}}\right] + \frac{S_{maxs}}{(1-z/h)^n}\exp\left[\frac{-(x+0.5L)^2}{2i_s^2(1-z/h)^{2n}}\right] \tag{5-39}$$

式中:$S_{maxf}=\dfrac{\pi R^2\eta_f}{i_f\sqrt{2\pi}}$,$S_{maxs}=\dfrac{\pi R^2\eta_s}{i_s\sqrt{2\pi}}$,$S_{maxf}$、$S_{maxs}$ 分别表示先行隧道和后行隧道施工引起的轴线上方最大地面沉降量;x 为距双线盾构中轴线的横向水平距离;z 为离地面的竖向距离;η_f、η_s 分别为先行隧道和后行隧道产生的土体损失率;i_f、i_s 分别为先行隧道和后行隧道的地面沉降槽宽度系数;n 为沉降槽计算参数。

该公式在计算时,需要确定 5 个参数:η_f、η_s、i_f、i_s 和 n。下面介绍参数取值方法。

O'Reilly 和 New[35] 通过对各种地质条件下开挖隧道时产生的地面沉降观测值的统计,得到地面沉降槽宽度系数 i 的经验计算公式为:

$$i = mh \tag{5-40}$$

式中:m 为与土特性有关的系数,对于砂性土,$m=0.2\sim0.3$;对于黏性土,软黏土取 $m=0.7$,中黏土取 $m=0.5$,硬黏土取 $m=0.4$。i_f 的取值可以参考该方法,同时也可以参考魏纲(2009)[36]的研究成果。

关于 η_f 的具体取值,可参见魏纲(2010)[37]的研究成果。关于 i_s、η_s 的取值,魏纲[34]建议可以按 $i_s/i_f=0.97$ 和 $\eta_s/\eta_f=0.96$ 进行计算;参数 n 的取值范

围，对于黏性土在 $[0.35\sim0.85]$ 之间；对于砂土在 $[0.85\sim1.0]$ 之间。

（3）基于 Winkler 模型的管线受力解答

① 管线弯矩计算公式

根据魏纲等[5]提出，当管线的刚度不是非常大时，可以基于 Winkler 地基模型计算管线的受力。管线受隧道开挖影响的变形微分方程为：

$$EI\frac{\partial^4 w}{\partial x^4} + kD_{\mathrm{p}}w = kS_{\mathrm{z}}(x)D_{\mathrm{p}} \tag{5-41}$$

式中：w 为管线的竖向挠度。

令 $\beta = \sqrt[4]{kD_{\mathrm{p}}/4EI}$，则式（5-41）变为：

$$\frac{\partial^4 w}{\partial x^4} + 4\beta^4 w = 4\beta^4 S_{\mathrm{z}}(x) \tag{5-42}$$

对于无线长梁，在一点作用集中荷载 P，则在距荷载作用点 x 处产生的弯矩为：

$$M = \frac{P}{4\beta}\exp(-\beta x)(\cos\beta x - \sin\beta x) \tag{5-43}$$

由式（5-37）可知，距管线中心点 x 处的无限小集中荷载为：

$$\mathrm{d}P = D_{\mathrm{p}}kS_{\mathrm{z}}(x)\mathrm{d}x \tag{5-44}$$

假定双线平行隧道中轴线上方对应的点为坐标原点，也为管线纵向的中心点，见图 5.3-1。结合式（5-43）和式（5-44）得到管线纵向中心点处受到的最大弯矩为：

$$M_{\max} = \int_{-\infty}^{\infty}\mathrm{d}M(x) = \int_{-\infty}^{\infty}\frac{kS_{\mathrm{z}}(x)D_{\mathrm{p}}}{4\beta}\exp(-\beta x)(\cos\beta x - \sin\beta x)\mathrm{d}x \tag{5-45}$$

② 管线极限弯矩、应力和应变计算公式

由式（5-39）可以计算得到管线平面处的土体沉降值。管线在隧道开挖影响区域范围内的任意一点 (x_0, H) 的极限弯矩 M_{L} 计算式为：

$$M_{\mathrm{L}} = EI\beta^3\frac{\pi R^2\eta_{\mathrm{f}}}{i_{\mathrm{f}}\sqrt{2\pi}}\left(1-\frac{H}{h}\right)^{-n}\int_{-\infty}^{+\infty}[\cos(\beta\mid x - 0.5L - x_0\mid)$$

$$-\sin(\beta\mid x - 0.5L - x_0\mid)]\exp\left[\frac{-(x-0.5L)^2}{2i_{\mathrm{f}}^2(1-H/h)^{2n}}-\beta\mid x-0.5L-x_0\mid\right]\mathrm{d}x$$

$$+EI\beta^3\frac{\pi R^2\eta_{\mathrm{s}}}{i_{\mathrm{s}}\sqrt{2\pi}}\left(1-\frac{H}{h}\right)^{-n}\int_{-\infty}^{+\infty}[\cos(\beta\mid x + 0.5L - x_0\mid)$$

$$-\sin(\beta\mid x + 0.5L - x_0\mid)]\exp\left[\frac{-(x+0.5L)^2}{2i_{\mathrm{s}}^2(1-H/h)^{2n}}-\beta\mid x+0.5L-x_0\mid\right]\mathrm{d}x$$

$$\tag{5-46}$$

管线所受的极限应力计算公式为：

$$\sigma = \frac{M_{\mathrm{L}}}{W} = \frac{32M_{\mathrm{L}}D_{\mathrm{p}}}{\pi(D_{\mathrm{p}}^4 - d'^4)} \tag{5-47}$$

式中：d' 为管线的内直径。

管线产生的极限应变计算公式为：

$$\varepsilon = \frac{\sigma}{E} = \frac{32M_{\mathrm{L}}D_{\mathrm{p}}}{\pi E(D_{\mathrm{p}}^4 - d'^4)} \tag{5-48}$$

本节方法计算时如果仅考虑先行隧道，不考虑后行隧道（$S_{\mathrm{maxs}}=0$），则变为单线隧道的计算方法。

（4）管线的安全性判断方法

笔者提出，由于管线要先承受单线隧道（即先行隧道）的影响，再承受后行隧道的影响。因此，对于受双线平行隧道开挖影响的管线而言，需要接受两次安全性判断，先按单线隧道（即先行隧道）进行评估，再按双线平行隧道进行评估。

① 刚性管线的安全性判断方法

当管线刚度较大时，可以假定管线不变形，采用式（5-46）、式（5-47）、式（5-48）分别计算管线的极限弯矩、应力和应变。按允许应力和应变进行安全性判断。

② 柔性管线的安全性判断方法

当管线刚度很小时，可以假定管线沉降等于双线盾构隧道开挖引起的管线平面处的土体沉降。即采用式（5-39）进行计算，得到管线沉降曲线后，计算出管线的最大转角，按允许转角进行安全性判断[38]。

本节方法偏保守。文中只考虑了管线在双线平行隧道上方正交的工况，未考虑其他工况；假定均质土，未研究成层土的工况；只考虑土体损失，未考虑其他因素。可在本节基础上作进一步研究。

3. 算例分析

标准工况说明：某双线水平平行盾构隧道工程，隧道开挖半径 $R=3.17\mathrm{m}$，隧道轴线埋深 $h=12\mathrm{m}$，两条隧道轴线水平距离 $L=12\mathrm{m}$，右侧隧道先开挖。规定隧道在黏土中开挖，土体泊松比为 0.35，变形模量 $E_0=3087.6\mathrm{kPa}$，重度为 $18\mathrm{kN/m^3}$。假设先行隧道施工引起的 $\eta_{\mathrm{f}}=1.56\%$，地面沉降槽宽度系数按 O'Reilly 和 New[35] 的方法计算，得 $i_{\mathrm{f}}=6\mathrm{m}$。根据魏纲[34] 建议 $\eta_{\mathrm{s}}/\eta_{\mathrm{f}}=0.96$，得到 $\eta_{\mathrm{s}}=1.50\%$；$i_{\mathrm{s}}/i_{\mathrm{f}}=0.97$，得 $i_{\mathrm{s}}=5.8\mathrm{m}$；取 $n=0.4$。

在隧道上方有一与隧道开挖方向正交的地下刚性管线，材质为钢管。假定管线外围直径 $D_{\mathrm{p}}=0.8\mathrm{m}$，其轴线深度 H 在地面以下 1.5m 处，壁厚为 16mm，$E=2.06\times10^5\mathrm{MPa}$，抗弯刚度 $EI=1246300\mathrm{kN\cdot m^2}$。基底反力系数采用式（5-38）计算，并取其 2 倍得 $k=3219\mathrm{kN/m^3}$。计算得到 $\beta=0.151$。需研究该工况下隧道施工对管线的影响。

图 5.3-2 为单线盾构开挖引起的地面沉降和管线平面处的土体沉降曲线，采

用先行隧道的计算参数（η_f、i_f）。图 5.3-3 为双线平行盾构开挖引起的地面沉降和管线平面处土体沉降曲线。如图 5.3-2 和图 5.3-3 所示，单线盾构和双线平行盾构施工引起的土体沉降区别较大，双线平行盾构施工引起的土体沉降槽最大值和影响范围均大于单线盾构，因此不能简单地用单线盾构的方法来代替双线平行盾构。

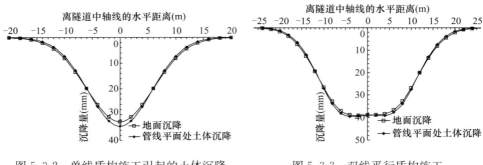

图 5.3-2　单线盾构施工引起的土体沉降　　　图 5.3-3　双线平行盾构施工引起的土体沉降

说明：在以下影响因素研究中，为便于分析，本节在考虑某一影响因素时，假定其他条件不变。

（1）土质条件的影响

下面引入圆粒砂土来考虑土质条件改变对管线的影响，其他条件相同。在圆粒砂土中开挖隧道，砂土的泊松比为 0.25，变形模量为 14320kPa，重度为 18kN/m³。按 O'Reilly 和 New[35] 的方法计算得到 $i_f=3.6$m；根据魏纲[34] 建议 $i_s/i_f=0.97$，得 $i_s=3.49$m；取 $n=0.85$；土体损失率取值同黏性土。砂土基底反力系数采用式（5-38）计算，并取其 2 倍得 $k=15.881\times10^3$kN/m³，$\beta=0.225$。

采用本节方法计算得到双线盾构施工引起的管线极限弯矩，见图 5.3-4。如图所示，土质条件不同对管线极限弯矩曲线的形状和大小均有巨大影响。刚性管线在砂土中有三处负弯矩峰值、两处正弯矩峰值，其中在 $x=16$m 处管线受到的最大极限负弯矩 $M_{max}^-=-813.66$kN·m；在 $x=6$m 处管线受到的最大极限正弯矩 $M_{max}^+=1426.76$kN·m，M_{max}^+ 要远大于 M_{max}^-；同时由于先行隧道与后行隧道的相互影响，导致曲线略有不对称。而在黏土中，刚性管线所受的弯矩曲线类似于正态分布，只有两处负弯矩峰值、一处正弯矩峰值，也是 M_{max}^+ 要大于 M_{max}^-，$M_{max}^-=-258.31$kN·m，$M_{max}^+=352.89$kN·m。

本节同时也计算得到先行盾构（单线）引起的管线极限弯矩（图 5.3-5）。通过比较图5.3-4和图5.3-5，发现单线和双线盾构引起的管线极限弯矩有较

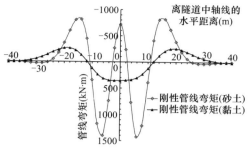

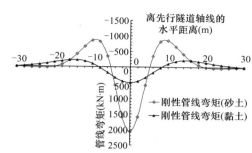

图 5.3-4　双线盾构施工引起的
管线极限弯矩

图 5.3-5　先行盾构施工引起的
管线极限弯矩

大区别：①砂土中曲线形状明显不同，黏土中近似；②单线盾构在砂土中引起的 $M_{max}^{+} = 2059\mathrm{kN \cdot m}$，远大于双线盾构，$M_{max}^{-} = -847.8\mathrm{kN \cdot m}$，略大于双线盾构。单线盾构在黏土中引起的 $M_{max}^{+} = 494.8\mathrm{kN \cdot m}$，也远大于双线盾构；$M_{max}^{-} = -217.2\mathrm{kN \cdot m}$，则小于双线盾构。表明双线平行隧道的相互影响（特别是水平间距的存在），能抵消部分管线弯矩，从而使管线最终所受的最大正弯矩明显减小。由于管线要先承受先行隧道影响，再承受后行隧道影响，因此双线平行隧道并不会减少对管线破坏的危害。

下面进行安全性判断，由于 $M_{max}^{+} > M_{max}^{-}$，故取 M_{max}^{+} 进行计算。先行（单线）隧道开挖时：黏土中先行盾构引起的 $M_{max}^{+} = 494.8\mathrm{kN \cdot m}$，$D_p = 0.8\mathrm{m}$，$d' = 0.784\mathrm{m}$，拉应力 126.86MPa，拉应变 6.16×10^{-4}；砂土中先行盾构引起的 $M_{max}^{+} = 2059\mathrm{kN \cdot m}$，极限拉应力为 527.92MPa，极限拉应变为 2.56×10^{-3}。

双线隧道开挖时：黏土中双线盾构引起的 $M_{max}^{+} = 352.89\mathrm{kN \cdot m}$，极限拉应力为 90.48MPa，极限拉应变为 4.39×10^{-4}；砂土中双线盾构引起的 $M_{max}^{+} = 1426.76\mathrm{kN \cdot m}$，极限拉应力 365.81MPa，极限拉应变为 1.78×10^{-3}。根据吴为义（2008）[39] 的研究成果，钢管的允许应力 $[\sigma] = 166.3\mathrm{MPa}$，故刚性管线在黏土中均安全，在砂土中单线和双线盾构开挖时均超过允许应力，是危险的。

（2）双线隧道水平间距 L 的影响

该变 L 的取值，其他条件同标准工况。采用本节方法计算得到的不同 L 时的管线极限弯矩，见图 5.3-6。如图所示，L 值的改变对管线极限弯矩曲线的形状和中轴线处弯矩值有巨大影响：①当 $L = 8\mathrm{m}$ 时，管线极限弯矩分布曲线与单线盾构近似，最大正弯矩在中轴线处，$M_{max}^{+} = 669.74\mathrm{kN \cdot m}$，要大于先

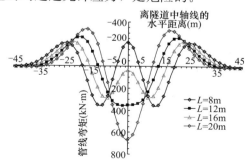

图 5.3-6　不同 L 时的管线极限弯矩

行盾构引起的 M_{max}^+（494.8kN·m），表明当双线盾构水平距离较小时，对管线的危害会超过单线；②随着 L 的增大，管线极限弯矩分布曲线有明显变化，尤其是在中轴线处由正弯矩向负弯矩改变，当 $L=20$m 时中轴线处 $M_{max}^-=-216.22$kN·m，中轴线附近曲线形状由"V"形转变为"W"形；③管线的最大负弯矩位置逐渐向两侧偏移，且逐渐变小，当 $L=8$m 时 $M_{max}^-=-335.33$kN·m，位于 $x=-16$m 处；当 $L=20$m 时 $M_{max}^-=-210.65$kN·m，位于 $x=-24$m 处。

（3）管线轴线埋深 H 的影响

改变管线轴线埋深 H 的取值，分别取 1m、2m、3m、4m，其他条件同标准工况。采用本节方法计算得到不同 H 值时管线的极限弯矩，见图 5.3-7。如图所示，H 值的改变对管线极限弯矩的影响较小，4 条曲线的形状相似。相同条件下，H 值越大，表明管线离隧道越近，引起的极限弯矩也越大。当 $H=1$m 时 $M_{max}^+=355.56$kN·m，在 $x=-2$m 处；而 $H=4$m 时 $M_{max}^+=371.76$kN·m，增长幅度为 4.56%，在 $x=-4$m 处。最大负弯矩均在 -18m 附近，$H=1$m 时 $M_{max}^-=-252.52$kN·m，$H=4$m 时 $M_{max}^-=-290.47$kN·m，增长幅度为 15.03%。

（4）η_s/η_f 比值的影响

实际施工中，两条隧道之间的相互影响也是不可忽略的一大因素。本节采用不同的 η_s/η_f 比值，假设先行隧道（右线）引起的 $\eta_f=1.56\%$，规定 η_s/η_f 分别等于 0.8、1.0、1.2，则 η_s 分别为 1.25%、1.56%、1.87%。来研究两条隧道之间相互影响对管线的影响，其他条件同标准工况。

采用本节方法计算得到管线的极限弯矩，见图 5.3-8。如图所示，η_s/η_f 比值改变对管线极限弯矩的曲线形状和数值大小均有一定影响。随着 η_s/η_f 比值的增大：①管线受到的极限弯矩逐渐增大，其中后行隧道（左线）附近的最大负弯矩变化比较明显，由 -226.45kN·m 增大到 -312.52kN·m，增长幅度达 38.01%；②而先行隧道附近的最大负弯矩变化较小；③最大正弯矩峰值位置由 $x=4$m 移到 $x=-4$m 处，由 358.32kN·m 增大到 463.26kN·m，增长幅度达 29.29%。

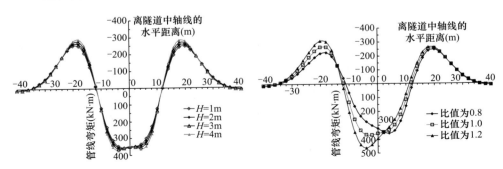

图 5.3-7　不同 H 时的管线极限弯矩　　　　图 5.3-8　不同 η_s/η_f 时的管线极限弯矩

（5）管线材质的影响

本节改变管线的材质，同时也改变管线的材料参数和壁厚尺寸，但 D_p 值不变，均为 0.8m。参考《给水排水设计手册》[40]，不同管线的参数见表 5.3-1。其他条件同标准工况。

管线参数取值 表 5.3-1

管线材质	壁厚(mm)	弹性模量(MPa)	抗弯刚度(kN·m²)	泊松比	k(kN/m³)	β
钢管	16	2.06×10^5	1246300	0.3	3219	0.151
铸铁管	12	9.0×10^4	414900	0.275	3528	0.203
混凝土管	60	2.5×10^4	480000	0.17	3486	0.195
PVC 管	30	2.261×10^3	24871	0.35	4461	0.435

采用本节方法计算得到不同材质的管线极限弯矩（图 5.3-9）。如图所示，管线材质不同对管线极限弯矩数值大小的影响较大，对曲线形状影响较小。其中钢管极限弯矩的分布范围和峰值均最大，PVC 管极限弯矩的分布范围和峰值均最小；铸铁管和混凝土管的极限弯矩曲线非常接近，混凝土管略大。表明管线的抗弯刚度越大，其极限弯矩的分布范围和峰值也越大。

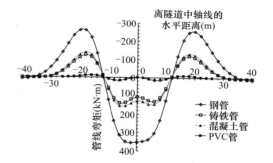

图 5.3-9　不同管线材质时的管线极限弯矩

5.4　基于 Pasternak 地基的盾构穿越引起地下管线竖向位移研究

本节采用三维土体变形计算公式，基于弹性地基梁理论和 Pasternak 地基模型，来计算盾构施工引起的管线竖向位移。

1. 管线受力与平面处土体沉降计算

（1）管线受力模型的假定

Pasternak 模型[41]是在 Winkler 模型基础上，假设在竖向弹簧单元上存在一个剪切薄层，并将薄层中的剪应力转化为等效基底法向应力的修正模型。

本节参照文献［21］提出的管线受力模型假定，基于 Pasternak 地基模型计算管线受力与变形。管线受盾构开挖的影响见图 5.4-1，本节仅研究管线与隧道垂直交叉的工况，图中 R 为隧道开挖半径，h 为隧道轴线埋深，L 为两条隧道轴线的水平距离，D_p 为管线外直径，H 为管线轴线埋深，y 为离开挖面的水平距离，以掘进方向为正；x 为离隧道轴线的横向水平距离；z 为离地面的竖向距离，以向下为正。以下符号含义相同。

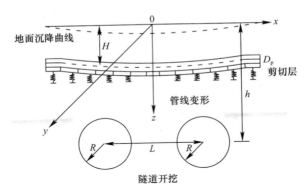

图 5.4-1　盾构施工对地下管线的影响

令盾构开挖引起的管线平面处（即管线轴线位置处，以下含义相同）土体竖向位移为 S，可认为这是管线平面处土体卸荷的过程，则管线所受力可等效为：

$$P = -G\frac{\mathrm{d}^2 S}{\mathrm{d}x^2}D_\mathrm{p} + kSD_\mathrm{p} \tag{5-49}$$

式中：G 为剪切模量，Tanahashi[42] 建议 G 值可按下式选取：

$$G = \frac{E_0 t}{6(1+\mu)} \tag{5-50}$$

其中 E_0 为土的变形模量；μ 为土的泊松比；t 为 Pasternak 模型中隧道变形影响深度，徐凌[43] 指出 t 可取 2.5 倍隧道直径 D，即 $t=2.5D$；k 为管线平面处的地基反力系数，取值方法见 5.3.2 节。

（2）管线平面处的土体沉降 S 计算

盾构隧道开挖引起的土体变形具有明显的三维性，同时土体损失是引起土体变形的最主要因素，其他因素仅在开挖面附近有影响。

当 $d=0$、$\mu=0.5$ 时，Loganathan 公式即为魏纲[44] 提出的统一土体移动模型二维解的最小解。相较于 Loganathan 公式，统一解适用所有黏性土条件。因此本节仅考虑土体损失引起的土体沉降，采用魏纲[45] 基于文献［44］二维解建立的盾构法隧道统一土体移动模型三维解，该方法具体介绍见 3.5 节，双线水平平行盾构隧道施工引起总的三维土体竖向位移计算公式见公式（3-27）；当不考虑后行隧道时（即 $\eta_\mathrm{s}=0$ 时），公式（3-27）即转变为单线隧道施工引起的三维土体竖向位移计算公式。

2. 基于 Pasternak 模型的管线竖向位移计算

假设因盾构隧道开挖作用导致的管线竖向位移为 w，则管线应力为：

$$q = -G\frac{\mathrm{d}^2 w}{\mathrm{d}x^2}D_p + kwD_p \tag{5-51}$$

管线受隧道开挖影响的变形微分方程为：

$$EI\frac{\mathrm{d}^4 w}{\mathrm{d}x^4} + q = P \tag{5-52}$$

将式（5-51）代入上式并整理得：

$$EI\frac{\mathrm{d}^4 w}{\mathrm{d}x^4} - G\frac{\mathrm{d}^2 w}{\mathrm{d}x^2}D_p + kwD_p = P \tag{5-53}$$

将上式整理，可得到管线受隧道开挖影响的变形微分方程为：

$$\frac{\mathrm{d}^4 w}{\mathrm{d}x^4} - \frac{GD_p}{EI}\frac{\mathrm{d}^2 w}{\mathrm{d}x^2} + \frac{kD_p}{EI}w = \frac{P}{EI} \tag{5-54}$$

由张桓[21]可得 Pasternak 地基上管线受集中荷载作用时微分方程的解为：

$$w(x) = \frac{P}{4EI\alpha\tau(\alpha^2 + \tau^2)}e^{-\alpha x}(\tau\cos\tau x + \alpha\sin\tau x) \tag{5-55}$$

式中：

$$\alpha = \sqrt{\sqrt{\frac{kD_p}{4EI}} + \frac{GD_p}{4EI}} \tag{5-56}$$

$$\tau = \sqrt{\sqrt{\frac{kD_p}{4EI}} - \frac{GD_p}{4EI}} \tag{5-57}$$

假定在隧道开挖的影响下，管线轴线上任意一点 ξ 上作用的附加荷载为 $q(\xi)$ $\mathrm{d}\xi$，则根据式（5-55），该荷载引起管线轴线上任意点 x 的位移 $\mathrm{d}w(x)$ 为：

$$\mathrm{d}w(x) = \frac{q(\xi)}{4EI\alpha\tau(\alpha^2 + \tau^2)}e^{-\alpha|x-\xi|}(\tau\cos\tau|x-\xi| + \alpha\sin\tau|x-\xi|)\mathrm{d}\xi \tag{5-58}$$

利用单线盾构穿越引起的管线沉降公式（5-58），可分别得到先行盾构穿越引起的管线竖向位移计算公式 w_f 和后行盾构穿越引起的管线竖向位移计算公式 w_s。运用叠加原理，即可得到双线平行盾构隧道施工引起的总的管线竖向位移 w 计算公式为：

$$w = w_f + w_s \tag{5-59}$$

3. 工程实例验证

（1）工程实例 1

孙宇坤等[18]对某沿海软土地区盾构施工中垂直穿越的一条煤气管线进行了沉降监测。参考张陈蓉等[7]对此类工程的研究，本文取先行最大土体损失率 η_f 为 0.5%。参考文献［10］，具体计算参数取值如下：盾构隧道参数：$h = 15.38$m，$R = 3.1$m，$L = 13.2$m；管线参数：$D_p = 0.3$m，$H = 0.9$m，$EI = 1.52 \times 10^7$N・m^2；土体参数：$E_0 = 7.89$MPa，$\mu = 0.3$。另外本节分析时取 $\eta_s = 0.8\%$，$d_f = 0.3R$，$d_s = 0.3R$，$b = -5$m。在本案例中，管线离开挖面的水平距离 $y = -18$m。

图 5.4-2 为先行（上行线）隧道施工后管线竖向位移计算结果和工程实测值对比图。如图所示，本节方法计算得到的管线变形范围比实测范围要大；管线竖向位移最大计算值为 7.04mm，比实测最大值 6.73mm 略大。分析表明：实际工程中出现管线上抬现象是由于盾构掘进过程中出现了少见的周围土体整体上抬现象引起的，而本文方法仅考虑土体损失故不会产生隆起现象。

图 5.4-3 为后行（下行线）隧道施工引起的总的管线竖向位移计算结果，图中正值代表管线隆起，负值代表管线沉降，以下含义同。如图所示，本节方法计算结果与实测值比较吻合，双线盾构施工引起的管线最大沉降位置靠近先行（上行线）隧道一侧；实测管线最大竖向位移比本文方法最大计算结果大 3.43%，偏差不大。图 5.4-2 和图 5.4-3 的结果可以反映出本文方法适用于单线和双线盾构施工工况，适用范围广。

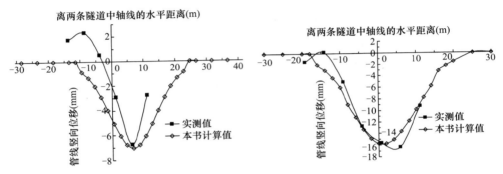

图 5.4-2 先行隧道施工引起的管线竖向位移　　图 5.4-3 双线隧道施工引起的管线竖向位移

图 5.4-4 为扣除上行线隧道穿越影响后，下行线隧道穿越期间 M3 测点的实测值与本节方法计算结果的对比图，图中 M3 测点离下行线隧道轴线水平距离 1.8m 且远离上行线方向（即 $x=-8.4$m 处）。如图所示，在扣除上行线隧道施工引起的 M3 测点管线上抬现象后，本节方法计算结果与实测值比较吻合。

图 5.4-5 为双线隧道穿越期间 M4 测点的实测值与本节方法计算结果的对比图，图中 M4 测点在双线隧道之间、离下行线隧道轴线水平距离 3.2m（即 $x=-3.4$m 处）。如图所示，M4 测点管线竖向位移是上行线和下行线隧道施工引起的总位移，本文方法计算结果也与实测值比较吻合。

图 5.4-4 和图 5.4-5 的结果表明本文方法能够反映管线三维沉降特性，进一步表明了本节方法具有先进性。两幅图的变化趋势比较接近，随着盾构机掘进通过，管线沉降逐渐增大，在开挖面后方管线沉降逐渐稳定，图中在 $y=-18$m 时达到最大，盾构掘进的主要影响区域为刀盘前方 30m 至盾构刀盘后方 20m 的距离。但从图形中可以看出沉降并未稳定，还在继续。由于实际工程中影响因素众多，因此实测曲线要比计算曲线不光滑。

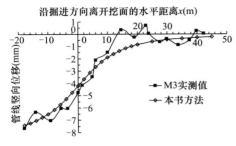

图 5.4-4 后行隧道穿越期间
M3 测点位移曲线

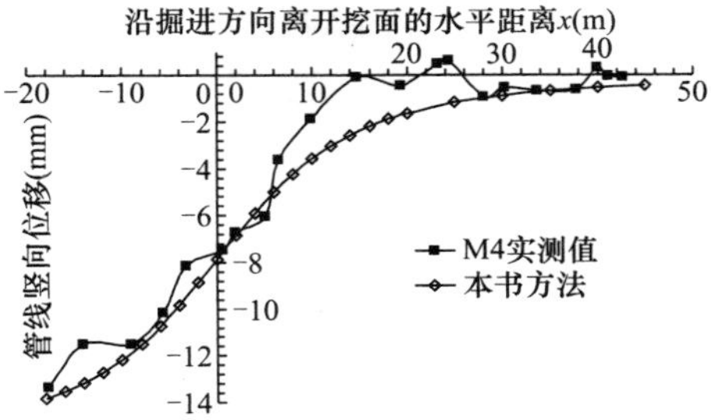

图 5.4-5 双线隧道穿越期间
M4 测点位移曲线

（2）工程实例 2

吴为义等[3]对深圳地铁工程益田站至香蜜湖站区间盾构法隧道工程中进行了管线的沉降监测。在盾构上方垂直正交一条大管径电缆管线，管线材质为混凝土，其中实测值取为东西两排实测值的平均值。参考文献［21］具体计算参数取值如下：隧道参数：$h=14.4\text{m}$，$R=3\text{m}$，$L=15\text{m}$，$\eta_f=0.84\%$；管线参数：$D_p=3\text{m}$，$H=8.7\text{m}$，$EI=5.87\times10^{10}\text{N}\cdot\text{m}^2$；土体参数：$E_0=8.2\text{MPa}$，$\mu=0.3$。参考文献［46］在本案例中取 $\eta_s=0.84\%$，$d_f=0.9R$，$d_s=0.5R$，$b=1.5\text{m}$，$y=-5\text{m}$。

图 5.4-6 为先行（左线）隧道施工后管线竖向位移的计算值和实测值对比图。如图所示：①文献［21］方法的计算结果偏小，而考虑侧向土体的理论解计算结果又偏大；②相比之下，本节方法计算结果与实测曲线更加吻合，验证了本节方法的合理性和计算结果的可靠性；③先行隧道施工引起的管线竖向位移最大值位于先行隧道轴线正上方，本文方法计算得到的最大沉降值为 7.71mm，略小于管线的最大实测值 8.15mm。

图 5.4-7 为后行隧道施工后管线竖向位移计算结果。如图所示，管线的最大实测沉降值为 11.96mm，略大于本文方法计算所得的最大沉降值 10.88mm；且后行隧道施工后，管线最大竖向位移处发生改变，偏向先行隧道位置，说明先开

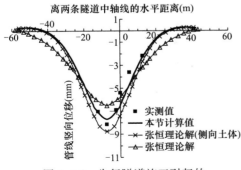

图 5.4-6 先行隧道施工引起的
管线竖向位移

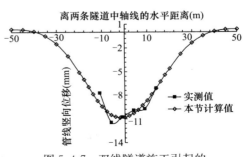

图 5.4-7 双线隧道施工引起的
管线竖向位移

挖隧道施工对管线的影响更明显。而文献［21］则无法计算双线工况。

图5.4-8为不同d值条件下先行隧道施工引起的管线和管线平面处土体的竖向位移比较。如图所示：①相同的d值条件下，土体最大竖向位移均大于管线最大竖向位移，管线沉降槽宽度则均明显大于土体沉降槽宽度；②d值越小，引起的土体最大竖向位移也越小，但土体沉降槽宽度则越大；③d值越小，引起的管线最大竖向位移也越小，但管线沉降槽宽度几乎不变。

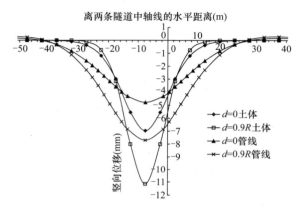

图5.4-8　不同d值条件下的竖向位移对比

4. 影响因素分析

为分析管线竖向位移与各因素之间的关系，建立如下算例：在双线盾构隧道上方有一地下管线，与隧道开挖方向正交，管线材质为混凝土管，规定隧道在黏土中开挖。具体计算参数如下：隧道参数：$h=15\mathrm{m}$，$R=3\mathrm{m}$，$L=13.2\mathrm{m}$；管线参数：$D_\mathrm{p}=0.8\mathrm{m}$，$H=6\mathrm{m}$，$EI=480000\mathrm{kN\cdot m^2}$；土体参数：$E_0=3.0876\mathrm{MPa}$，$\mu=0.3$。假设$\eta_\mathrm{f}=0.5\%$，根据魏纲等[47]建议$\eta_\mathrm{s}/\eta_\mathrm{f}=0.0283h+0.6933$得到$\eta_\mathrm{s}=0.56\%$，并假定$d_\mathrm{f}=0.3R$，$d_\mathrm{s}=0$，$b=0$，$y=-18\mathrm{m}$。其他参数与单线隧道开挖情况一致。本节在分析某一因素影响时，假定其他条件不变。

（1）管线材质的影响

选用钢管、铸铁管、混凝土管、PVC管这4种材质。改变管线的材质，同时也改变了管线的材料参数和壁厚尺寸，但D_p值不变，均为0.8m。不同管线的参数见表5.3-1。

图5.4-9和图5.4-10分别为单线（先行）隧道和双线隧道下不同管线材质的管线竖向位移曲线。如图所示：①随着管线抗弯刚度EI的增大，单线隧道引起的不同材质管线最大竖向位移大致呈逐渐减小的趋势，双线隧道引起的管线竖向位移则变化不明显；②文献［5］的研究结果表明不同管线材质对管线弯矩的影响较大。但从本节计算结果来看，不同管线材质对管线竖向位移的影响不大，与

文献［48］的研究结果相同。分析认为控制管线位移的主要因素是管线与土体的刚度比，由于管线与土体的刚度相差较大，即便是 EI 最小的 PVC 管线其弹性模量也达到了 2.48GPa，远大于土体弹性模量。因此，可以得到不同管线材质对管线弯矩影响较大、对管线位移影响较小的结论。

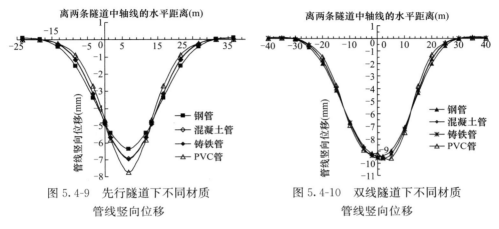

图 5.4-9　先行隧道下不同材质
管线竖向位移

图 5.4-10　双线隧道下不同材质
管线竖向位移

（2）管线埋深的影响

取管线埋深 H 分别为 2m、3m、4m、6m。图 5.4-11 为本文方法计算得到的 H 与管线最大竖向位移之间的关系曲线。如图所示，管线的最大竖向位移随着 H 的增加而略有增大；这是由于越靠近隧道，土体竖向位移越大，对管线的影响也越显著。

（3）土体损失率 η 的影响

取先行隧道的土体损失率 η_f 分别为 0.5％、1.0％、1.5％和 2.0％，后行隧道土体损失率 η_s 分别为 0.56％、1.12％、1.68％和 2.24％，计算得到土体损失率与管线最大竖向位移的关系曲线见图 5.4-12。如图所示，管线的最大竖向位移随着土体损失率增大而增大，且增长较为迅速，因此盾构隧道施工中要尽可能的减小土体损失率。

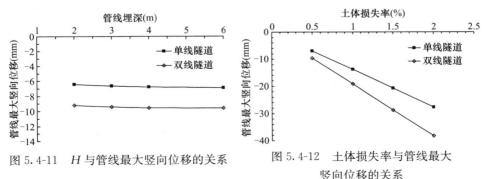

图 5.4-11　H 与管线最大竖向位移的关系

图 5.4-12　土体损失率与管线最大
竖向位移的关系

5.5　基于统一解的盾构隧道施工引起地下管线竖向位移计算

1. 本节方法

（1）现有方法的不足

在刘晓强等[10]论文的能量变分法中存在以下不足之处：①土体自由位移场采用的 Loganathan 公式，该公式无法较为全面地考虑土质条件，且计算得到的沉降槽偏宽；②采用的地层沉降槽宽度系数经验公式无法考虑土质条件，且计算公式有错误，使得计算结果为负值；③只是将单线隧道施工引起的管线竖向位移的计算结果直接叠加得到双线隧道施工引起的管线竖向位移，没有考虑先行隧道与后行隧道施工引起土体变形的不同，无法解释管线位移曲线不对称现象。

（2）针对不足的改进措施

① 本节采用盾构隧道统一土体移动模型解（二维解）[32,44]代替刘晓强方法中的 Loganathan 公式，Loganathan 公式为统一解的特解，统一解能够综合考虑在隧道施工过程中不同土质条件对土体变形的影响，使计算结果更接近实测值；

② 文献［10］选取的地层沉降槽宽度系数经验公式无法考虑土质条件，故本节采用文献［29］中提出的公式进行修正，综合考虑土质条件以及地面沉降槽系数来确定管线沉降槽宽度；

③ 根据魏纲等[32]提出的双线平行盾构施工引起的土体变形解析解，可以考虑先行、后行隧道施工对管线造成的不同影响效果，使计算得到的管线竖向位移更接近实际工况。

（3）盾构法隧道统一土体移动模型解介绍

关于盾构法隧道统一土体移动模型二维解的介绍，具体见 3.4 节。单线盾构隧道施工引起的土体竖向位移计算公式见公式（3-19），示意图见图 3.4-1。双线平行盾构隧道施工引起的总的土体竖向位移计算公式见公式（3-21），示意图见图 3.4-2 和图 3.4-3。

（4）能量变分法

① 计算模型

假设盾构隧道垂直穿越一根管线，根据刘晓强等[10]的能量变分法得到的计算模型见图 5.5-1，图中 H 为管线轴线埋深。本节仅计算管线的竖向位移，不计算管线的水平位移。令 i_p 为管线沉降槽宽度系数，为确保计算精度，用能量变分法计算时取沉降槽宽度为 $20i_p$。

② 盾构隧道穿越引起的土体自由位移场

研究表明：在不同土质条件下盾构隧道施工引起的土体移动模型有区别。但在已有的针对土体变形的解析解中，Peck 公式作为经验公式，只能对地表沉降

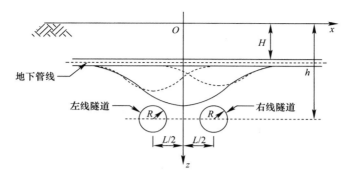

图 5.5-1 管线竖向位移函数曲线

进行预测；通用 Peck 公式只能计算深层土体的竖向位移，不能计算土体的水平位移；Loganathan 公式只适用于施工阶段，且只适用于流塑状态的黏性土，当土质较硬时，计算所得到的土体沉降要比实测值小。故本节采用由文献［32，44］提供的盾构法隧道统一解二维解对土体移动进行计算，详见前面的计算公式（3-19）和公式（3-21）。

③ 管线竖向位移的计算

在文献［10］中，根据最小势能原理假定位移函数如式（5-60）所示，用两个相互独立的矩阵表示盾构隧道开挖引起的管线竖向位移 w_p，将函数用傅里叶级数展开，则管线竖向位移函数如下：

$$w_p = \{X_m\}^T \{a\} \tag{5-60}$$

$$\{X_m\} = \left\{1, \cos\frac{\pi x}{l}, \cos\frac{2\pi x}{l}, \cos\frac{3\pi x}{l}, \cdots, \cos\frac{m\pi x}{l}\right\}^T \tag{5-61}$$

$$\{a\} = \{a_0, a_1, a_2, \cdots, a_m\}^T \tag{5-62}$$

式中：l 为盾构隧道开挖引起的管线沉降槽半宽度，即 $l = 10i_p$；$\{a\}$ 为管线竖向位移的待定系数矩阵。

本文假设管线与土体不脱离，i_p 等于土体深层沉降槽宽度系数。采用魏纲等（2010）[29] 提出的计算公式，得到管线沉降槽宽度系数经验公式为：

$$i_p = i(1 - H/h)^n \tag{5-63}$$

式中：i 为地面沉降槽宽度系数，取值详见文献［36］；n 为与隧道半径和土质条件有关的影响系数。

④ 单线隧道穿越地下管线的能量方程[10]

A. 管线弯曲应变能

根据弹性力学梁的理论，管线弯曲应变能为：

$$U = \int_{-l}^{l} \frac{1}{2} E_p I_p \left(\frac{d^2 w_p}{dx^2}\right)^2 dx \tag{5-64}$$

式中：U 为管线弯曲应变能；E_pI_p 为管线的抗弯刚度。

B. 自由土体位移对管线做功

由 Winkler 地基模型，约束位移对管线产生的土压力为：

$$F = k\Delta \tag{5-65}$$

式中：F 为单位长度管线的受力（kN/m）；$\Delta = S_z(x) - w_p$，$S_z(x)$ 为管线平面处隧道开挖引起的土体竖向位移；k 为管线平面处的地基反力系数。

单线隧道施工引起的 $S_z(x)$ 采用公式（3-19）计算，则自由土体位移对管线做功可表示为：

$$W = \int_{-l}^{l} 0.5F\Delta\mathrm{d}x = \int_{-l}^{l} 0.5k[S_z(x) - w_p]^2\mathrm{d}x \tag{5-66}$$

C. 总势能方程

总势能 Π 为上述管线弯曲应变能 U 与自由土体位移对管线做功 W 的叠加，可表示为：

$$\Pi = U + W \tag{5-67}$$

双线盾构穿越地下管线的能量方程，用式（3-21）作为土体自由位移场进行计算，其余同单线隧道，具体的变分控制方程限于篇幅不具体展开，详见文献［10］。

2. 工程案例分析

（1）离心机模型

Vorster（2013）[49] 利用剑桥大学离心机在 $75g$ 加速度下，研究了隧道开挖在不同土体损失百分率下对管线的影响。其中 $1g$ 加速度时对应的参数如下：砂土压缩模量 $E_s = 19.52\mathrm{MPa}$，泊松比 $\mu = 0.3$；隧道直径 $D = 4.5\mathrm{m}$，轴线埋深 $h = 11.25\mathrm{m}$；管线直径 $D_p = 1.19\mathrm{m}$，抗弯刚度 $E_pI_p = 3.363 \times 10^9\mathrm{N \cdot m^2}$，管线轴线埋深 $H = 4.165\mathrm{m}$。

本节选取参数 $\eta = 1.7\%$，$d = 0.95R$，$i = 0.8h$，$n = 0.35$ 进行计算。本节方法计算结果与离心机试验结果、刘晓强方法结果的对比见图 5.5-2。如图所示，管线的竖向变形趋势与离心机试验结果基本一致，且离心机试验得到的管线最大竖向位移为 25mm，本节方法计算得到的管线最大竖向位移为 25.5mm；刘晓强方法计算得到的管线最大竖向位移为 27.6mm，本节方法更接近于实测值，且形状也更加吻合。

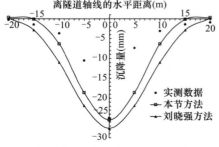

图 5.5-2　离心机试验中管线竖向位移曲线

（2）工程实例 1

选用孙宇坤等[18] 对某沿海城市软土地

区的盾构隧道正交上穿的煤气管线进行沉降监测的工程实例，进行单线隧道分析。该区地铁盾构隧道的外径 $D=6.2\text{m}$，内径为 5.5m，开挖半径 $R=3.1\text{m}$，轴线埋深 $h=15.38\text{m}$；上覆球墨铸铁材质煤气管埋深 $H=0.9\text{m}$，直径 $D_\text{p}=300\text{mm}$，管段截面抗弯刚度 $E_\text{p}I_\text{p}=1.52\times10^7\text{N}\cdot\text{m}^2$；土体的弹性模量 $E=7.89\text{MPa}$，压缩模量 $E_\text{s}=10.62\text{MPa}$，泊松比 $\mu=0.3$。

本节选取计算参数为 $\eta=0.34\%$，$d=0.99R$，$i=0.8h$，$n=0.35$。本节方法计算结果与实测数据及刘晓强方法结果对比见图 5.5-3。如图所示，本节方法计算得到的管线最大竖向位移以及整体变形趋势对比刘晓强方法更接近于实测值。

（3）工程实例 2

选用吴为义等[3]对深圳地铁益田站至香蜜湖站区间盾构施工进行管线沉降监测的工程实例，进行双线隧道分析。

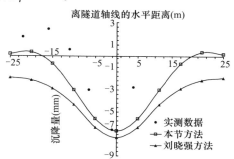

图 5.5-3　单线隧道施工时
管线竖向位移曲线

左、右线隧道轴线相距 $L=15.0\text{m}$，盾构机外径 $D=6.19\text{m}$。左线隧道先施工，右线隧道后施工，施工区间土质为砾质、砂质黏土为主。对一根与隧道垂直相交、直径为 $D_\text{p}=3\text{m}$ 的电缆管线进行研究，且隧道顶部与电缆管线外壁间距为 1.2m。管线抗弯刚度 $E_\text{p}I_\text{p}=9.94\times10^9\text{N}\cdot\text{m}^2$，管线轴线埋深 $H=9.8\text{m}$；土体压缩模量 $E_\text{s}=7\text{MPa}$，泊松比 $\mu=0.3$。

本节方法计算参数取 $\eta_\text{f}=0.52\%$，$d_\text{f}=0.9R$，$\eta_\text{s}=0.38\%$，$d_\text{s}=0.9R$，$i_\text{f}=i_\text{s}=0.8h$，$n_\text{f}=n_\text{s}=0.5$。取隧道轴线埋深 $h=14.5\text{m}$，开挖半径 $R=3.1\text{m}$。

本节方法计算结果与实测数据及刘晓强方法结果对比见图 5.5-4。如图所示，

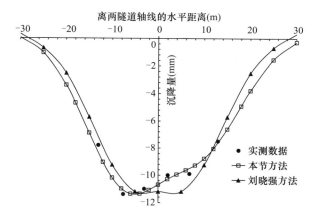

图 5.5-4　双线隧道施工时的管线竖向位移对比曲线图

本节方法与工程实测结果基本相符。由于实际工程中的左、右线隧道并非同时开挖，造成管线的最大竖向位移偏向左线隧道的位置，并非对称分布，本节方法对比刘晓强方法更接近实际工况。根据文献 [50]，多数城市对于管线变形的一般控制标准为：煤气等有压管线最大沉降为 10mm，污水等其他管线最大沉降一般控制在 30mm 以内。故以上案例都符合地下管线安全控制标准，不会造成地下管线的破坏。

3. 影响因素分析

标准工况：某单线盾构隧道工程，隧道开挖半径 $R=3.17m$，隧道轴线埋深 $h=12m$。假定隧道在黏土中开挖，土体泊松比 $\mu=0.35$，压缩模量 $E_s=4.955MPa$，重度 $\gamma=18kN/m^3$。计算参数 $d=0.79R$，$i=0.8h$，$n=0.35$。隧道施工引起的土体损失率为 1%。隧道上方有一根与其掘进方向正交的刚性管线，材质为钢管。假定管线直径 $D_p=80mm$，轴线埋深 $H=1.5m$，管线壁厚为 16mm，弹性模量 $E_p=2.06\times10^5MPa$，抗弯刚度 $E_pI_p=1.246\times10^6kN \cdot m^2$。

本节研究该工况下盾构隧道施工对管线竖向位移的影响因素及影响程度。为便于分析，本节在考虑某一影响因素时，假定其他条件不变。

（1）土质条件的影响

通过对比圆粒砂土来考虑土质条件改变对管线的影响，其他条件同标准工况。

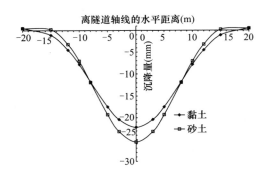

图 5.5-5　不同土质时的
管线竖向位移曲线

在圆粒砂土中开挖隧道，砂土的泊松比为 0.25，压缩模量 $E_s=17.184MPa$，$\gamma=18kN/m^3$。计算参数 $d=0.99R$，$i=0.8h$，$n=0.35$，η 取值同黏性土。

本文方法计算得到的管线竖向位移见图 5.5-5。如图所示，土质条件的改变对管线的沉降有较大影响，砂土中管线的最大竖向位移为 25.5mm，黏土中为 22.2mm，且管线在砂土中的沉降槽宽度明显小于黏土中的沉降槽。

（2）管线轴线埋深 H 的影响

改变管线轴线埋深 H 的取值，分别取 1m、2m、3m、4m 四种埋深进行研究，其他条件同标准工况。本文方法计算得到不同 H 值时管线的竖向位移见图 5.5-6。如图所示，H 值的改变对管线变形的影响较小，四种埋深的变形趋势相同；H 值越大，表明管线离隧道越近，引起的沉降也越大。且埋深为 1m、2m、3m 和 4m 处的管线最大竖向位移分别为 21.6mm，22.8mm，23.5mm 和 24.1mm，与文献 [48，51，52] 中管线沉降随埋深改变的变化规律一致。

（3）管线材质的影响

本文改变管线的材质，同时也改变管线的材料参数和壁厚尺寸，但 D_p 值不变，均为 0.8m。参考《给水排水设计手册》[40]，不同管线的参数见表 5.3-1（表中参数不考虑接头的影响）。其他条件同标准工况。

不同管线材质时的管线竖向位移见图 5.5-7。如图所示，管线材质不同时，管线竖向位移的变化规律大致相同，即关于隧道轴线对称分布，且满足正态分布曲线，这与文献［48，51，53］的研究结果规律相符；本文方法计算得到钢管、铸铁管、混凝土管和 PVC 管的最大竖向位移分别为 22.2mm、23.8mm、23.6mm 和 24.8mm。在其他工况相同时，PVC 管的沉降值相比其他几种管线而言较大，钢管较小，这符合各管材的刚度规律。总体而言，管线材质不同对引起管线的沉降差异并不是很大。

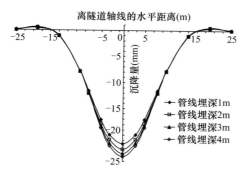

图 5.5-6 不同埋深 H 时的管线
竖向位移曲线

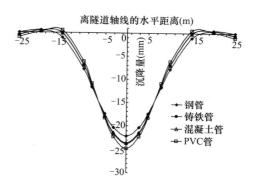

图 5.5-7 不同管线材质时的
管线竖向位移曲线

算例分析中不同土质、埋深和材质中，管线沉降量都在文献［50］提出的安全控制范围（30mm）内。煤气等管道一般为钢管或铸铁管，且直径一般小于0.6m；当直径较小时，在本工况下钢管或铸铁管为煤气管道时会发生破坏。

5.6 本章小结

考虑施工时的多因素影响，提出了双线水平平行盾构开挖引起地下管线的附加荷载计算方法。研究结果表明：①双线盾构施工中，盾壳摩擦力引起的管线 y 方向的附加荷载较大；盾壳摩擦力和附加注浆压力两因素引起的管线 x 方向的附加荷载较大；正面附加推力引起的各方向附加荷载均较小；z 方向附加荷载主要由土体损失引起。②随着先行、后行盾构前后距离的减小，管线 y 方向附加荷载表现为先增后减，z 方向附加荷载逐渐增大，且最大值向后行隧道侧移动。其中

x、y 方向靠近先行盾构处管线的附加荷载由先行盾构主导，靠近后行盾构处管线的附加荷载是由后行盾构主导。③随着双线盾构两轴线间距的增大，管线 y 方向附加荷载峰值逐渐减小；x 方向附加荷载峰值逐渐增大；两者峰值对应的间距逐渐增大；z 方向附加荷载形状由"V"形向"W"形变化，影响范围往两边扩大，但最大值减小。

基于 Winkler 弹性地基梁法，提出了双线水平平行盾构开挖引起的极限弯矩、应力和应变的二维解计算方法。研究结果表明：①对于受双线平行隧道开挖影响的管线而言，需要接受两次安全性判断，先按单线隧道（即先行隧道）进行评估，再按双线平行隧道进行评估。②随着 L 增大，管线极限弯矩的分布曲线有明显变化，尤其是在中轴线处由正弯矩向负弯矩改变，中轴线附近曲线形状由"V"形转变为"W"形，管线的最大负弯矩位置逐渐向两侧偏移且变小。③η_s/η_f 比值改变对管线极限弯矩的曲线形状和数值大小均有一定影响，随着 η_s/η_f 比值增大，管线的极限弯矩也逐渐增大，且最大正弯矩峰值位置会产生偏移。④土质条件不同对管线极限弯矩曲线的形状和大小均有巨大影响；管线材质不同对管线极限弯矩数值大小的影响较大，对曲线形状则影响较小。管线的抗弯刚度越大，其极限弯矩的分布范围和峰值也越大；h 值的改变对管线极限弯矩的影响较小。

基于 Pasternak 地基模型以及盾构法隧道统一土体移动模型三维解，得到单线和双线盾构施工引起的管线竖向位移三维解计算方法。研究结果表明：①本章方法计算结果与两个工程案例的实测值均较为吻合，表明本文方法适用于单线和双线盾构隧道，能有效预测管线的三维竖向位移分布；②不同管线材质对管线弯矩影响较大、对管线位移则影响较小；③随着管线埋深的增大，管线最大竖向位移随之略有增大；④土体损失率的改变对管线最大竖向位移影响最为显著，随着土体损失率的增大而迅速增大。

采用盾构法隧道统一土体模型解代替了 Loganathan 公式，同时考虑双线隧道施工引起管线位移的不对称性，对刘晓强方法进行了修正，得到基于能量法的盾构隧道施工引起地下管线竖向位移二维解。研究结果表明：①本章方法计算结果比刘晓强方法结果更接近实测值，且整体变形趋势与实测工况相符，更能为实际工程提供参考；②在双线盾构隧道施工过程中，由于左右隧道并非同时施工，所以管线由于隧道施工引起的最大竖向位移在偏向先行隧道的位置，而不是在左、右线隧道的中轴线处，本章方法能够体现隧道施工的时效性造成的管线竖向位移变化；③土质条件不同对管线的竖向位移和沉降槽的宽度有较大的影响，管线埋深对管线竖向位移沉降槽宽度的影响较小，管线材质不同对管线竖向位移和沉降槽宽度的影响也较小。

由于双线平行盾构施工引起管线竖向位移的影响因素众多，导致本章方法计算参数较多且取值困难，建议通过大量实测数据反分析，来进一步研究参数的取值规律；本章仅研究了隧道与管线正交工况，对于斜交、平行等工况有待进一步研究；在弯矩和位移计算时仅考虑了土体损失影响，没有考虑其他力学因素。

参考文献

[1] Attewell P B, Yeates J, Selby A R. Soil movements induced by tunnelling and their effects on pipelines and structures [M]. London: Blackie & Son Ltd., 1986.

[2] Vorster T E B, Klar Assaf, Soga Kenichi, et al. Estimating the effects of tunneling on existing pipelines [J]. Journal of Geotechnical and Geoenvironmental Engineering, 2005, 131 (11): 1399-1410.

[3] 吴为义, 孙宇坤, 张土乔. 盾构隧道施工对邻近地下管线影响分析 [J]. 中国铁道科学, 2008, 29 (3): 58-62.

[4] 王涛, 魏纲, 徐日庆. 隧道开挖对邻近地下管线的影响预测分析 [J]. 岩土力学, 2006, 27 (增刊): 483-486.

[5] 魏纲, 朱奎. 顶管施工对邻近地下管线的影响预测分析 [J]. 岩土力学, 2009, 30 (3): 825-831.

[6] 范德伟, 李大勇, 张学臣. 地铁隧道开挖引起临近地下管线竖向位移及内力分析 [J]. 工业建设, 2009, 39 (9): 85-89.

[7] 张陈蓉, 俞剑, 黄茂松. 隧道开挖对邻近非连续接口地埋管线的影响分析 [J]. 岩土工程学报, 2013, 35 (6): 1018-1026.

[8] 谷拴成, 贺恒炜, 茹国锋. 地铁隧道工程开挖过程中地下管线的受力情况分析 [J]. 城市轨道交通研究, 2015, (5): 14-18, 23.

[9] 王春梅, 何越磊, 汪磊, 等. 隧道下穿引起地下管线竖向位移的计算方法研究 [J]. 隧道建设, 2016, 36 (2): 186-192.

[10] 刘晓强, 梁发云, 张浩, 等. 隧道穿越引起地下管线竖向位移的能量变分分析方法 [J]. 岩土力学, 2014, 35 (增2): 217-231.

[11] 朱叶艇, 张桓, 张子新, 等. 盾构隧道推进对邻近地下管线影响的物理模型试验研究 [J]. 岩土力学, 2016, 37 (增刊2): 151-160.

[12] 王正兴, 缪林昌, 王冉冉, 等. 砂土中隧道施工对相邻垂直连续管线位移影响的模型试验研究 [J]. 岩土力学, 2013, 34 (增刊2): 143-149.

[13] 王正兴, 缪林昌, 王冉冉, 等. 砂土隧道施工对下卧管线的试验和数值模拟分析 [J]. 岩土工程学报, 2014, 36 (1): 182-188.

[14] 黄晓康, 卢坤林, 朱大勇. 盾构施工对不同位置地下管线变形的影响模拟试验研究 [J]. 岩土力学, 2017, 38 (增刊1): 123-130.

[15] 范德伟, 宋晓光. 盾构开挖对地下管线影响的数值模拟分析 [J]. 燕山大学学报, 2009, 33 (3): 247-253.

[16] 张治国, 黄茂松, 王卫东. 隧道开挖对层状地基中邻近管道影响的 DCBEM-FEM 耦合

方法 [J]. 岩土工程学报，2011，33（10）：1554-1561.

[17] 毕继红，刘伟，江志峰. 隧道开挖对地下管线的影响分析 [J]. 岩土力学，2006，27（8）：1317-1321.

[18] 孙宇坤，吴为义，张土乔. 软土地区盾构隧道穿越地下管线引起的管线沉降分析 [J]. 中国铁道科学，2009，30（1）：80-85.

[19] 雷崇红，王鑫，刘伟，等. 北京地铁 8 号线隧道下穿地下管线风险分析 [J]. 现代城市轨道交通，2011，（增刊）：9-14.

[20] 盛宏玉，高荣誉. 一种改进的 Pasternak 地基模型及层合地基板的解析解 [J]. 土木工程学报，2006，39（1）：87-91，97.

[21] 张桓，张子新. 盾构隧道开挖引起既有管线的竖向变形 [J]. 同济大学学报（自然科学版），2013，41（8）：1172-1178.

[22] 魏纲，洪杰，魏新江. 双圆盾构施工引起邻近地下管线附加荷载的分析 [J]. 岩土力学，2012，33（6）：1735-1753.

[23] Mindlin R D. Force at a point in the interior of a semi-infinite solid [J]. Physics，1936，7（5）：195-202.

[24] 侯学渊，钱达仁，杨林德. 软土工程施工新技术 [M]. 合肥：安徽科学技术出版社，1999.

[25] 齐静静，徐日庆，魏纲. 双线平行盾构法隧道施工附加荷载的计算分析 [J]. 岩土力学，2009，30（6）：1665-1670.

[26] 洪杰. 双圆盾构隧道施工扰动及对周边构筑物影响研究 [博士学位论文 D]. 杭州：浙江大学，2013.

[27] 郭琪. 基于 Mindlin 解的岩石锚杆群锚效应研究 [硕士学位论文 D]. 重庆：重庆大学，2013.

[28] 陈春来，赵城丽，魏纲，等. 基于 Peck 公式的双线盾构引起的土体沉降预测 [J]. 岩土力学，2014，35（8）：2212-2218.

[29] 魏纲. 盾构隧道深层土体沉降槽宽度系数计算方法研究 [J]. 公路交通科技，2010，27（4）：110-115.

[30] 魏纲. 顶管工程土与结构的性状及理论研究 [博士学位论文 D]. 杭州：浙江大学，2006.

[31] 魏纲，徐日庆. 软土隧道盾构法施工引起的纵向地面变形预测 [J]. 岩土工程学报，2005，27（9）：1077-1081.

[32] Wei Gang，Pang Siyuan，Zhang Shimin. Prediction of ground deformation induced by double parallel shield tunnelling [J]. Disaster Advances，2013，6（13）：91-98.

[33] A. P. S. Selvadurai 著，范文田等译. 土与基础互相作用的弹性分析 [M]. 北京：中国铁道出版社，1984.

[34] Wei Gang. Prediction of soil settlement caused by double-line parallel shield tunnel construction [J]. Disaster advances，2013，6（6）：23-27.

[35] O'Reilly M P，New B M. Settlements above tunnels in the United Kingdom-their magni-

tude and prediction [C]// JONES M J. Proceedings of Tunnelling'82 symposium. London: Institution of Mining and Metallurgy, 1982, 137-181.

[36] 魏纲. 盾构法隧道地面沉降槽宽度系数取值的研究 [J]. 工业建筑, 2009, 39 (12): 74-79, 109.

[37] 魏纲. 盾构隧道施工引起的土体损失率取值及分布研究 [J]. 岩土工程学报, 2010, 32 (9): 1354-1361.

[38] 李兴高, 王霆. 柔性管线安全评价的简便方法 [J]. 岩土力学, 2008, 29 (7): 1861-1864, 1876.

[39] 吴为义. 盾构隧道周围地下管线的性状研究 [D]. 杭州: 浙江大学, 2008.

[40] 中国市政工程华北设计研究院主编. 给水排水设计手册第 12 册器材与装置 [M]. 北京: 中国建筑工业出版社, 2001.

[41] Pasternak P L. Fundamentals of a new method of analyzing structures on an elastic foundation by means of two foundation constants [M]. Moscow: Gosudarstvennoe Izdatelstro Liberaturi po Stroitelstvui Arkhitekture, 1954.

[42] Tanahashi H. Formulas for an infinitely long Bernoulli-Euler beam on the pasternak model [J]. Soils and Foundations, 2004, 44 (5): 109-118.

[43] 徐凌. 软土盾构隧道纵向沉降研究 [D]. 上海: 同济大学, 2005.

[44] 魏纲. 盾构法隧道施工引起的土体变形预测 [J]. 岩石力学与工程学报, 2009, 28 (2): 418-424.

[45] 魏纲. 盾构法隧道施工引起的土体变形三维解 [C]. 第二届全国工程安全与防护学术会议论文集, 北京: 中国岩石力学与工程学会, 2010: 369-374.

[46] 魏纲, 刘加湾. 盾构法隧道统一土体移动模型参数取值研究 [J]. 铁道建筑, 2009, (2): 48-51.

[47] 魏纲, 庞思远. 双线平行盾构隧道施工引起的三维土体变形研究 [J]. 岩土力学, 2014, 35 (9): 2562-2568.

[48] 陈俊羽. 盾构隧道施工对既有管线的影响研究 [D]. 南宁: 广西大学, 2016.

[49] Vorster T E B, MAIR R J, SOGA K, et al. Centrifuge modelling of the effect of tunnelling on buried pipelines: mechanisms observed [C]// Proceedings of the 5th International Symposium TC28 on Geotechnical Aspects of Underground Construction in Soft Ground, Amsterdam: [s. n.], 2013: 327-333.

[50] 张鹏. 地铁施工作用下地下管线变形损坏控制标准研究 [A]. 中国岩石力学与工程学会工程安全与防护分会. 第 2 届全国工程安全与防护学术会议论文集 (上册) [C]. 中国岩石力学与工程学会工程安全与防护分会, 2010: 7.

[51] 王雨. 地铁隧道施工对地下管线变形的影响研究 [D]. 北京: 北京交通大学, 2014.

[52] 王云琪, 徐鹏举, 祝树红. 盾构隧道施工对近接管线影响参数研究 [J]. 低温建筑技术, 2016 (3): 95-97.

[53] 马涛. 隧道施工引起的地层位移及其对邻近地下管线的影响分析 [D]. 长沙: 长沙理工大学, 2005.

第六章　双线盾构施工时邻近地下管线安全监管技术及控制研究

6.1　引言

　　地下管线（以下简称管线）是维系城市地上地下空间、保证城市整体运行的基础设施。由于地铁盾构隧道属于浅埋隧道，其施工扰动会对管线安全构成威胁。随着越来越多的城市开始大规模建设地铁工程，地铁隧道施工引发管线损坏的事故也屡屡发生。因此建立一套临近盾构隧道的管线安全判别体系具有重要意义。

　　目前国内外对管线及其安全性的研究，内容集中在管线的力学指标及位移计算[1-5]、信息采集系统建立[6]、管土之间相互作用规律[7-9]等。针对管线安全性判别方面：Attewell[10]提出初步评价地层运动对管线影响的最大地表沉降值，但该经验法涉及管土参数少，不能根据具体工况得出较准确的沉降值；张鹏等[11]对管线现有控制标准进行了分析，提出刚性管线弯矩、应力的破坏指标；赵智涛[12]、张彦斌[13]考虑管土刚度，分析了地表沉降与管线沉降的关系，但未将其与管线安全判断建立联系；贾瑞华[14]利用地层的沉降监测数据，结合位移数值分析，以地表沉降为指标对管线的安全性进行验证；马亚航[15]针对刚性管线提出允许地表沉降值评价方法，采用地表沉降代替管线沉降，通过拟合土体沉降曲线的曲率半径求出管线的变形，存在不足；段光杰[8]提出以地表最大沉降控制管线变形的思路，但计算方法需改进。综上所述，现有研究局限于单线盾构隧道施工，研究方向较分散，且研究成果偏理论和简单，较少能直接应用于实际工程。因此需作进一步研究，建立一套适用于实际双线盾构隧道工程施工的管线安全性判别方法。

　　本章考虑管线与隧道垂直交叉、平行、一定角度交叉这三种工况，将管线受力变形与地表沉降联系起来，分别提出双线平行盾构施工情况下，邻近连续管线应变与地表沉降关系式和非连续管线接头转角与地表沉降关系式；并考虑管线老化，建立一种通过测量地表沉降即可判别管线安全性的方法。最后提出了地下管线的安全控制措施。

6.2 双线盾构施工时邻近垂直交叉地下管线安全性判别研究

1. 现有研究及不足之处

（1）第一类方法

该方法先计算管线某点处的受力或变形，再与规范中安全允许值进行比较，判别管线是否安全。

① 向卫国[1]分析了土体与管线的垂直位移特性，探讨了地表与管线沉降槽曲线相互关系，得出了管线沉降分布拟合公式。已知管线沉降求得管线所受应力，最后提出管线变形系数 ξ 的计算公式为：

$$\xi = \sigma/[\sigma] \tag{6-1}$$

式中：σ 为管线应力；$[\sigma]$ 为管线的允许应力。

裴超[5]提出刚性管线的允许应力 $[\sigma]$ 的计算公式为：

$$[\sigma] = K \cdot \phi \cdot \sigma_s \tag{6-2}$$

式中：K 为设计系数；ϕ 为焊缝系数；σ_s 为管线最低屈服强度。

该方法根据 ξ 大小反映管线的安全性状，当 $\xi \geqslant 1$ 时管线破坏。

② 李兴高针对刚性管线[2]和柔性管线[3]的安全评价方法，一方面提出以管线应变为控制指标，若管线的附加纵向应变小于管线纵向应变的控制标准，则管线是安全的，反之不安全；另一方面提出以管线接头转角为控制指标，若管线接头的附加转角小于管线接头的转角控制标准，则管线是安全的，反之不安全。

（2）第二类方法

该方法提出将管线的受力变形与地表沉降联系起来，通过地表沉降大小来反应管线的变形或受力，从而判别管线是否安全。

① 周成君[4]在研究地表最大沉降值与管线变形之间的关系时，为计算管线位置处土体位移，利用前人提出的地表沉降槽宽度系数 $i(s)$ 公式，得到管线轴线平面处土体的沉降槽宽度系数 $i(p)$ 公式。

当土质为黏性土，$3m \leqslant h \leqslant 34m$ 时：

$$i(p) = 0.43(h - H) + 1.1 \tag{6-3}$$

当土质为砂土，$6m \leqslant h \leqslant 10m$ 时：

$$i(p) = 0.28(h - H) - 0.1 \tag{6-4}$$

式中：h 为盾构隧道轴线埋深；H 为管线轴线埋深。

最后通过求解相关微分方程，得到管线所受弯矩 M 与最大地表沉降值 S_{max}（0）的关系式。

当 $1/[i(p)\beta] > 0.7$ 时：

$$M = EI \frac{i(s)\beta S_{\max}}{2.3[i(p)]^2}[1 - 2.3\delta i(p)\beta] \tag{6-5}$$

式中：$\beta = \sqrt[4]{kD_p/4EI}$，$EI$ 为管线抗弯刚度，k 为管线平面处的地基反力系数，D_p 为管线外径；$\delta i(p)\beta = \exp[-i(p)\beta] \cdot [\cos(i(p)\beta) + \sin(i(p)\beta)]$。

当 $1/[i(p)\beta] < 0.7$ 时：

$$M = EI \frac{i(s)\beta S_{\max}}{2.3[i(p)]^2} \tag{6-6}$$

该方法假设沉降槽宽度系数与土层深度呈线性关系，适用于砂性土，但不适用于黏性土。因此在研究管线变形、位移时，应对相应的土体变形计算公式进行改进和更新。

② 李林[16]通过实测地表沉降数据，拟合管线挠曲线方程，再通过对挠曲线求微分得出管线曲率，进而求得管线的应力状态；最后比较管线实际应力状态与管线的容许应力，判断其在盾构穿越条件下的安全度。该思路引入了管线处土体沉降这一指标，将管线状态与管线处土体沉降建立联系，但未推导管线状态与可见的地表沉降的直接关系式。

（3）上述方法的不足之处总结

① 第一类方法是将隧道施工引起的管线受力变形的计算值，与规范中的安全允许值比较，以此判断管线是否安全。而实际工程中：一方面，管线埋置于地下且受力状态一直在改变，不容易及时测量其受力变形；另一方面，当通过计算发现管线存在危险时，管线可能已经破坏，因此实用性较低。

② 第二类方法实用性较强，因为地铁施工时必须对地表沉降进行监测。但研究成果还不成熟，不足之处主要体现在未对管线受力变形的计算公式、管线处土体沉降与地表沉降的联系公式进行更新（应采用最新研究成果），且未明确提出地表沉降与管线受力变形的计算关系式。

③ 两类方法的研究均未考虑管线的老化。管线由于长年埋于地下，易受腐蚀，且受到地表荷载、水土流失、地下水位变化、邻近施工扰动等的作用，会产生不均匀沉降或强度降低等不利后果。随着管线使用年龄的增加，管线的状态也会愈差，抵抗受力变形的能力降低。如果不考虑管线的老化，计算结果会偏危险。因此在实际工程中，需要考虑邻近管线的使用年限，根据实际情况进行分析。

④ 现有研究局限于单线盾构隧道施工，但实际工程往往采用双线平行盾构隧道进行施工。

⑤ 李兴高等[2-3]提出管线接头不可转动的为刚性管，管线接头可以转动的为柔性管。但由于刚性、柔性往往被用于描述材料的刚度大小，因此该定义容易引起混淆。例如，实际情况中有管线接头可以转动的，但其材料弹性模量很大，如承插式铸铁管。

2. 本文方法

（1）本文思路及创新

针对以上方法的不足之处，本文延续第二类方法的思路，提出了相应的改进及创新：①将研究对象由单线盾构扩展到双线平行盾构，提出双线盾构施工时邻近管线的安全性评估方法。根据管线极限状态时对应的力学指标，如应变、接头转角等，反推出双线盾构施工时土体损失率的最大允许值；再根据修正的二维Peck 公式求出地表沉降安全控制值，最后通过监测地表沉降来评估管线是否安全；②基于最新的双线平行盾构施工引起的土体位移计算公式，考虑管土效应及管线处土体沉降与地表沉降的关系，对管线的应变、接头转角计算公式进行改进，推导得到管线应变、接头转角与地表沉降的关系式；③根据管线的年龄，考虑管线老化，提出相应的安全折减系数，对不同使用年龄管线的安全指标进行修正，使预测结果更符合实际情况；④为避免混淆，定义管线接头不可转动的为连续管线，管线接头可以转动的为非连续管线。

本节仅考虑管线与隧道垂直工况下，土体损失引起的管线受力或变形。管线安全性的判定方法流程见图 6.2-1。针对不同类型的管线提出相应的安全性判断方法。连续管线的安全性判别指标是管体中产生的最大拉应变，非连续管线则以管线接头转角作为控制指标。具体来说，若连续（非连续）管线的应变（接头转角）小于管线应变（接头转角）的控制标准，则管线安全，反之不安全。基于本

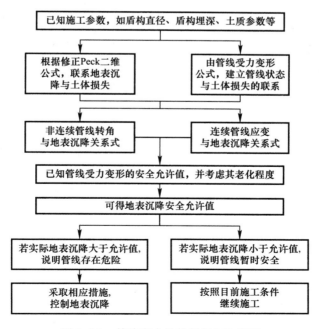

图 6.2-1　管线安全性的判定方法流程

文判断方法，若实测地表沉降小于理论求得的安全允许值，表明管线的应变（接头转角）未达到控制标准，即管线安全，反之不安全。

（2）现有理论基础

① 隧道施工引起土体沉降计算方法

大量实测结果表明[17-18]：地表以下任一土层的沉降槽形状符合正态分布曲线，沉降槽的体积等于土体损失量，如图 6.2-2 所示，可用公式表示为：

$$i(s)\sqrt{2\pi}S_{\max}(0) = i(p)\sqrt{2\pi}S_{\max}(H) \tag{6-7}$$

式中：$S_{\max}(0)$ 为地表最大沉降值；$S_{\max}(H)$ 为管线深度处土体最大沉降值。

魏纲[19]对姜忻良[18]与孙玉永[20]公式进行了修正，使其适用范围更广，提出 $i(z)$ 的计算公式为：

$$i(z) = i(s)(1-z/h)^n \tag{6-8}$$

式中：$i(z)$ 为 z 深度处土体沉降槽宽度系数；n 为与隧道半径和土质条件有关的影响系数。

在此基础上，魏纲[21]建立了修正的二维 Peck 公式，可计算双线平行盾构施工引起的管线平面处各点土体位移。以右侧隧道先开挖为例，则土体中任意一点 (x_0, z) 的沉降公式为：

$$S_z(x) = \frac{S_{\max,f}}{(1-z/h)^n}\exp\left[\frac{-(x_0-0.5L)^2}{2i_f^2(1-z/h)^{2n}}\right] + \frac{S_{\max,s}}{(1-z/h)^n}\exp\left[\frac{-(x_0+0.5L)^2}{2i_s^2(1-z/h)^{2n}}\right] \tag{6-9}$$

式中：$S_z(x)$ 为双线盾构隧道施工引起的总的土体沉降；x_0 为距双线盾构隧道中轴线的横向水平距离；$S_{\max,f}$、$S_{\max,s}$ 分别表示先行隧道和后行隧道轴线正上方地表沉降值，$S_{\max,f} = \dfrac{\pi R^2 \eta_f}{i_f\sqrt{2\pi}}$，$S_{\max,s} = \dfrac{\pi R^2 \eta_s}{i_s\sqrt{2\pi}}$；$\eta_f$、$\eta_s$ 分别为先行和后行隧道产生的土体损失率；i_f、i_s 分别为先行和后行隧道的地表沉降槽宽度系数；R 为盾构开挖半径；L 为两条隧道轴线水平间距。

② 弹性地基梁理论

弹性地基梁理论假设土体是土弹簧（Winkler 地基模型），管线为架在其上方的长梁，见图 6.2-3。模型建立过程中需要作一些基本假定，具体可参见魏纲[22]。限于篇幅，不再赘述。

由于双线隧道水平间距 L 的不同，双线盾构施工引起的土体沉降曲线可能出现 V 形或 W 形[23]。本文以较典型的 V 形沉降作为分析模型进行说明。

在盾构开挖前，管线受到上部土压力和下部土体反力作用，保持平衡；隧道开挖后，由于产生土体损失，导致隧道上方土体产生沉降。管线平面处土体产生沉降后，会使管线下部土体提供的反力减小，导致管线上方的压力要大于下方，从而产生向下的附加荷载（图 6.2-3），其大小用公式表示为：

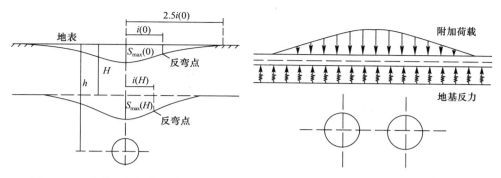

图 6.2-2　隧道上方土体沉降槽曲线　　　　图 6.2-3　弹性地基梁模型

$$P = kD_{\mathrm{p}}S_z(x) \tag{6-10}$$

式中：P 为管线上方产生的等效附加荷载；计算时 $z = H$；k 的具体计算方法见文献［22］。

在附加荷载作用下，管线会产生沉降，下方土弹簧受力则相应增加。若管线刚度与土体相近，则管线沉降等于该平面处无管线时的土体沉降，从而受力平衡；若管线有一定刚度，则管线会产生抵抗弯矩，管线与土弹簧之间会产生复杂的变形协调，最终达到受力平衡，此时管线沉降要小于该平面处无管线时的土体沉降，见图 6.2-4。

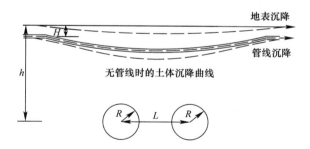

图 6.2-4　管土效应计算模型

（3）连续管线应变的安全性判断

当管土相对刚度不是非常大时，可以基于 Winker 弹性地基梁模型，来计算管线的受力和变形。其中管线的弯矩 M 可作为一个综合性评价指标，弯矩越大，管线遭受破坏的可能性也越大。根据弹性地基梁理论，结合图 6.2-3，可以得到管线受隧道开挖影响的变形微分方程为：

$$EI\,\frac{\partial^4 w}{\partial x^4} + kD_{\mathrm{p}}w = kS_z(x)D_{\mathrm{p}} \tag{6-11}$$

式中：w 为管线的竖向挠度。

解微分方程，可得管线纵向中心点处受到的最大弯矩 $M_{\max}$ 为：

$$M_{\max} = \int_{-\infty}^{\infty} \mathrm{d}M(x) = \int_{-\infty}^{\infty} \frac{kS_z(x)D_p}{4\beta} \exp(-\beta x)(\cos\beta x - \sin\beta x)\mathrm{d}x \quad (6\text{-}12)$$

利用上面的公式，笔者提出管线在隧道开挖影响范围内任意一点（x_0，H）的弯矩 $M(x)$ 计算公式为：

$$M(x) = EI\beta^3 \frac{\pi R^2 \eta_f}{i_f \sqrt{2\pi}} \left(1 - \frac{H}{h}\right)^{-n}$$

$$\cdot \int_{-\infty}^{+\infty} (\cos(\beta|x - 0.5L - x_0|) - \sin(\beta|x - 0.5L - x_0|))$$

$$\cdot \exp\left[\frac{-(x-0.5L)^2}{2i_f^2(1-H/h)^{2n}} - \beta|x-0.5L-x_0|\right]\mathrm{d}x + EI\beta^3 \frac{\pi R^2 \eta_s}{i_s \sqrt{2\pi}} \left(1 - \frac{H}{h}\right)^{-n}$$

$$\cdot \int_{-\infty}^{+\infty} (\cos(\beta|x + 0.5L - x_0|) - \sin(\beta|x + 0.5L - x_0|))$$

$$\cdot \exp\left[\frac{-(x+0.5L)^2}{2i_s^2(1-H/h)^{2n}} - \beta|x+0.5L-x_0|\right]\mathrm{d}x \quad (6\text{-}13)$$

式中：x 为管线计算点距双线盾构中轴线的横向水平距离。

当土体沉降呈 V 形时，管线最大弯矩出现在中轴线上方，最大弯矩 $M_{\max}$ 为：

$$M_{\max} = M(0) \quad (6\text{-}14)$$

当土体沉降呈 W 形时，管线最大弯矩出现在左右隧道轴线上方，最大弯矩 $M_{\max}$ 为：

$$M_{\max} = M(L/2) \quad (6\text{-}15)$$

管线所受的最大应力 $\sigma_{\max}$ 计算公式为：

$$\sigma_{\max} = \frac{M_{\max}}{W} = \frac{32M_{\max}D_p}{\pi(D_p^4 - d'^4)} \quad (6\text{-}16)$$

式中：W 为弯曲截面系数；d' 为管线内径。

则管线产生的最大应变 $\varepsilon_{\max}$ 的计算公式为：

$$\varepsilon_{\max} = \frac{\sigma_{\max}}{E_p} = \frac{32M_{\max}D_p}{\pi E_p(D_p^4 - d'^4)} \quad (6\text{-}17)$$

式中：E_p 为管线的弹性模量。

将式（6-13）、（6-16）、（6-17）变换简化，为简便计算，可设 $\eta_f = \eta_s$、$i_f = i_s$，得到土体损失率 η_f 与管线最大应变 $\varepsilon_{\max}$ 的关系式：

$$\eta_f = \frac{i_f(D_p^4 - d'^4)\sqrt{2\pi}(1-H/h)^n \varepsilon_{\max}E_p}{32D_p EI\beta^3 R^2(A+B)} \quad (6\text{-}18)$$

式中：$A = \int_{-\infty}^{+\infty} \left[\cos(\beta|x-0.5L-x_0|) - \sin(\beta|x-0.5L-x_0|)\right] \cdot \exp\left[\frac{-(x-0.5L)^2}{2i_f^2(1-H/h)^{2n}} - \right.$

$\left. \beta|x-0.5L-x_0|\right]\mathrm{d}x$；

$B = \int_{-\infty}^{+\infty} \left[\cos(\beta|x+0.5L-x_0|) - \sin(\beta|x+0.5L-x_0|)\right] \cdot \exp\left[\frac{-(x+0.5L)^2}{2i_s^2(1-H/h)^{2n}} - \right.$

$\beta |x+0.5L-x_0|]dx$。

将 ε_{max} 用规范中的管线应变安全允许值 $[\varepsilon]$ 带入，求出的 $[\eta_f]$ 为管线安全前提下对应的土体损失率安全允许值。最后，通过修正的二维 Peck 公式建立土体损失率与地表沉降的关系：

$$[S'_{max}(x)] = \frac{\pi R^2 [\eta_f]}{i_f \sqrt{2\pi}} \exp\left[\frac{-(x-0.5L)^2}{2i_f^2}\right] + \frac{\pi R^2 [\eta_s]}{i_s \sqrt{2\pi}} \exp\left[\frac{-(x+0.5L)^2}{2i_s^2}\right]$$

(6-19)

式中：$[S'_{max}(x)]$ 为地表沉降安全允许曲线。

（4）非连续管线接头转角的安全性判断

考虑管土效应，则管线的真实沉降一般会小于无管线存在时的土体沉降（公式 6-9 的计算结果）。理论上需要求出管线的真实沉降，来计算其真实接头转角。但由于弹性地基梁法求解管线位移比较困难，为简便计算，本文假定非连续管线沉降与无管线存在时的土体沉降一致。这种处理方法会比实际情况保守，不影响安全性判断。

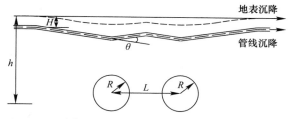

图 6.2-5　非连续管线计算模型

若施工时土体沉降曲线呈 W 形[23]，其引起管线接头转角最大值分别出现在两条隧道轴线的正上方，计算模型见图 6.2-5。则计算先行、后行盾构隧道轴线上方土体沉降时，可以以单线盾构隧道为计算模型。可设 $\eta_f=\eta_s$，结合公式（6-8）、（6-9），推导得管线接头转角公式：

$$\theta = 2\tan^{-1}\left\{\frac{S_z(0)}{i(s)\sqrt{2\pi}}\right\}$$

(6-20)

$$\theta = 2\tan^{-1}\left\{\frac{\eta_f R^2 (1-H/h)^{2n}}{2[i(s)]^2}\right\}$$

(6-21)

式中：θ 为管线和隧道垂直时产生的接头转角。

将上面公式变换化简，可得土体损失率 η_f 与管线接头转角 θ 的关系式：

$$\eta_f = \frac{2[i(s)]^2 \tan(\theta/2)}{R^2 (1-H/h)^{2n}}$$

(6-22)

若施工中土体沉降呈 V 形[23]，土体沉降曲线类似图 6.2-4，其引起管线接头转角最大值出现在双线隧道正中间。为简便计算，可设 $\eta_f=\eta_s$、$i_f=i_s$。以 η_f 为标准，则可得到土体损失率 η_f 与管线接头转角 θ 的关系式：

$$\eta_f = \frac{[i(s)]^2 \tan(\theta/2)}{R^2 \exp\left\{\dfrac{-0.25L^2}{2[i(s)]^2(1-H/h)^{2n}}\right\}} \tag{6-23}$$

将 θ 用规范中的管线接头转角安全允许值 $[\theta]$ 带入，则求出的 $[\eta_f]$ 为管线安全前提下对应的土体损失率安全允许值。同理，采用修正二维 Peck 公式建立土体损失率与地表沉降的关系，公式同式（6-19）。

（5）考虑管线老化

由于管线埋设在地下，管线的老化程度和不均匀沉降很难评估，而且不同管线的使用年龄不同，破损程度也相应不同，因此不能一概而论。

为便于计算，笔者假定管线的强度随服役时间增长呈线性下降，提出与时间 t 相关的折减系数 α，从而建立了一种简化计算方法。根据城市给水排水技术规范，地下管道结构的设计使用年限不低于 50 年，安全等级不小于二级[24]。假设管线设计使用年限为 50 年，根据工程结构可靠性设计统一标准[25]，并结合结构可靠指标，规定 50 年后可靠指标不小于 0.5，即 α 仍有 0.5 的富余，则：

$$\alpha = 1 - t/100 \tag{6-24}$$

考虑管线老化，则地表沉降安全允许曲线的修正计算公式为：

$$[S_{\max}(x)] = \alpha \frac{\pi R^2 [\eta_f]}{i_f \sqrt{2\pi}} \exp\left[\frac{-(x-0.5L)^2}{2i_f^2}\right] + \alpha \frac{\pi R^2 [\eta_s]}{i_s \sqrt{2\pi}} \exp\left[\frac{-(x+0.5L)^2}{2i_s^2}\right] \tag{6-25}$$

式中：$[S_{\max}(x)]$ 为考虑管线老化后修正的地表沉降安全允许曲线。

定义 $[S_{\max}(x)]$ 中的最大值为地表沉降安全控制值，用 $[S_{\max}]$ 表示。由于 $\alpha \leqslant 1$，即考虑管线的老化和破损程度后，地表沉降安全允许曲线值相应减小，结果趋于保守。

3. 算例分析

（1）连续管线的安全性分析

参考孙宇坤等（2009）[26]中的实测数据，对本文方法进行验证。工程概况：某沿海城市软土地区地铁隧道采用 2 台半径 $R=3.17\text{m}$ 的土压平衡盾构机，隧道埋深 $h=15.1\text{m}$，隧道间距 $L=13.2\text{m}$，分别进行上下行线隧道施工。区间隧道穿越的管线主要分布在某交叉路口，有多根管线。本文选择铸铁煤气管作为研究对象，其管外径 $D_p=300\text{mm}$，管内径 $d'=280\text{mm}$，埋深 $H=0.9\text{m}$，与隧道轴线的相交角为 88°，可近似认为与盾构隧道呈空间垂直关系。

计算参数取值：$i_f=8\text{m}$，$n=0.4$，$EI=600\text{MPa}$，$\beta=0.183$，$[\varepsilon]=500\mu\varepsilon$。孙宇坤[26]未提到管线使用年限，因此不考虑管线老化。

计算得到管线平面处土体沉降曲线呈 V 形。将参数带入公式（6-18），求得

先行隧道的 $[\eta_f]$=0.817％，$[S_{max}]$= 18.3mm，即两条隧道中轴线的地表沉降超过 18.3mm 后管线有破坏的危险。图 6.2-6 为实测数据和本文方法计算值的比较。如图所示，实测地表沉降曲线在本文方法计算曲线范围内，实测最大地表沉降值 14.12mm 也小于本文方法计算得到的 $[S_{max}]$ 值，判断

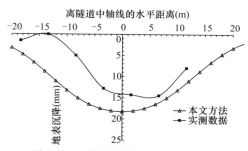

图 6.2-6 实测数据与本文方法比较

管线安全。实际工程中管线未破坏，证明了本文方法的可靠性。

（2）非连续管线安全性及影响因素分析

① 案例分析

参考王雨（2014）[27] 中的计算数据，对本文方法进行验证。工程概况：某地铁双线隧道下穿 3 条接口为承插口式的非连续铸铁管，左、右线隧道轴线间距 L=9m，且左、右线隧道设计、施工参数及周围土质情况均相同。盾构隧道半径 R=3m，轴线埋深 h=10m，地表沉降槽宽度 i_f=5m，土体损失率为 2.5％。铸铁管与隧道位置垂直，外径 D_p=1200mm，轴线埋深 H=3m。计算参数取值：n=0.3，$[\theta]$=1.5°。王雨[27] 求得地表沉降控制值为 58.2mm，管线未破坏。

图 6.2-7 为土体损失率为 2.5％，改变 L 值时双线隧道施工引起的地表沉降曲线。由图可知，当 L 小于 10m 时，地表沉降最大值出现在双线盾构中轴线位置（x=0m）；当 L>10m 时，地表沉降最大值开始往先行、后行盾构隧道轴线方向移动。因此在研究管线安全性时，应根据双线隧道间距大小不同，找出管线最危险点位置，再计算 $[S_{max}]$ 值。

本算例中 L=9m，由图 6.2-7 可知地表沉降最大值出现在双线盾构中轴线处，因此将数据带入公式（6-23），求得 $[\eta_f]$=6％，$[S_{max}]$=180mm，即最大地表沉降超过 180mm 后管线有破坏的危险。考虑管线老化，假设管线使用年龄分别为 0、10、20、30、40 年，求得对应管龄条件下的 $[S_{max}(x)]$，结果见图 6.2-8。

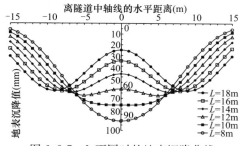

图 6.2-7 L 不同时的地表沉降曲线

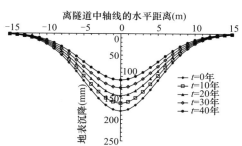

图 6.2-8 不同管龄 t 条件下
地表沉降安全允许曲线

由于参考文献无完整管线连续沉降数据，图 6.2-8 仅为本文方法求得的地表沉降安全允许曲线。本文方法得出的地表沉降控制值大于王雨[27]求出的地表沉降控制值，且管线在此范围内未破坏。随着使用年龄的增加，管线的破损程度加深，导致 $[S_{max}]$ 值逐渐减小。

②L 不同影响分析

假设管线刚刚埋设，即 $t=0$，令其他工况条件相同，单独改变 L 值，研究 L 不同对 $[S_{max}(x)]$ 曲线的影响。

图 6.2-9 为 L 不同时，根据管线最危险点求出的地表沉降安全允许曲线。分析可知：①当 L 不同时，由于管线接头转角的安全允许值是相同的，其对应的地表沉降允许值也是相同的，因此地表沉降控制值 $[S_{max}]$ 差距较小；②当 L 改变时，管线最危险点的位置也不同。当 $L \leqslant 10m$ 时，地表沉降呈 V 形，最大值出现在两隧道中轴线处，无极小值；当 $L > 10m$ 时，地表沉降呈 W 形，最大值出现在隧道轴线上方附近处，并且随着 L 增大，W 形愈加明显，土体沉降在两隧道中轴线处的共同作用减弱，相应的极小值变小。因此根据最危险点求出的相应地表沉降安全允许曲线的极小值也不同。

③h 不同影响分析

假设管线刚刚埋设，即 $t=0$，令其他工况条件相同。由于 $L=9m$，由图 6.2-7 可知地表沉降曲线呈 V 形。单独改变两隧道轴线埋深 h，研究 h 不同对 $[S_{max}(x)]$ 曲线的影响。

图 6.2-10 为 h 不同时，根据管线最危险点求出的地表沉降安全允许曲线。如图所示，当 h 逐渐变大，$[S_{max}]$ 值略微变小，表明改变 h 值对 $[S_{max}]$ 值影响不大。

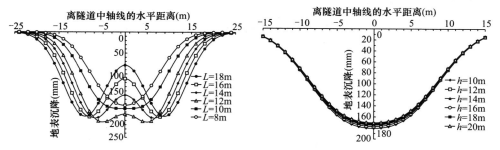

图 6.2-9　L 不同时地表沉降安全允许曲线　　图 6.2-10　h 不同时地表沉降安全允许曲线

6.3　双线盾构施工管隧非垂直时地下管线的安全判别

已有研究中，大部分均为单线盾构且管线和隧道垂直的工况。而在现实情况中，由于布线需要，很多地下管线的走向与盾构隧道掘进方向平行[28-31]或者与盾构隧道掘进方向斜交[32-35]。因此，有必要研究平行或斜交于盾构隧道的管线安全判别方法。

1. 本文方法

本节研究双线平行盾构施工中管隧平行和斜交工况。具体研究思路如下：

① 考虑盾构施工中土体损失引起的管线受力或变形；根据管线极限状态时对应的力学指标，反推出双线盾构施工时土体损失率的最大允许值；再根据修正的二维 Peck 公式求出地表沉降安全控制值，最后根据管线年龄对安全控制值进行修正。

② 针对不同类型管线提出相应的安全性判断方法。连续管线的安全性判别指标是管体中产生的最大拉应变，非连续管线则以管线接头转角作为控制指标。若实测地表沉降小于理论求得的安全允许值，表明管线的应变（接头转角）未达到控制标准，即管线安全，反之不安全。

（1）管线与隧道平行时的公式推导

① 连续管线的公式推导

当管土相对刚度不是非常大时，可以基于 Winker 弹性地基梁模型，来计算管线的受力和变形，其中管线的弯矩 M 可作为一个综合性评价指标。

图 6.3-1 为管隧平行时的计算模型。假设管线无限长且平行于 y 轴方向。

李兴高[2] 提出，对平行于隧道轴线方向且在隧道轴线正上方的管线，施工引起管线弯曲的地层运动为竖向位移 w 和横向位移 v 的矢量和，定义偏离系数 $RF(\theta)$：

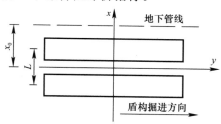

图 6.3-1　管隧平行时的计算模型

$$\sum (\vec{w}(s) + \vec{v}(s))_{y=y_0'} = RF(\theta) w_{\max}(s) \tag{6-26}$$

$$RF(\theta) = \sqrt{1 + \left(\frac{x_0'}{h-H}\right)^2} \exp\left[\frac{-x_0'^2}{2[i(s)]^2}\right] \tag{6-27}$$

式中：$\vec{w}(s)$ 为土体竖向位移矢量；$\vec{v}(s)$ 为土体横向位移矢量；$w_{\max}(s)$ 为地表土体最大位移；x_0' 为管线偏离单线盾构轴线的水平距离；h 为隧道轴线埋深；H 为管线轴线埋深；$i(s)$ 为地表沉降槽宽度系数。

结合公式（6-12），可推导出双线盾构施工中管线与隧道平行时，连续管线所受弯矩大小为：

$$M(x) = EI\beta^3 \frac{\pi R^2 \eta_{\mathrm{f}}}{i_{\mathrm{f}}\sqrt{2\pi}} \left(1 - \frac{H}{h}\right)^{-2n} \cdot \sqrt{1 + \left(\frac{x_0 - 0.5L}{h-H}\right)^2}$$

$$\int_{-\infty}^{+\infty} (\cos(\beta\,|x - 0.5L - x_0|) - \sin(\beta\,|x - 0.5L - x_0|))$$

$$\cdot \exp\left[\frac{-(x-0.5L)^2}{2i_{\mathrm{f}}^2(1-H/h)^{2n}} - \beta\,|x - 0.5L - x_0|\right]\mathrm{d}x$$

$$+ EI\beta^3 \frac{\pi R^2 \eta_s}{i_s \sqrt{2\pi}} \left(1 - \frac{H}{h}\right)^{-2n} \cdot \sqrt{1 + \left(\frac{x_0 + 0.5L}{h - H}\right)^2}$$

$$\cdot \int_{-\infty}^{+\infty} (\cos(\beta |x + 0.5L - x_0|) - \sin(\beta |x + 0.5L - x_0|))$$

$$\cdot \exp\left[\frac{-(x + 0.5L)^2}{2i_s^2 (1 - H/h)^{2n}} - \beta |x + 0.5L - x_0|\right] dx \tag{6-28}$$

式中：R 为盾构开挖半径；η_f、η_s 分别为先行、后行盾构开挖的土体损失率；i_f、i_s 分别为先行、后行盾构开挖产生的地表沉降槽宽度系数；n 为与隧道半径和土质条件有关的影响系数；L 为双线盾构轴线水平间距；x_0 为管线到双线盾构中轴线的距离。

管线所受的最大应力 $\sigma_{\max}$ 计算公式见式（6-16）。管线产生的最大应变 $\varepsilon_{\max}$ 的计算公式见式（6-17）。

将式（6-28）、（6-16）、（6-17）变换简化，为简便计算，可设 $\eta_f = \eta_s$，$i_f = i_s$，得到土体损失率 η_f 与管线最大应变 $\varepsilon_{\max}$ 的关系式：

$$\eta_f = \frac{i_f (D_p^4 - d'^4) \sqrt{2\pi} (1 - H/h)'' \varepsilon_{\max} E_p}{32 D_p EI \beta^3 R^2 (A + B)} \tag{6-29}$$

式中：$A = \sqrt{1 + \left(\frac{x_0 - 0.5L}{h - H}\right)^2} \cdot \int_{-\infty}^{+\infty} \left[\cos(\beta |x - 0.5L - x_0|) - \sin(\beta |x - 0.5L - x_0|)\right]$

$$\cdot \exp\left[\frac{-(x - 0.5L)^2}{2i_f^2 (1 - H/h)^{2n}} - \beta |x - 0.5L - x_0|\right] dx;$$

$B = \sqrt{1 + \left(\frac{x_0 + 0.5L}{h - H}\right)^2} \cdot \int_{-\infty}^{+\infty} \left[\cos(\beta |x + 0.5L - x_0|) - \sin(\beta |x + 0.5L - x_0|)\right]$

$$\cdot \exp\left[\frac{-(x + 0.5L)^2}{2i_s^2 (1 - H/h)^{2n}} - \beta |x + 0.5L - x_0|\right] dx。$$

将 $\varepsilon_{\max}$ 用规范中的管线应变安全允许值 $[\varepsilon]$ 带入，求出的 $[\eta_f]$ 为管线安全前提下对应的土体损失率安全允许值。最后，考虑管线老化，通过修正的二维 Peck 公式建立土体损失率与管线上方最大地表沉降的关系为：

$$[S_{\max}(x_0)] = \alpha \frac{\pi R^2 [\eta_f]}{i_f \sqrt{2\pi}} \exp\left[\frac{-(x_0 - 0.5L)^2}{2i_f^2}\right] + \alpha \frac{\pi R^2 [\eta_s]}{i_s \sqrt{2\pi}} \exp\left[\frac{-(x_0 + 0.5L)^2}{2i_s^2}\right] \tag{6-30}$$

式中：α 为与管龄相关的修正系数，$\alpha = 1 - t/100$；t 为管线使用年龄。

② 非连续管线的公式推导

非连续管线则以管线接头转角作为控制指标。为简便计算，本文假定非连续管线沉降与无管线存在时的土体沉降一致。这种处理方法会比实际情况保守，但不影响安全性判断。

定义左、右管线偏离系数分别为：

$$RH_1(x_0) = \left(1 - \frac{H}{h}\right)^{-n} \sqrt{1 + \left(\frac{x_0 - 0.5L}{h - H}\right)^2} \exp\left[-\frac{(x_0 - 0.5L)^2}{2[i_f(s)]^2(1 - H/h)^{2n}}\right]$$

$$(6-31)$$

$$RH_2(x_0) = \left(1 - \frac{H}{h}\right)^{-n} \sqrt{1 + \left(\frac{x_0 + 0.5L}{h - H}\right)^2} \exp\left[-\frac{(x_0 + 0.5L)^2}{2[i_s(s)]^2(1 - H/h)^{2n}}\right]$$

$$(6-32)$$

先行、后行盾构隧道施工引起管线位置处土体位移公式分别为:

$$S_{z1}(x_0) = \frac{\pi R^2 \eta_f}{i_f(s)\sqrt{2\pi}(1 - H/h)^n} \exp\left[-\frac{(x_0 - 0.5L)^2}{2[i_f(s)]^2(1 - H/h)^{2n}}\right] \quad (6-33)$$

$$S_{z2}(x_0) = \frac{\pi R^2 \eta_s}{i_s(s)\sqrt{2\pi}(1 - H/h)^n} \exp\left[-\frac{(x_0 + 0.5L)^2}{2[i_s(s)]^2(1 - H/h)^{2n}}\right] \quad (6-34)$$

为简便计算,可设 $\eta_f = \eta_s$, $i_f = i_s$。以 η_f 为标准,根据几何关系可得,土体损失率 η_f 与管线接头转角 θ 的关系式:

$$\theta = \tan^{-1}\left[0.4 \frac{S_{z1}(x_0) \cdot SH_1(x_0) + S_{z2}(x_0) \cdot SH_2(x_0)}{i_f(s)}\right] \quad (6-35)$$

将上面公式变换化简,可得土体损失率 η_f 与管线接头转角 θ 的关系式:

$$\eta_f = 5\sqrt{2\pi}\tan[\theta](1 - H/h)^{3n}i_f^2 i_s^2 / [2\pi R^2 (C + D)] \quad (6-36)$$

式中: $C = i_f^2 \exp\left[-\frac{(x_0 - 0.5L)^2}{i_f^2(1 - H/h)^{2n}}\right] \cdot \sqrt{1 + \left(\frac{x_0 - 0.5L}{h - H}\right)^2}$; $D = i_s^2 \exp\left[-\frac{(x_0 + 0.5L)^2}{i_s^2(1 - H/h)^{2n}}\right] \cdot$

$\sqrt{1 + \left(\frac{x_0 + 0.5L}{h - H}\right)^2}$。

将 $[\theta]$ 用规范中的管线接头转角安全允许值带入,则求出的 $[\eta_f]$ 为管线安全前提下对应的土体损失率安全允许值。同理,采用修正二维 Peck 公式建立土体损失率与管线上方最大地表沉降的关系为:

$$[S_{max}(x_0)] = \alpha \frac{\pi R^2 [\eta_f]}{i_f \sqrt{2\pi}} \exp\left[\frac{-(x_0 - 0.5L)^2}{2i_f^2}\right] + \alpha \frac{\pi R^2 [\eta_s]}{i_s \sqrt{2\pi}} \exp\left[\frac{-(x_0 + 0.5L)^2}{2i_s^2}\right]$$

$$(6-37)$$

(2) 管线与隧道斜交时的公式推导

① 连续管线的公式推导

当管线和隧道斜交时,计算模型见图 6.3-2。设双线盾构开挖面在 $y=0$ 位置处,y 轴为双线盾构中轴线。上穿管线与 y 轴的交点记为轴心,设轴心到 x 轴的距离为 E,管线与 y 轴夹角为 γ。

连续管线安全判断指标采用弯矩 M。设管线计算点的横坐标为 $y = y_0$,

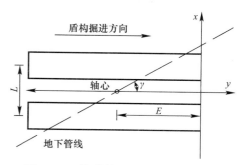

图 6.3-2 管隧斜交时的计算模型

则其纵坐标为 $x=(y_0-E)\tan\gamma$。则双线盾构施工中，管隧斜交时，连续管线计算点所受弯矩大小为：

$$M(x)=EI\beta^3\frac{\pi R^2\eta_{\mathrm{f}}}{i_{\mathrm{f}}\sqrt{2\pi}}\Big(1-\frac{H}{h}\Big)^{-2n}\cdot\Big(1-\frac{y_0}{\sqrt{y_0^2+h^2}}\Big)\int_{-\infty}^{+\infty}(\cos(\beta\,|\,x-0.5L$$

$$-(y_0-E)\tan\gamma\,|\,)-\sin(\beta\,|\,x-0.5L-(y_0-E)\tan\gamma\,|\,))$$

$$\cdot\exp\Big[\frac{-(x-0.5L)^2}{i_{\mathrm{f}}(1-H/h)^{2n}}-\beta\,|\,x-0.5L-(y_0-E)\tan\gamma\,|\,\Big]\mathrm{d}x$$

$$+EI\beta^3\frac{\pi R^2\eta_{\mathrm{s}}}{i_{\mathrm{s}}\sqrt{2\pi}}\Big(1-\frac{H}{h}\Big)^{-2n}\cdot\Big(1-\frac{y_0}{\sqrt{y_0^2+h^2}}\Big)\int_{-\infty}^{+\infty}(\cos(\beta\,|\,x+0.5L$$

$$-(y_0-E)\tan\gamma\,|\,)-\sin(\beta\,|\,x+0.5L-(y_0-E)\tan\gamma\,|\,))$$

$$\cdot\exp\Big[\frac{-(x-0.5L)^2}{i_{\mathrm{s}}(1-H/h)^{2n}}-\beta\,|\,x+0.5L-(y_0-E)\tan\gamma\,|\,\Big]\mathrm{d}x \quad (6\text{-}38)$$

管线所受的最大应力 $\sigma_{\max}$ 计算公式见式（6-16）。管线产生的最大应变 $\varepsilon_{\max}$ 的计算公式见式（6-17）。

将式（6-38）、（6-16）、（6-17）变换简化，为方便计算，可设 $\eta_{\mathrm{f}}=\eta_{\mathrm{s}}$、$i_{\mathrm{f}}=i_{\mathrm{s}}$，得到土体损失率 η_{f} 与管线最大应变 $\varepsilon_{\max}$ 的关系式：

$$\eta_{\mathrm{f}}=\frac{i(D_{\mathrm{p}}^4-d'^4)\sqrt{2\pi}(1-H/h)^{2n}[\varepsilon]E_{\mathrm{p}}}{32D_{\mathrm{p}}EI\beta^3R^2(1-y_0/\sqrt{y_0^2+h^2})(A+B)} \quad (6\text{-}39)$$

式中：$A=\displaystyle\int_{-\infty}^{+\infty}(\cos(\beta\,|\,x-0.5L-(y_0-E)\tan\gamma\,|\,)-\sin(\beta\,|\,x-0.5L-(y_0-E)\tan\gamma\,|\,))$

$$\cdot\exp\Big[\frac{-(x-0.5L)^2}{i_{\mathrm{f}}^2(1-H/h)^{2n}}-\beta\,|\,x-0.5L-(y_0-E)\tan\gamma\,|\,\Big]\mathrm{d}x;$$

$$B=\int_{-\infty}^{+\infty}(\cos(\beta\,|\,x+0.5L-(y_0-E)\tan\gamma\,|\,)-\sin(\beta\,|\,x+0.5L-(y_0-E)\tan\gamma\,|\,))$$

$$\cdot\exp\Big[\frac{-(x+0.5L)^2}{i_{\mathrm{s}}^2(1-H/h)^{2n}}-\beta\,|\,x+0.5L-(y_0-E)\tan\gamma\,|\,\Big]\mathrm{d}x。$$

将 $[\varepsilon]$ 用规范中的管线应变安全允许值带入，求出的 $[\eta_{\mathrm{f}}]$ 为管线安全前提下对应的土体损失率安全允许值。最后，考虑管线老化，通过修正的二维 Peck 公式建立土体损失率与管线上方最大地表沉降的关系为：

$$[S_{\max}(y_0)]=\alpha\frac{\pi R^2[\eta_{\mathrm{f}}]}{i_{\mathrm{f}}\sqrt{2\pi}}\exp\Big[\frac{-((y_0-E)\tan\gamma-0.5L)^2}{2i_{\mathrm{f}}^2}\Big]$$

$$+\alpha\frac{\pi R^2[\eta_{\mathrm{s}}]}{i_{\mathrm{s}}\sqrt{2\pi}}\exp\Big[\frac{-((y_0-E)\tan\gamma+0.5L)^2}{2i_{\mathrm{s}}^2}\Big] \quad (6\text{-}40)$$

② 非连续管线的公式推导

非连续管线以接头转角作为判断指标。双线盾构施工引起邻近管线位置处土体沉降大小为：

$$S_z(y) = \frac{\pi R \eta_f}{i_f \sqrt{2\pi}(1-H/h)^n}\left[1-\frac{y}{\sqrt{y^2+h^2}}\right] \cdot \exp\left[\frac{-[x-0.5L-(y-E)\cdot\tan\gamma]^2}{2i_f^2(1-H/h)^{2n}}\right]$$
$$+ \frac{\pi R \eta_s}{i_s \sqrt{2\pi}(1-H/h)^n}\left[1-\frac{y}{\sqrt{y^2+h^2}}\right]$$
$$\cdot \exp\left[\frac{-[x+0.5L-(y-E)\cdot\tan\gamma]^2}{2i_s^2(1-H/h)^{2n}}\right] \tag{6-41}$$

管线接头转角公式：

$$\theta = 2\tan^{-1}\left\{\frac{S_z(y)}{i_f(s)\sqrt{2\pi}}\right\} \tag{6-42}$$

为简便计算，可设 $\eta_f = \eta_s$、$i_f = i_s$。以 η_f 为标准，可得到土体损失率 η_f 与管线接头转角 θ 的关系式：

$$\eta_f = \frac{2i_f^2 \tan(\theta/2)(1-H/h)^n}{R(1-y/\sqrt{y^2+h^2})(F+G)} \tag{6-43}$$

式中：$F = \exp\left(\dfrac{-[x-0.5L-(y-E)\cdot\tan\gamma]^2}{2i_f^2(1-H/h)^{2n}}\right)$；

$$G = \exp\left(\frac{-[x+0.5L-(y-E)\cdot\tan\gamma]^2}{2i_f^2(1-H/h)^{2n}}\right)。$$

将 θ 用规范中的管线接头转角安全允许值 $[\theta]$ 带入，则求出的 $[\eta_f]$ 为管线安全前提下对应的土体损失率安全允许值。最后，考虑管线老化，通过修正的二维 Peck 公式建立土体损失率与管线上方最大地表沉降的关系为：

$$[S_{\max}(y_0)] = \alpha \frac{\pi R^2 [\eta_f]}{i_f \sqrt{2\pi}}\exp\left[\frac{-((y_0-E)\tan\gamma-0.5L)^2}{2i_f^2}\right]$$
$$+ \alpha \frac{\pi R^2 [\eta_s]}{i_s \sqrt{2\pi}}\exp\left[\frac{-((y_0-E)\tan\gamma+0.5L)^2}{2i_s^2}\right] \tag{6-44}$$

2. 算例分析

（1）管隧平行时管线的安全性分析

上海七号线某工程概况如下[30]：采用双线盾构隧道施工，其中盾构直径 $D=6.2$m，盾构轴线埋深 $h=10$m，双线盾构轴线间距 $L=13.2$m，双线盾构中间区域有一混凝土材质雨水管，管线外直径 $D_p=600$mm，埋深 $H=4$m，位置距离先行盾构 3m，距后行盾构 10.2m。其余计算参数取值：沉降槽宽度 $i=0.5$、$h=5$m；混凝土材质的雨水管线允许转角 $[\theta]=1.5°$；管线已使用 50 年。

根据公式（6-36）、（6-37）可得，计算结果 $[S_{\max}]=163$mm，即管线沉降达到 163mm 才有可能破坏的危险。实际工程中，管线最大沉降为 16mm，且管线未破坏。

（2）管隧斜交时管线的安全性分析

青岛地铁三号线某双线盾构区间施工工程概况如下[33]：双线盾构轴线间距 $L=12\mathrm{m}$，盾构半径 $R=3\mathrm{m}$，盾构轴线埋深 $h=12.5\mathrm{m}$，盾构隧道上方有一混凝土承插式接口的供水管线，管线轴线埋深 $H=3\mathrm{m}$，外直径 $D_{\mathrm{p}}=1200\mathrm{mm}$，管壁厚 $100\mathrm{mm}$，管线走向与盾构轴线夹角 $\gamma=62°$。其他参数取值如下：计算点 $E=10\mathrm{m}$；沉降槽宽度 $i=0.5$、$h=6.25\mathrm{m}$；混凝土材质的供水管线允许转角 $[\theta]=1.5°$；管线已使用 40 年。

根据公式（6-43）、（6-44）可得，计算结果 $[S_{\max}]=61.2\mathrm{mm}$，即管线沉降达到 61.2mm 才有可能破坏的危险。实际工程中，管线最大沉降达到了 36mm，但是管线并未破坏。

以上两个案例表明本文方法具有可靠性。

本文方法考虑的比较全面，但仅考虑土体损失情况下的土体沉降，未考虑多因素（如正面附加推力、盾壳与土体间的摩擦力、注浆压力等）的影响，同时作了较多假设，可在此基础上作进一步研究。

6.4　邻近盾构隧道的管线安全监管软件编写

1. 编写目的

目前关于盾构施工过程中地下管线的安全监管软件缺乏研究。为了将本文推导的理论公式更好地服务实际工程，使任何人都能快速、准确利用本文公式对某一实际具体工程中管线的安全状态进行评估，笔者将理论公式编写成简单的应用软件，通过输入相关已知的施工参数，即能使身在一线的施工人员根据现场情况对管线安全状态进行评估。

本软件编程的目的旨在保证盾构施工时邻近地下管线的安全。建立系统的盾构隧道施工领域中地下管线的安全监管技术，研究成果使用方便，可用于指导盾构隧道现场施工，对地下管线进行全程安全监管，避免出现地下管线破坏事故，能解决实际工程问题且便于推广，具有重要的应用价值。

MATLAB 是美国 MathWorks 公司出品的商业数学软件，用于算法开发、数据可视化、数据分析以及数值计算的高级技术计算语言和交互式环境。它将数值分析、矩阵计算、科学数据可视化以及非线性动态系统的建模和仿真等诸多强大功能集成在一个视窗环境中，为科学研究、工程设计以及必须进行有效数值计算的众多科学领域提供了一种全面的解决方案，代表了当今国际科学计算软件的先进水平。

2. 软件编程介绍

根据具体工程，在编程中输入相关施工参数，可计算得到在保证邻近地下管线安全的前提下，该工况盾构施工允许产生的地表沉降曲线或地表沉降最大允许值。本软件编程可指导实际工程。若实际工程中，盾构施工产生的地表沉降小于软件计算的结果，则说明地下管线状态安全，可继续以当前施工条件继续施工；若盾构施工产生的地表沉降接近或大于软件计算的结果，则说明地下管线十分危险或可能已破坏。

软件分为公式编写及软件编程、参数输入、数据输出三步骤。

基于最新的理论研究成果，推导出地下管线受力、变形与地表沉降的关系式，根据推导的公式进行软件编程。

实际工程中，盾构半径 R、盾构隧道轴线埋深 h、管线轴线埋深 H、双线盾构水平间距 L、地表沉降槽宽度系数 $i(s)$、与隧道半径和土质条件有关的影响系数 n、管线抗弯刚度 EI、管线平面处的地基反力系数 k、管线外直径 D_p、管线应变或转角安全允许值或 θ 均为已知条件。需将上述已知参数输入编程。

输入参数运行程序后，即可得到在保证邻近地下管线安全的前提下，盾构施工允许引起的地表沉降曲线。

本编程可计算 12 种工况下盾构施工允许引起的地表沉降曲线。

这 12 种工况分别为：单线盾构，管隧垂直，管线连续工况下；单线盾构，管隧垂直，管线非连续工况下；单线盾构，管隧平行，管线连续工况下；单线盾构，管隧平行，管线非连续工况下；单线盾构，管隧交叉，管线连续工况下；单线盾构，管隧交叉，管线非连续工况下；双线盾构，管隧垂直，管线连续工况下；双线盾构，管隧垂直，管线非连续工况下；双线盾构，管隧平行，管线连续工况下；双线盾构，管隧平行，管线非连续工况下；双线盾构，管隧交叉，管线连续工况下；双线盾构，管隧交叉，管线非连续工况下。

各工况所需计算参数如下：

（1）单线盾构，管隧垂直，管线连续工况下：沉降槽宽度系数、管线埋深、盾构埋深、盾构半径、参数 n、管线已埋设年龄、管线外直径、管线内直径、管线允许应力、管线弹性模量、管线抗弯刚度、管线平面处的地基反力系数、计算点取值范围及间隔单位。

（2）单线盾构，管隧垂直，管线非连续工况下：沉降槽宽度系数、管线埋深、盾构埋深、盾构半径、参数 n、管线已埋设年龄、管线允许转角、计算点位置、计算点取值范围及间隔单位。

（3）单线盾构，管隧平行，管线连续工况下：沉降槽宽度系数、管线埋深、盾构埋深、盾构半径、参数 n、管线已埋设年龄、管线外直径、管线内直径、管线允许应力、管线弹性模量、管线抗弯刚度、管线平面处的地基反力系数、管线偏离盾构轴线的距离。

（4）单线盾构，管隧平行，管线非连续工况下：沉降槽宽度系数、管线埋深、盾构埋深、盾构半径、参数 n、管线已埋设年龄、管线允许转角、管线偏离盾构轴线的距离。

（5）单线盾构，管隧交叉，管线连续工况下：沉降槽宽度系数、管线埋深、盾构埋深、盾构半径、参数 n、管线已埋设年龄、管线外直径、管线内直径、管线允许应力、管线弹性模量、管线抗弯刚度、管线平面处的地基反力系数、计算点横坐标、盾构开挖面至盾构轴线与管线的交点坐标、管隧轴线交点与盾构轴线的夹角。

（6）单线盾构，管隧交叉，管线非连续工况下：沉降槽宽度系数、管线埋深、盾构埋深、盾构半径、参数 n、管线已埋设年龄、管线允许转角、计算点横坐标、盾构开挖面至盾构轴线与管线的交点坐标、管隧轴线交点与盾构轴线的夹角。

（7）双线盾构，管隧垂直，管线连续工况下：双线盾构轴线间距、先行沉降槽宽度系数、后行沉降槽宽度系数、管线埋深、盾构埋深、盾构半径、参数 n、管线已埋设年龄、管线外直径、管线内直径、管线允许应力、管线弹性模量、管线抗弯刚度、管线平面处的地基反力系数、计算点位置、计算点取值范围及间隔单位。

（8）双线盾构，管隧垂直，管线非连续工况下：双线盾构轴线间距、先行沉降槽宽度系数、后行沉降槽宽度系数、管线埋深、盾构埋深、盾构半径、参数 n、管线已埋设年龄、管线允许转角、计算点取值范围及间隔单位。

（9）双线盾构，管隧平行，管线连续工况下：双线盾构轴线间距、先行沉降槽宽度系数、后行沉降槽宽度系数、管线埋深、盾构埋深、盾构半径、参数 n、管线已埋设年龄、管线外直径、管线内直径、管线允许应力、管线弹性模量、管线抗弯刚度、管线平面处的地基反力系数、管线偏离盾构轴线的距离。

（10）双线盾构，管隧平行，管线非连续工况下：双线盾构轴线间距、先行沉降槽宽度系数、后行沉降槽宽度系数、管线埋深、盾构埋深、盾构半径、参数 n、管线已埋设年龄、管线允许转角、管线偏离盾构轴线的距离。

（11）双线盾构，管隧交叉，管线连续工况下：双线盾构轴线间距、先行沉降槽宽度系数、后行沉降槽宽度系数、管线埋深、盾构埋深、盾构半径、参数 n、管线已埋设年龄、管线外直径、管线内直径、管线允许应力、管线弹性模量、管线抗弯刚度、管线平面处的地基反力系数、计算点横坐标、盾构开挖面至盾构轴线与管线的交点坐标、管隧轴线交点与盾构轴线的夹角。

（12）双线盾构，管隧交叉，管线非连续工况下：双线盾构轴线间距、先行沉降槽宽度系数、后行沉降槽宽度系数、管线埋深、盾构埋深、盾构半径、参数 n、管线已埋设年龄、管线允许转角、计算点横坐标、盾构开挖面至盾构轴线与管线的交点坐标、管隧轴线交点与盾构轴线的夹角。

输入参数运行程序后，即可得到在保证邻近地下管线安全的前提下，盾构施工允许引起的地表沉降曲线或地表沉降最大允许值。

3. 软件使用说明手册

根据编程对其中双线盾构-管隧垂直-管线连续工况下进行程序试算使用说明。

假设具体工况如下：某城市软土地区地铁隧道采用 2 台半径 $R=3.17\text{m}$ 的土压平衡盾构机，隧道轴线埋深 $h=15.1\text{m}$，双线隧道轴线水平间距 $L=13.2\text{m}$，分别进行上、下行线隧道施工。区间隧道穿越的区域有一条铸铁煤气管，其管道外直径 $D_p=300\text{mm}$，轴线埋深 $H=0.9\text{m}$，与隧道轴线的相交角为 $88°$，可近似认为与盾构隧道呈空间垂直关系。计算参数取值：$d'=280\text{mm}$，$i_f=5\text{m}$，$i_s=5.5\text{m}$，$n=0.4$，$E_p=1.2\times10^5\text{MPa}$，$EI=600\text{MPa}$，$k=20000\text{kN/m}^3$，$[\varepsilon]=500\mu\varepsilon$，计算点 $x_0=0$。

使用步骤如下：

（1）打开 Matlab 软件，界面见图 6.4-1。

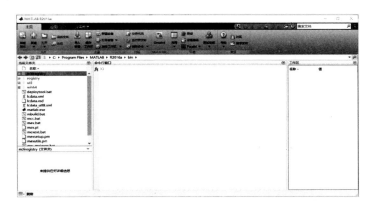

图 6.4-1　软件初始界面

（2）选择编程所在文件夹位置。文件夹分为单线盾构和双线盾构，根据计算需要选择双线盾构文件夹。

（3）在命令行窗口输入"guide"，跳出"GUIDE 快速入门"窗口，再次选择所需文件夹，即双线盾构的文件夹，见图 6.4-2。

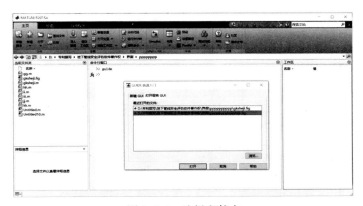

图 6.4-2　选择文件夹

（4）跳出运行界面，见图 6.4-3，点击绿色的运行按钮。

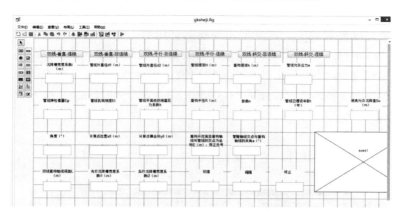

图 6.4-3　界面预览

（5）完整的运行界面见图 6.4-4，中间部分是计算参数输入区域（界面中包含了所有工况所需的参数，单位均为国际制单位，只需输入计算工况所需的参数即可），右边是地表允许沉降值的结果，上方是工况选择按键。

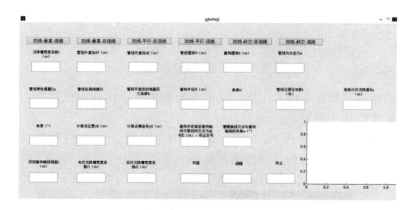

图 6.4-4　计算界面

（6）如图 6.4-5 所示输入所需的计算参数，点击"双线-垂直-连续"工况按键，即可求得结果。

输出的图形为管线安全情况下，允许的地表沉降曲线。横坐标单位为 m，纵坐标单位为 m，横坐标为 0 时（即计算点位置 $x_0 = 0$）为双线盾构中轴线位置。根据输出结果分析可知，该工程中土体沉降影响范围在 $-30 \sim 30$m 范围内。横坐标为 0m 时地表沉降值达到最大，最大值约为 45mm，即允许地表沉降最大值为 45mm，当超过该值时管线存在危险。

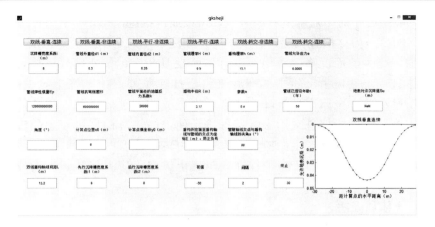

图 6.4-5 参数输入及输出结果

该软件使用方便，可用于指导盾构隧道现场施工，对地下管线进行全程安全监管，避免出现地下管线破坏事故，能解决实际工程问题且便于推广，具有重要的应用价值。

6.5 地下管线的安全控制措施

为了保护邻近地下管线的安全，在盾构隧道施工过程中，要了解隧道周围地下管线分布情况及其类型[36-37]，具体内容包括：管线种类（包括：管线用途、管线材质、接头形式等）、管线走向、管线埋置深度、管线离隧道的距离等；地下管线所在道路的地面人流与交通状况，以便制定合适的测点埋设和测试方案。

根据管线材料的容许应力及管线容许最小曲率半径，确定管线的容许最大变形值；采用适当的监测方案和手段，对邻近地下管线进行现场测量；评估地下管线所受的影响，必要时对原设计和施工方案进行调整；应使实测变形值不超过容许变形值，当估计有可能会超过容许最大变形值时，应事先采取措施，以确保整个工程的安全。

导致管线损坏的原因，总的来说可归纳为土体的位移、土体的变形以及管线的变形超过了极限值或者管线受力过大，应力超过了强度的极限而发生破坏。因此，在盾构隧道施工过程中对管线的保护要从这三点着手。

为防止管道的破坏，常用的且比较有效的保护措施主要有以下几种[1,39-40]：

（1）选择合理的施工工艺

任强[38]提出在盾构隧道穿越地下管线时，必须严格控制盾构正面平衡压力、纠偏量、同步注浆量和浆液质量，必要时采取二次注浆。

盾构隧道施工时，对临近管线区域，可以放慢掘进速率，优化施工参数，减少对土体的挤压力；掘进机穿过管线区后，勤注浆，以充填掘进机切削造成的管壁外间隙，减少地面沉降。盾构推进时，前段刀盘旋转掘削地层土体，切削下来的土体进入土舱再由土舱中的螺旋机将土排除舱外。控制好土舱中的压力，防止土压过小前方土体产生沉降，或者过大造成前方土体隆起，避免使管线产生沉降或挤压。盾构掘进采用中低速掘进，使土体将盾构掘进产生的应力充分释放，避免由于掘进时产生的应力过大或应力集中。及时进行同步注浆，必要时采取二次注浆，避免由于空隙存在，附近土体产生应力释放，从而导致周边地基的变形。

（2）土体加固法

盾构施工中可能由于土体超挖和坍塌而导致地面沉降和土体位移，可以采取注浆加固土体的办法。一是施工前对地下管线与施工区域之间的土体进行注浆加固；二是施工结束后对管壁松散土和空隙进行注浆充填加固。采用袖罚管注浆加固，通过较大的压力将浆液注入土层中，根据施工需要可选择分段注浆，使松散和密实的地层均得到加固。当环境条件复杂，无法在地面上采取施工措施时，可采用深孔注浆加固地层。

此外，在地下水位较高的砂性土层中，为防止流砂发生，也可采用井点降水方法。管线附近存在流塑性强的土体时，在地下水的作用下极易导致土体迅速流失，引起地面及管线迅速沉降。建议采用三轴搅拌桩对管线附近土体进行加固，使土颗粒固结、结团，颗粒间形成坚固的连接，并具有一定的强度，形成水泥土网格结构。

（3）卸载保护

盾构施工期间，卸去管线周围尤其是上部的荷载，或通过设置卸荷板等方式，使作用在管线上及周围土体上的荷载减弱，以减少土体的变形和管线的受力，达到保护管线的目的。

（4）隔离法

通过钢板桩、树根桩、深层搅拌桩等形成隔离体，限制地下管线周围的土体位移、挤压或振动管线，这种方法较适合管线较大的情况。对于管线埋深不大的也可通过挖隔离槽方法，隔离槽可挖在施工部位与管线之间，也可在管线部位挖，即将管线挖出悬空。隔离槽一定要挖深至管线底部以下，才能起到隔断挤压力和振动力的作用。

（5）更新法

对现有管线进行更新处理，主要是更换管材，比如将混凝土管改成钢管，提高既有管线的强度与刚度。也可以对现有管道进行局部改造，通过加固原管道材料、接头方式、设置伸缩节等措施，增强管线的抵抗变形能力。

（6）管衬法

管衬法是在既有管道中内衬一塑料管道的方法，主要适用于输送液体的管道，特别是污水管道，保证施工过程中管内液体不泄漏。

（7）支撑法

对土体可能产生较大沉降而造成管线悬空的，可沿管线设置若干支撑点支撑管线。支撑体可以是临时性的，如打设支撑桩、砖支墩等；也可以是永久性的，结合永久性建筑物进行布置。

（8）悬吊法

一些暴露于基坑内的管线，四周土体可能产生较大位移而用隔离法将管线挖出的，中间不宜设支撑，可用悬吊法固定管线。吊索的变形及吊索固定点位置应不受土体变形的影响。悬吊法中，管线受力、位移明确，并可通过吊索不断调整管线的位移和受力点，达到控制管线位移的目的。

（9）对管线进行搬迁、加固处理

对于便于改道搬迁，且费用不大的管线，可以在盾构工程施工之前先行临时搬迁改道，或者通过改善、加固原管线材料、接头方式，设置伸缩节等措施，增大管线的抗变形能力，以确保土体位移较大时也不失去使用功能。

6.6 本章小结

本章提出了盾构隧道施工邻域地下管线安全监管技术，把地下管线的受力变形与上方的地表沉降联系起来，通过地表沉降来判别管线是否安全。为避免混淆，定义管线接头不可转动的为连续管线，管线接头可以转动的为非连续管线。根据应变（接头转角）与土体损失率的关系，建立连续管线应变与地表沉降关系式和非连续管线接头转角与地表沉降关系式。令管线应变（接头转角）达到安全允许值时，与之对应的地表沉降值为安全允许值。首次提出应考虑管线的老化，引入与时间有关的折减系数，更全面地评价管线的安全性。考虑了管线与隧道的相对位置，分别研究了垂直交叉、平行和斜交三种不同工况。

研究结果表明：（1）对与盾构隧道垂直交叉的管线，管线最危险点的位置随着 L 改变而改变；当 L 较小时，地表沉降曲线呈 V 形，最大值出现在两隧道中轴线处；当 L 较大时，地表沉降曲线呈 W 形，最大值出现在隧道轴线上方附近处。h 对地表沉降允许曲线的影响甚微，随着 h 增大，$[S_{max}]$ 值略减小；（2）随着使用年龄的增加，管线的破损程度加深，导致地表沉降安全允许值减小。建议实际工程中需要考察管线的使用情况，再进行安全性分析；（3）结合具体工况，对推导出的公式进行验算，计算结果与实际情况相符，均为管线未破坏，一定程度上证明了本文公式的正确性。

开发了盾构隧道施工领域中地下管线的安全监管技术应用软件，在程序里输入相关管线参数和施工参数，即可得到该参数条件下，盾构施工引起地表沉降的安全允许值。若实际工程中，盾构施工产生的地表沉降小于软件计算的结果，则说明地下管线状态安全，可继续以当前施工条件继续施工；若盾构施工产生的地表沉降接近或大于软件计算的结果，则说明地下管线十分危险或可能已破坏，需要采取相应控制措施，保护管线的安全。

地下管线的安全保护措施主要包括：（1）选择合理的施工工艺；（2）土体加固法；（3）卸载保护；（4）隔离法；（5）更新法；（6）管衬法；（7）支撑法；（8）悬吊法；（9）对管线进行搬迁、加固处理。

参考文献

[1]　向卫国. 隧道开挖引起地下管线变形和安全性状的研究 [D]. 北京：中国铁道科学研究院，2011.

[2]　李兴高，王霆. 刚性管线纵向应变计算及安全评价 [J]. 岩土力学，2008，29（12）：3299-3302，3306.

[3]　李兴高，王霆. 柔性管线安全评价的简便方法 [J]. 岩土力学，2008，29（7）：1861-1864，1876.

[4]　周成君. 地铁盾构隧道施工对城市地下管线的影响研究 [D]. 南京：南京林业大学，2010.

[5]　裴超. 隧道施工对邻近地下管线的影响研究 [J]. 山西建筑，2008，34（12）：325-327.

[6]　任晓磊. 城市地下管线信息系统开发与研究 [D]. 重庆：西南大学，2013.

[7]　朱叶艇，张桓，张子新，等. 盾构隧道推进对邻近地下管线影响的物理模型试验研究 [J]. 岩土力学，2016，37（增刊2）：151-160.

[8]　段光杰. 地铁隧道施工扰动对地表沉降和管线变形影响的理论和方法研究 [D]. 北京：中国地质大学，2002.

[9]　王涛，魏纲，徐日庆. 隧道开挖对邻近地下管线的影响预测分析 [J]. 岩土力学，2006，27（增刊）：483-486.

[10]　Attewell P B, Yeates J, Selby A R. Soil movements induced by tunnelling and their effects on pipelines and structures [M]. London：Blackie and Son Ltd，1986.

[11]　张鹏，韩煊. 地铁施工作用下地下管线变形损坏控制标准研究 [C]. 第2届全国工程安全与防护学术会议论文集（上册）. 北京：中国岩石力学与工程学会工程安全与防护分会，2010：152-158.

[12]　赵智涛，刘军，王霆，等. 地铁暗挖施工引起的管线与地层沉降关系研究 [J]. 岩土力学，2015，36（4）：1159-1166.

[13]　张彦斌，杨成永，王凯旋. 管土刚度对地下管线和地表沉降的影响分析及简易预测方法研究 [J]. 中国安全生产科学技术，2014，10（5）：11-16.

[14] 贾瑞华，阳军生，马涛，等. 既有管线下盾构施工地层沉降监测和位移加载数值分析 [J]. 岩土工程学报，2009，31（3）：425-430.

[15] 马亚航. 隧道开挖引起的地层变形及其对地下管线的影响分析 [D]. 长沙：湖南大学，2011.

[16] 李林. 超大直径盾构穿越高危管线安全度判定方法及实测研究 [J]. 现代隧道技术，2014，51（5）：134-138.

[17] MOH Z C，JU D H，HWABG R N. Ground movements around tunnels in soft ground [C] // Proc. Int. Symposium on Geotechnical Aspects of Underground Constructions in Soft Ground. London：Balkema，1996：725-730.

[18] 姜忻良，赵志民，李园. 隧道开挖引起土层沉降槽曲线形态的分析与计算 [J]. 岩土力学，2004，25（10）：1542-1544.

[19] 魏纲. 盾构隧道深层土体沉降槽宽度系数计算方法研究 [J]. 公路交通科技，2010，27（4）：110-115.

[20] 孙玉永，周顺华，宫全美. 软土地区盾构掘进引起的深层位移场分布规律 [J]. 岩石力学与工程学报，2009，28（3）：500-506.

[21] WEI Gang. Prediction of ground deformation induced by double parallel shield tunnelling [J]. Disaster Advances，2013，6（13）：91-98.

[22] 魏纲，朱奎. 顶管施工对邻近地下管线的影响预测分析 [J]. 岩土力学，2009，30（3）：825-831.

[23] 魏纲，庞思远. 双线平行盾构隧道施工引起的三维土体变形研究 [J]. 岩土力学，2014，35（9）：2563-2568.

[24] GB 50788—2012，城镇给水排水技术规范 [S]. 北京：中国建筑工业出版社，2012.

[25] GB 50153—2008，工程结构可靠性设计统一标准 [S]. 北京：中国建筑工业出版社，2008.

[26] 孙宇坤，吴为义，张土乔. 软土地区盾构隧道穿越地下管线引起的管线沉降分析 [J]. 中国铁道科学，2009，30（1）：80-85.

[27] 王雨. 地铁隧道施工对地下管线变形的影响研究 [D]. 北京：北京交通大学，2014.

[28] 朱训国. 隧道施工对临近平行地下管线安全性影响 [J]. 辽宁工程技术大学学报（自然科学版），2015，34（5）：600-605.

[29] 成前锋. 盾构隧道开挖扰动下周围管线的安全性研究 [D]. 北京：北京交通大学，2006.

[30] 吴为义. 盾构隧道周围地下管线的性状研究 [D]. 杭州：浙江大学，2008.

[31] 李树琴. 隧道施工诱发临近管线变形安全风险研究 [D]. 武汉：华中科技大学，2013.

[32] 谷拴成，贺恒炜，茹国锋. 地铁隧道工程开挖过程中地下管线的受力情况分析 [J]. 城市轨道交通研究，2015，（5）：14-18，23.

[33] 肖大健. 浅埋暗挖隧道施工对地下管线的沉降影响及控制研究 [D]. 青岛：青岛理工大学，2012.

[34] 洪琦. 盾构隧道施工对既有管线影响研究 [D]. 杭州：浙江大学，2012.

［35］　韩煊，雷崇红，张鹏. 隧道开挖引起管线沉降计算的刚度修正法［J］. 土木建筑与环境工程，2012，34（3）：21-27.

［36］　周泽民. 浅谈城市浅埋盾构隧道地下管线保护措施［J］. 黑龙江交通科技，2011，（7）：199-200.

［37］　叶钟文，王小云，程勇. 浅议软弱地层浅埋盾构施工地下管线保护措施［J］. 公路交通科技（应用技术版），2017，（10）：172-174.

［38］　任强. 北京地铁盾构施工风险评价与控制技术研究［D］. 武汉：中国地质大学，2010.

［39］　高文峰. 地下管线的保护措施及悬吊顶托方案［J］. 科技资讯，2007，（20）：58.

［40］　马毓萍. 市政施工过程中地下管线的保护措施分析［J］. 施工技术，2017，（4）：57-58.

第七章　双线盾构隧道施工对邻近建筑物
影响的数值模拟及控制研究

7.1　引言

目前，中国城市地铁隧道修建多采用盾构法和浅埋暗挖法，其中盾构法尤为普遍。盾构施工又可分为单线盾构[1-2]、双圆盾构[3-4]和双线盾构[5]等，目前双线盾构是主流形式。由于城市中建筑物密布，双线盾构隧道施工不可避免会对其产生影响，严重时可能导致邻近建筑物开裂、倾斜、不均匀沉降乃至坍塌等一系列问题。因此，研究双线盾构隧道施工过程中邻近建筑物的位移和应力变化规律具有重要意义。

目前，针对地下隧道施工对邻近建筑物影响的研究方法主要有：解析法[6-7]、实测法[8-9]、有限单元法[1,5,10-14]等，其中有限单元法的应用较多。关于盾构隧道施工对建筑物影响的研究主要集中在单圆盾构和双圆盾构，而关于双线盾构施工对邻近建筑物影响的研究较少。关于双线盾构的研究主要集中在土体变形和土体扰动方面。另外，实际工程中双线平行盾构隧道大多沿建筑物侧面穿过[14-16]，但现有研究中大多假定地铁隧道从其正下方穿越[1,5,10-13]，这与实际工况不符，存在一定的局限性。因此需作进一步研究。

本章采用三维 midas GTS 软件，建立不同工况的双线平行盾构隧道-土体-建筑物三维有限元模型，研究双线平行盾构隧道施工对邻近建筑物的影响。主要工作如下：（1）研究双线平行盾构垂直穿越对独立基础框架结构建筑物的影响，分析随盾构机开挖面穿越前后建筑物的受力与变形规律，并重点考虑了隧道与建筑物水平位置改变对计算结果的影响；（2）研究双线盾构垂直穿越对邻近短桩基础框架建筑物的影响，分析土质条件、建筑物层高和隧道水平位置改变的影响，对建筑物进行安全性评价；（3）研究双线平行盾构侧穿临近短桩基础框架建筑物的工况，分析建筑物的位移和应力等变化规律，对建筑物的安全性进行评价。

7.2　邻近独立基础框架建筑物的双线盾构施工数值模拟

1. midas GTS 软件介绍

midas GTS 是为了能够迅速完成对岩土及隧道结构的结构分析与设计而开

发的"岩土隧道结构专用有限元分析软件"。GTS 是"Geotechnical & Tunnel a-nalysis System"的缩写。该软件是经过岩土隧道领域国内外专业技术人员和专家的共同努力，并考虑实际设计人员的需要，用 Visual C++在 Windows 环境下开发的，简单易学。

GTS 的一般操作流程如下：

（1）建立几何模型。GTS 中，一般是先建立几何模型，之后以此为基础进行网格划分等后续工作。几何模型可以利用 GTS 提供的建模功能，也可将 CAD 等其他专用建模程序的几何数据文件导入。

（2）划分网格。对建立的几何模型划分网格。通常 Hexa（六面体）Mesh 的分析结果最为精确，因此最好使用 Hexa Mesh。然而对于几何形状比较复杂的模型，也可以使用 Auto-mesh 的功能，生成 Tetra（四面体）Mesh。GTS 提供多种 Mesh Control 功能以及 Auto—mesh、Mappedmesh、Protrude—mesh 等功能，因此即使是初学者，也可以便利地划分出比较优秀的网格。

（3）设定分析条件。利用 GTS 的各种设定分析条件的功能定义特征值、边界条件、荷载。在 GTS 中除了节点和单元，对于几何数据也可赋予边界条件和荷载，因此对于复杂的模型非常方便有效。

（4）分析。根据在步骤 C（设定分析条件）中定义的各种边界条件、荷载以及分析控制内容，进行分析。在分析过程中，信息窗口中将输出分析的状况和一些错误信息，需留意查看。GTS 是基于有限元（FEM：Finite Element Method）进行分析求解的。不仅可以考虑填土、开挖及不同的材料特征进行施工阶段分析，而且可以进行稳定流/非稳定流的渗流分析，以及岩土和隧道结构所需的各种静力分析和动力分析。另外 GTS 的有限元分析求解器包含 Multi-frontal Sparse Gaussian Solver，该求解器对于大规模模型的反复迭代计算有很高的效率，从而可以大大缩短分析时间。

（5）查看结果。分析正常结束之后，需查看分析结果，并提取和整理设计所需的各项数据。GTS 的后处理提供等值线、动画等各种直观的图形处理能力以及可与 MS-Excel 完美兼容的结果表格和图表功能。另外，利用 GTS 的分析结果整理功能，用户可以非常便利地得到含有模型数据以及分析结果等各种信息的文本文件，并以此为基础编写计算书。

2. 三维有限元模拟

（1）模型建立及参数取值

隧道对建筑物影响的指标主要为：隧道施工引起的地面沉降、隧道与建筑物之间的距离、隧道穿越建筑物的角度。文中假定盾构隧道垂直穿越建筑物。双线平行盾构隧道轴线埋深为 12m，直径为 6.3m，两圆中心距离为 12m。盾构机身长 7.2m，盾壳厚 7cm。衬砌每环宽 1.2m，厚 0.35m，采用 C50 混凝土。建筑物为钢筋混凝土框架结构，地上 4 层，每层高 3.6m（包括板厚），采用 C30 混凝土浇筑。横向为 5 开间，间距为 6.6m；纵向（沿隧道掘进方向）为 2 开间，间距为 6.3m。柱子尺寸为 0.4m×0.4m，梁的尺寸为 0.3m×0.55m，楼板厚度为 0.1m。采用独立基础，埋深 2m，长 2m，宽 1.8m，高 1.5m，采用 C35 混凝土浇筑。建模时不考虑填充墙对框架结构侧向刚度的作用，把填充墙折算成荷载 10kN/m，施加在相应的梁上。1-4 层楼板面活荷载取为 5kPa，顶层取为 0.5kPa。

假定土体为均质土层，本构模型采用莫尔-库伦模型。盾壳、衬砌、框架和基础均采用线弹性模型。盾壳和衬砌采用板单元，框架、基础和土体均采用实体单元。模型计算参数见表 7.2-1。

材料物理力学参数

表 7.2-1

构件	重度（kN·m⁻³）	弹性模量（MPa）	泊松比	黏聚力（kPa）	内摩擦角（°）
黏土	18.7	20	0.35	19	26
框架	25	30000	0.20		
基础	25	31500	0.20		
衬砌	25	34500	0.17		
盾壳	78.5	210000	0.30		

整个模型在横向取 80m，竖向取 40m，纵向取 70m。如图 7.2-1 所示，为方便说明，令横向框架命名为 1、2、3、4、5、6，纵向框架命名为 A、B、C。双线盾构隧道掘进方向采用 y 坐标表示，令开挖面最先到达建筑物楼板外边缘时掘进距离 $y=0$m，开挖面到达前 y 定义为负值，通过后定义为正值。网格划分见图 7.2-2。

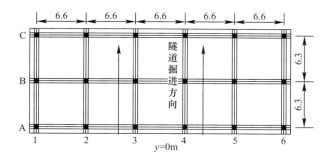

图 7.2-1 平面布置图（m）

（2）盾构法隧道施工过程模拟

文中假定：①忽略地下水的渗透作用，土体本身变形与时间无关；②框架与基础，基础与土体采用变形协调计算的方法[5]；③隧道开挖前地面沉降为零，即不考虑建造建筑物引起的地面沉降；④双线隧道的施工参数取值相同。

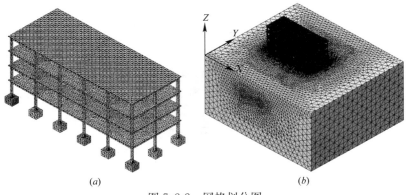

图 7.2-2　网格划分图

（a）建筑物模型；（b）整个模型

采用"刚度迁移法"模拟盾构推进过程，盾构机每向前推进一步作相应变化：杀死该开挖步处的土体单元，土体释放应力，在开挖面处施加支护力，激活盾壳单元，在盾壳外侧表面施加摩擦力；将最后面一段原盾壳单元修改单元属性，变为衬砌单元，激活中间衬砌单元，去掉盾壳摩擦力，改为施加注浆压力。实际工程中每环衬砌宽 1.2m，为减少计算量，每个开挖步杀死 2.4m 的土体单元。

盾壳与土体之间的摩擦力和开挖面支护力均假定为均布力，摩擦力和正面附加推力分别取 45kPa 和 20kPa[17]。采用等效均布力来模拟盾尾同步注浆，取值为 37kPa[18]。

3. 有限元计算结果分析

（1）标准工况分析（$T=0$m）

① 位移分析

令 T 为双线盾构隧道中轴线与建筑物中轴线之间的水平距离。标准工况时，取 $T=0$m。令左线盾构已穿越框架结构，施工即将结束，正面推力施加于 $y=38.4$m 处，衬砌已拼装到 $y=31.2$m 处，然后逐渐开挖右线隧道。

图 7.2-3 为右线隧道最先穿越的二层楼板外边缘处的沉降值。如图所示，在右线隧道开挖前，由于左线隧道已经穿越建筑物，建筑物产生朝向左线隧道的倾斜。右线隧道在开挖面通过建筑物之前（$y=-9.6$m），由于盾构机挤压和盾壳摩擦力对土体的扰动作用，上方建筑物先产生 0～1mm 的微小隆起，随后开始沉降；当开挖面在建筑物下方时，沉降逐渐增大；开挖到 $y=14.4$m 时沉降达到最大，此时右线盾构机开挖面刚穿越建筑物，随后沉降略有反弹，最终最大沉降量稳定在 11mm 左右。由于左线隧道开挖的扰动影响，右线隧道上方的最终沉降量要略大于左线隧道上方。

图 7.2-4 为右线隧道掘进过程中靠近中轴线处的横向框架 A3、B3、C3 处基础沉降量的变化值。A3 指纵向框架 A 与横向框架 3 的交叉处的独立基础。如图

所示，在右线隧道开挖之前，由于左线隧道的开挖，一开始三榀框架均有产生沉降；随后框架 A、B、C 依次开始沉降。随着右线隧道开挖距离的推进，三榀框架的差异沉降不断增大，当 $y=9.6$m 时，框架 A、B、C 的沉降差达到最大，但量值较小；随后差异沉降减小，当 $y=19.2$m 时，三者差异沉降接近 0。表明在右线盾构机通过前后，建筑物在纵向会受到短期不均匀沉降的影响。

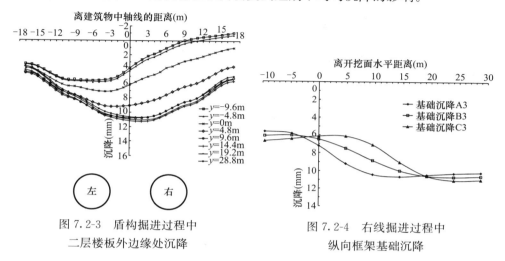

图 7.2-3　盾构掘进过程中
二层楼板外边缘处沉降

图 7.2-4　右线掘进过程中
纵向框架基础沉降

图 7.2-5 为右线 $y=9.6$m 时的建筑物变形量（放大效果），可以明显看到建筑物在纵向产生了不均匀沉降。图 7.2-6 为右线 $y=24$m 时的建筑物变形量（放大效果），可以看到此时建筑物在纵向已经产生了均匀沉降。

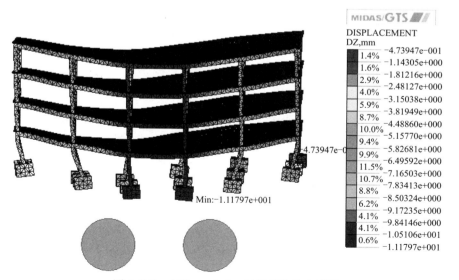

图 7.2-5　右线 $y=9.6$m 时建筑物的变形量

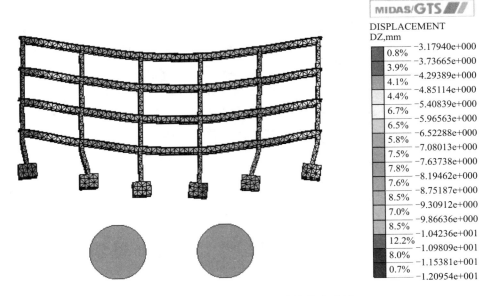

图 7.2-6　右线 $y=24\text{m}$ 时建筑物变形量

图 7.2-7 为建筑物最大水平位移随盾构掘进距离的变化。最大水平位移主要出现在框架顶部位置。如图所示，随着盾构掘进距离的增加，最大横向水平位移变化不大（均小于 3mm）。最大纵向水平位移先增大后减小，在 $y=8\text{m}$ 左右达到最大值，此时右线隧道即将穿越建筑物下方。最大纵向水平位移值为 5.9mm，此时建筑物主体倾斜率为 0.41‰，小于 4‰，满足《建筑地基基础设计规范》要求[19]。表明框架建筑物的整体性能较好。

②应力、应变分析

构件的第一主应力反映了构件的拉应力集中区域。根据《混凝土结构设计规范》[20]，C30 混凝土轴心抗拉强度标准值为 $f_{tk}=2.01\text{MPa}$。

通过分析得出，框架的最大主应力和最大剪应变，主要集中在横向边梁柱节点及边柱、梁柱交接处。原因主要是边梁两端连接的边柱及中柱发生较大的差异沉降，导致边梁及边柱内产生较大附加作用力，带动其他梁柱产生变形和错动。

图 7.2-8 为右线盾构掘进过程中框架最大第一主应力 P_1 和最大剪应变 $\text{MS}_{\max}$ 的变化曲线。如图所示，随着右线盾构掘进距离的增大，P_1 和 $\text{MS}_{\max}$ 的变化分为 2 个阶段：第一阶段 P_1 和 $\text{MS}_{\max}$ 值逐渐增大，当 $y=19.2\text{m}$ 时达到峰值；第二阶段当 $y>19.2\text{m}$ 后，P_1 和 $\text{MS}_{\max}$ 值逐渐减小。最大值 $P_1=7.37\text{MPa}$，为 f_{tk} 的 3.7 倍左右。

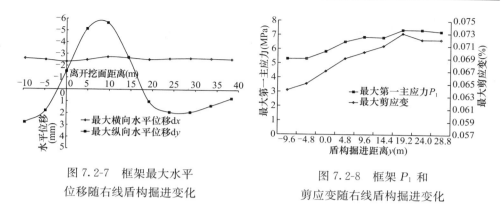

图 7.2-7 框架最大水平
位移随右线盾构掘进变化

图 7.2-8 框架 P_1 和
剪应变随右线盾构掘进变化

（2）水平位置改变影响因素分析

图 7.2-9 为 $y=14.4\text{m}$、改变 T 时框架二层楼板外边缘处的竖向变形值。如图所示，随着 T 的增大，建筑物左侧沉降量减小，右侧沉降量则增大。建筑物由中间大、两边小，发展为左边小、右边大，呈现向隧道一侧倾倒的趋势。最大沉降值逐渐增大并向 T 移动方向靠拢。当 $T=12\text{m}$ 时，最大沉降值为 14.62mm。

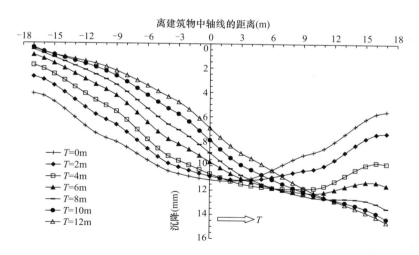

图 7.2-9 T 不同时框架二层楼板外边缘处沉降曲线

图 7.2-10 为 $y=14.4\text{m}$、改变 T 的工况下得到的框架 P_1 和 MS_{max} 的变化曲线。如图所示，随着 T 增大，P_1 值先略有增大，在 $T=2\text{m}$ 时达到峰值（6.85MPa），随后略有减小；当 $T>6\text{m}$ 后，减小幅度变大，当 $T=12\text{m}$ 时，$P_1=5.07\text{MPa}$。随着 T 增大，MS_{max} 总体上呈减小趋势，由 $T=0\text{m}$ 时的 0.071 减小到 $T=12\text{m}$ 时的 0.068，但幅度不大。

（3）建筑物安全性判断及保护措施

根据前面对框架最大第一主应力的分析表明，盾构施工过程中建筑物会产生大于构件轴心抗拉强度标准值的拉应力，从而可能出现裂缝，施工时应采取相应控制措施。

根据《建筑地基基础设计规范》，当土的弹性模量为 20MPa 时，为中低压缩土，框架结构的沉降差允许值为 $0.002L_0$，L_0 为两柱基中心之间的距离。文中 $L_0=6.6\mathrm{m}$，故沉降差允许值 $[\Delta]=13.2\mathrm{mm}$。

如图 7.2-11 所示，当 $y=14.4\mathrm{m}$ 时，柱间最大差异沉降值随着 T 的增大变化不大，当 $T=10\mathrm{m}$ 时柱间最大差异沉降为 4.64mm，小于规范允许值，表明建筑物安全。原因在于框架结构整体性较好，盾构隧道埋深较大、土体损失率较低以及土质中等等原因，减小了盾构隧道施工对建筑物的影响。

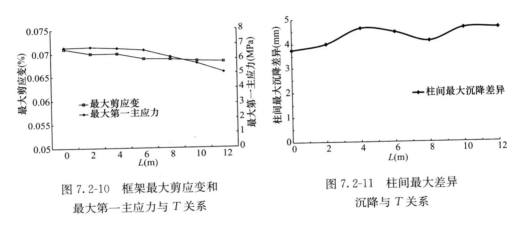

图 7.2-10　框架最大剪应变和
最大第一主应力与 T 关系

图 7.2-11　柱间最大差异
沉降与 T 关系

7.3　邻近短桩基础框架建筑物的双线盾构施工数值模拟

1. 三维有限元模拟

模型建立及参数取值

双线水平平行盾构隧道轴线埋深为 12m，外直径为 6.2m，两圆中心水平距离为 12m。盾构机身长 8m，盾壳厚 7cm。衬砌每环宽 1.2m，厚 0.35m，采用 C50 混凝土。建筑物为钢筋混凝土框架结构，地上 4 层，每层高 3.6m（包括板厚），采用 C30 混凝土浇筑。横向为 5 开间，间距 6.6m；纵向（沿隧道掘进方向）为 2 开间，间距 6.3m。柱子尺寸为 0.4m×0.4m，梁的尺寸为 0.3m×0.55m，楼板厚度为 0.1m。基础采用短桩基础，每根短桩上部连接一个承台，承台高 1m、宽 2m、长 2m，短桩桩长 6m，桩径 1.2m，采用 C35 混凝土浇筑，见图 7.3-1。建模时不考虑填充墙对框架结构侧向刚度的作用[13]，把填充墙折算

成荷载 $10kN/m^2$，施加在相应的梁上。1～3 层楼板面活荷载取为 $5kN/m^2$，顶层（不上人）取为 $0.5kN/m^2$。

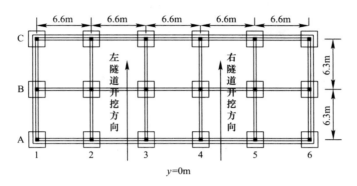

图 7.3-1　基础平面布置图

假定隧道周围土体为均质土层，土体的本构模型采用莫尔-库伦模型。盾壳、衬砌、框架和基础均采用线弹性模型。盾壳和衬砌采用板单元，框架、基础和土体均采用实体单元。为了简化模拟，不考虑衬砌的错缝拼装和螺栓，假定衬砌为均质圆环。材料计算参数取值见表 7.3-1。整个模型在横向取 80m，竖向取 40m，纵向取 70m。隧道垂直穿越建筑物，令 T 为隧道中轴线与建筑物中轴线之间的水平距离。标准工况时，取 $T=0m$。模型的边界条件如下：模型顶面为自由面，无约束；模型底面和模型四个侧面均只约束法向，其余方向自由无约束。

材料物理力学参数　　　　　　　　　　　　　　　　　　表 7.3-1

构件	重度（$kN \cdot m^{-3}$）	弹性模量（MPa）	泊松比	黏聚力（kPa）	内摩擦角（°）
黏土	18.7	20	0.35	17	22
框架	25	30000	0.20		
基础	25	31500	0.20		
衬砌	25	34500	0.17		
盾壳	78.5	210000	0.30		

如图 7.3-1 所示，为方便说明令横向框架命名为 1、2、3、4、5、6，纵向框架命名为 A、B、C。隧道掘进方向采用 y 坐标表示，令开挖面到达建筑物基础承台外边缘时开挖距离 $y=0m$，到达前 y 定义为负值，通过后定义为正值。网格划分见图 7.3-2 和图 7.3-3。双线盾构隧道施工过程模拟假定、方法和步骤、荷载取值同 7.2.2 节。

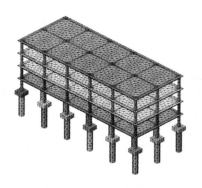

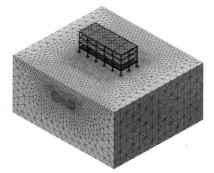

图 7.3-2　建筑物模型　　　　图 7.3-3　整体模型网格划分图

2. 有限元模拟结果分析

（1）标准工况分析（$T＝0$m）

① 建筑物位移分析

图 7.3-4 为隧道最先穿越的一楼楼板外边缘处的沉降曲线，图中 y 值代表右线隧道开挖距离，以下同。如图所示，在右线隧道开挖前，由于左线隧道已完全穿越建筑物，因此建筑物已产生一定沉降，在左线隧道上方沉降最大，曲线近似正态分布；随着右线隧道开挖（y 增大），建筑物的沉降明显增大；在 $y＝0$m 到 12m 期间沉降最为明显，因此这一施工阶段应引起重视；当 $y＝14.4$m 时右线隧道开挖面穿过整个基础，此时沉降逐渐趋于稳定；当 $y＝24$m 时建筑物沉降达到稳定，表明双线盾构隧道施工的影响范围较大，最终基础沉降曲线呈正态分布，中间大、两边小，最大沉降量为 16.5mm，边缘与中间的沉降差达 9.5mm，表明短桩基础的整体刚度不大。

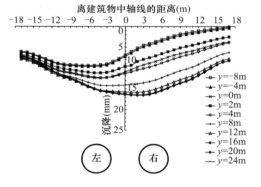

图 7.3-4　隧道开挖过程中一楼楼板边缘处沉降

图 7.3-5 为 $y＝0$m 时放大后的建筑物竖向变形示意图（向图内为隧道开挖方向），此时右线隧道开挖面到达建筑物基础边缘处。

图 7.3-6 为隧道开挖过程中靠近中轴线处的纵向承台 A3、B3、C3 的沉降曲线，图中 A3 位于 A 列承台与第 3 列承台交叉处。如图所示，在右线隧道开挖前，由于左线隧道已穿越过建筑物一定距离，建筑物纵向沉降已稳定，故一开始三榀框架有沉降、但差异很小（图 7.3-5 也反映该规律）；随着右线隧道的开挖，离隧道最近的 A3 点最先开始产生沉降，随后 B3、C3 也依次开始沉降；随着 y 的增大，三榀框架的沉降差不断增大，当 $y＝12$m 时 A3 框架和 B3、C3 框

架沉降差分别达到最大值 2.35mm 和 2.16mm；随后三者差异沉降逐渐减小，当 $y=24$m 时接近于 0。表明建筑物在沿隧道掘进方向产生短期不均匀沉降，且影响范围较长（约 24m）。

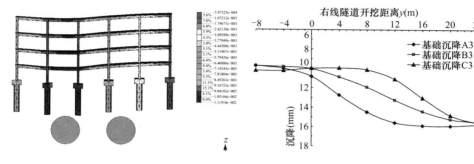

图 7.3-5　放大后的建筑物
竖向变形（$y=0$m）

图 7.3-6　隧道开挖过程中
纵向承台沉降曲线

图 7.3-7 为框架最大水平位移随 y 的变化曲线，图中纵向水平位移以沿隧道掘进方向为正，横向水平位移以从左向右方向为正。最大水平位移出现在框架顶部位置。如图所示，最大横向水平位移值较小，随着 y 的增加呈缓慢下降趋势，逐渐稳定，均值在 2mm 左右；最大纵向水平位移先增大后减小，在 $y=12$m 左右时达到最大值 8.25mm，此时建筑物整体倾斜为 0.57‰，小于 4‰，满足规范要求[19]。

② 应力、应变分析

根据《混凝土结构设计规范》，C30 混凝土构件轴心抗拉强度标准值为 $f_{tk}=2.01$MPa。

图 7.3-8 为隧道开挖过程中框架最大第一主应力 P_1 和最大变形率 E_1 的变化曲线。如图所示，两者的变化存在一定差异。E_1 总体波动平缓，变化不大。当 -8m$<y<-4$m，P_1 变化不明显；当 -4m$\leqslant y<12$m，P_1 总体呈增大趋势，且增速较大。在 $y=12$m 处 P_1 达到最大值 10.81MPa，为 f_{tk} 的 5.4 倍；当 12m$\leqslant$

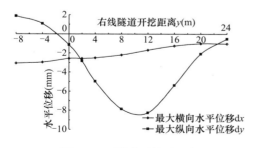

图 7.3-7　隧道开挖过程中
框架最大水平位移变化

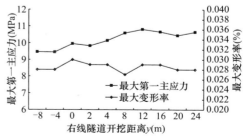

图 7.3-8　隧道开挖过程
中 P_1 和 E_1 变化

$y<24m$，P_1 波动平缓，基本稳定。可见，双线盾构隧道施工过程中建筑物会产生大于构件 f_{tk} 值的拉应力，从而可能出现裂缝，施工时应采取相应的控制措施。

（2）影响因素分析

① 土质条件变化

分别选取 3 种不同的土质条件进行模拟分析，土质参数见表 7.3-2，模拟时均取 $T=0m$、$y=16m$。图 7.3-9 为右线隧道最先穿越的一楼楼板外边缘的沉降曲线。如图所示，随着土质变差，建筑物沉降显著增大，3 种土质条件对应的最大沉降值分别为 5.82mm、16.49mm、42.50mm；中间与边缘的沉降差也变大，分别为 4.53mm、8.97mm、17.90mm。

土体物理力学参数表　　　　　　　　　　表 7.3-2

名称	重度（kN·m^{-3}）	弹性模量（MPa）	泊松比	黏聚力（kPa）	内摩擦角（°）
粉土	19.0	30	0.30	20	31
黏土	18.7	20	0.35	17	22
软黏土	18.0	15	0.42	14	15

图 7.3-10 为不同土质条件下框架 P_1 和 E_1 的变化曲线。如图所示，随着土质变差，框架的 P_1 和 E_1 均显著变大。从粉土到软黏土，P_1 增大了 146%、E_1 增大了 255%，表明土质较差时建筑物更易开裂。

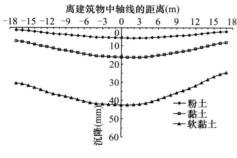

图 7.3-9　不同土质条件下
一楼楼板外边缘的沉降

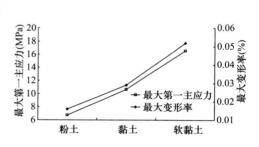

图 7.3-10　P_1 和 E_1
与不同土质条件的关系曲线

根据《建筑地基基础设计规范》，框架结构的沉降差允许值为 $0.002L_0$，本文中 $L_0=6.6m$，故沉降差允许值 $[\Delta]=13.2mm$。随着土质变差，3 种土质条件对应的相邻柱基最大沉降差分别为 2.57mm、5.06mm、7.70mm，均满足要求；3 种土质对应的 P_1 分别为 6.74MPa、10.66MPa、16.61MPa，为 f_{tk}[20] 的 3、5、8 倍左右，建筑物可能出现裂缝。

② 建筑物层高变化

令 $T=0m$、$y=16m$，分别选取层数 $H=3$ 层、4 层、5 层进行模拟分析，研究层高改变的影响。图 7.3-11 为右线隧道最先穿越的一楼楼板外边缘的沉降曲线。如图所示，H 增大对建筑物沉降的影响较小；随着 H 增大，最大沉降量略有增大，分别为 16.51mm、16.49mm、16.69mm；中间与边缘的沉降差则略有减小，分别为 9.97mm、8.97mm、8.05mm。

图 7.3-12 为不同层高时框架 P_1 和 E_1 与 H 的关系曲线。如图所示，随着建筑物层高增加，P_1 和 E_1 都呈逐渐减少趋势；从三层到五层，P_1 减小了 13.3%，E_1 减小了 13%。表明随着层高增加，框架结构的整体刚度有所增加。

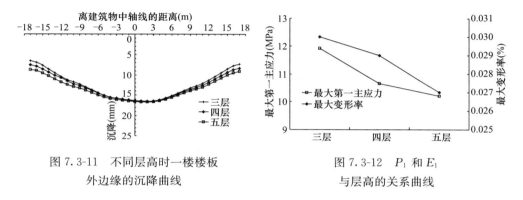

图 7.3-11 不同层高时一楼楼板
外边缘的沉降曲线

图 7.3-12 P_1 和 E_1
与层高的关系曲线

③ 隧道与建筑物水平位置变化

均取 $y=16$m，改变 T 值研究隧道与建筑物水平位置改变的影响，分别取 T 为 0m、2m、4m、6m、8m、10m、12m、16m、20m、24m、28m，建立三维有限元模型，模拟结果见图 7.3-13～图 7.3-17。

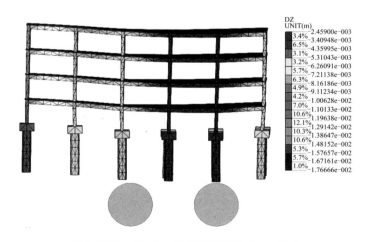

图 7.3-13 $T=4$m 时建筑物沉降（$y=16$m）

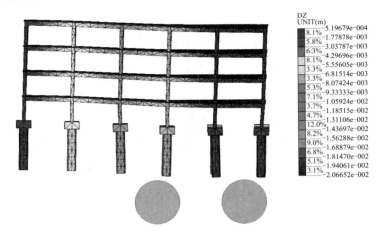

图 7.3-14　$T=8m$ 时建筑物沉降（$y=16m$）

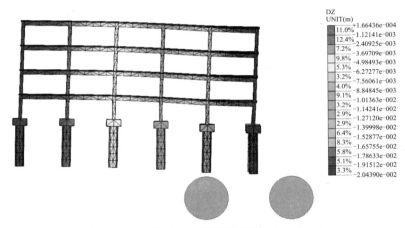

图 7.3-15　$T=16m$ 时建筑物沉降（$y=16m$）

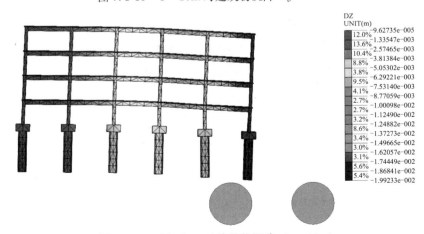

图 7.3-16　$T=20m$ 时建筑物沉降（$y=16m$）

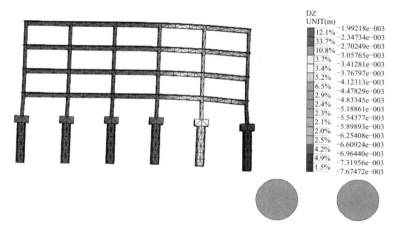

图 7.3-17　T＝28m 时建筑物沉降（y＝16m）

图 7.3-18 为 y＝16m、改变 T 时一楼楼板外边缘处的沉降曲线。如图所示，当T＝0m 时，建筑物产生整体下沉、沉降曲线成轴对称分布，最大沉降量为 16.49mm；随着 T 的增大，建筑物呈现向隧道一侧倾倒的趋势，最大沉降值逐渐增大并向 T 移动方向靠拢；当 T＝12m 时沉降最大，达 22.45mm（此时右线隧道在承台外边缘正下方处），建筑物容易产生开裂甚至倾斜；当 T＝28m 时基础最大沉降为 7.03mm，建筑物整体沉降差很小，表明此时隧道开挖对建筑物的影响很小。

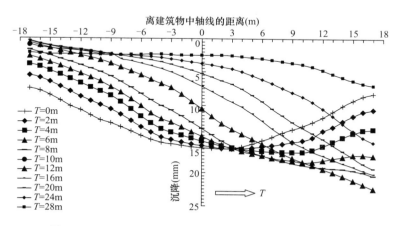

图 7.3-18　T 不同时隧道开挖过程中一楼楼板外边缘沉降

图 7.3-19 为 y＝16m、改变 T 时，框架 P_1 和 E_1 与 T 的关系曲线。如图所示，随着 T 的增大，P_1 总体上呈减小趋势；而 E_1 变化较为明显，当 T＜16m 时，E_1 呈下降趋势，E_1 最小值为 0.019％；当 16m＜T≤24m 时，E_1 急剧增大，主要原因是此工况下右线隧道已偏离出建筑物基础下方，而左线隧道正处于承台

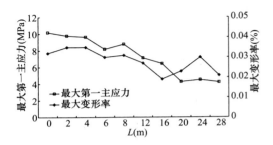

图 7.3-19　P_1 和 E_1 与 T 的关系曲线

外边缘正下方处，导致此时变形率突然增大；随后 E_1 急剧减小。

如图 7.3-20 所示，随着 T 从 0 开始增大，框架最大横向水平位移先增大后减小，当 $T=20m$ 时（此时左线隧道在承台外边缘正下方内，右线隧道在承台外）达到最大值 11.95mm。此时建筑物整体倾斜为 0.83‰，小于 4‰[19]；最大纵向水平位移的绝对值变化较小，呈缓慢下降趋势，最大值为 6.35mm，在 $y=28m$ 后逐渐趋向于 0。

如图 7.3-21 所示，随着 T 增大，相邻柱基沉降差 Δ 呈先增大、后减小趋势，但是变化幅度较小。在 $T=24m$ 时 Δ 达到最大值 7.31mm，在规范允许值范围内[19]，表明建筑物安全。

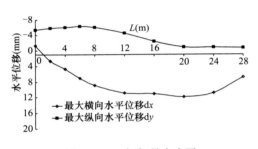

图 7.3-20　框架最大水平
位移与 T 的关系曲线

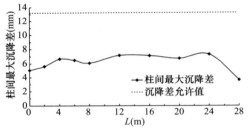

图 7.3-21　相邻柱间沉降差
与 T 的关系曲线

3. 土体加固对建筑物的影响

土体加固包括隧道周围土体的加固和建筑物地基的加固。前者通过增大隧道周围土体的强度和刚度，以减少或防止周围土体产生扰动和松弛，从而减少对邻近建筑物的影响，保证建筑物的正常使用和安全。后者通过加固建筑物地基，提高其承载强度和刚度而抑制建筑物的沉降变形。

令 $T=0m$，建模时在基础承台部分以下设置三种不同尺寸的加固区（沿建筑物中轴线对称分布），来模拟隧道施工时建筑物基础底端土层加固。加固区尺寸：其中 z 方向（高度）均取 5m，y 方向（沿掘进方向）均取 15m，加固方案一 x 方向（横向）取 18m，加固方案二 x 方向取 22m，加固方案三 x 方向取 26m。

加固区采用实体单元，材料计算参数取值见表 7.3-3。图 7.3-22 为加固方案一中短桩基础及加固区单元模型。对开挖模拟步骤作相应调整后开始模拟，隧道开挖距离取 $y=16m$，建筑物沉降模拟结果见图 7.3-23～图 7.3-26。

材料的物理力学参数取值 表 7.3-3

构件	重度（kN·m⁻³）	弹性模量（MPa）	泊松比	黏聚力（kPa）	内摩擦角（°）
黏土	18.7	20	0.35	17	22
框架	25	30000	0.20		
基础	25	31500	0.20		
衬砌	25	34500	0.17		
盾壳	78.5	210000	0.30		
加固区	19.2	200	0.30	200	25

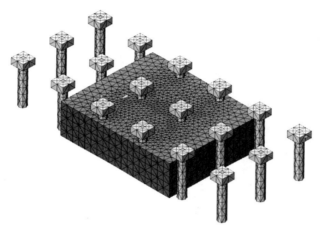

图 7.3-22　加固方案一中短桩基础及加固区单元模型

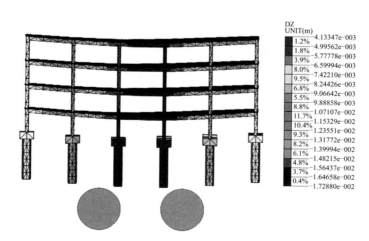

图 7.3-23　加固前建筑物沉降

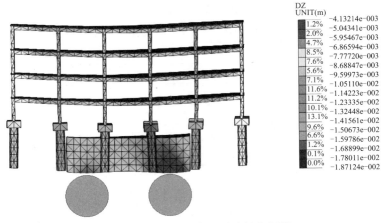

图 7.3-24　加固方案一时建筑物沉降

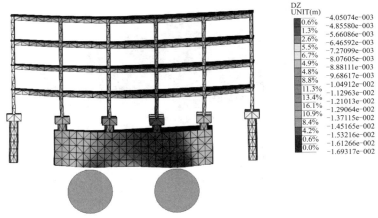

图 7.3-25　加固方案二时建筑物沉降

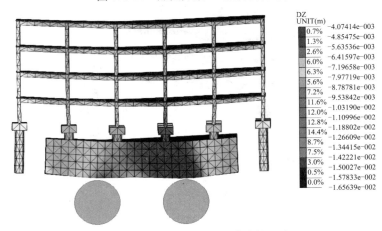

图 7.3-26　加固方案三时建筑物沉降

为了更直观的分析土体加固对建筑物沉降的影响，比较了土体加固前后隧道开挖引起一楼楼板外边缘处的竖向变形情况。如图 7.3-27 所示：通过对土体采取加固措施，建筑物沉降减小，特别是在加固范围内建筑物沉降减小显著。随着加固措施的严格，四种工况的最大沉降值分别为 16.49mm、15.46mm、15.04mm、14.63mm；一楼楼板外边缘中间与两边的沉降差也减小，分别为8.97mm、8.18mm、7.73mm、7.33mm。

由图 7.3-27 可知，通过对土体进行加固，可以减小建筑物沉降，特别是在加固区范围内沉降变化显著；而且加固区范围越大，加固效果越好。但是在未加固区沉降变化不大。

框架的最大第一主应力和最大变形率主要出现在梁柱节点及边柱、梁柱交接处。图 7.3-28 为土体加固前后框架最大第一主应力 P_1 和最大变形率 E_1 的变化曲线。如图所示，通过对土体的加固，框架的 P_1 呈先上升后下降趋势，上升幅度很小，原因可能是加固后自重增加；E_1 则随着土体的加固有所减小，表明通过对土体加固处理，对建筑物安全有利。

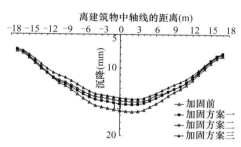

图 7.3-27　土体加固前后建筑物沉降曲线

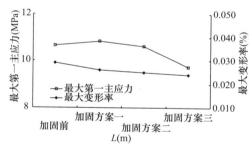

图 7.3-28　土体加固前后 P_1 和 E_1 的变化

7.4　双线平行盾构侧穿邻近框架建筑物的数值模拟

1. 三维有限元模拟

（1）模型建立及参数取值

双线水平平行盾构隧道轴线埋深 15m，双线隧道轴线水平间距为 11m，盾壳长 6m。隧道管片外直径 6.2m，内直径 5.5m，每环宽 1.2m，采用 C50 混凝土浇筑。地表建筑物为钢筋混凝土框架结构，其结构形式源于某实际居民楼，地上 4层，每层高 3.2m（包括楼板厚度），采用 C30 混凝土浇筑。柱子尺寸 0.4m×0.4m，梁的尺寸为 0.25m(宽)×0.4m(高)，楼板厚度为 0.1m。基础采用短桩形式，采用 C35 混凝土浇筑，单桩承台尺寸为 1.5m(高)×1.2m(宽)×1.2m(长)，其中有两个双桩承台，其尺寸为 1.5m(高)×1.2m(宽)×2.6m(长)；短桩桩长为

8m，桩径为 0.5m。建模时，不考虑填充墙对框架结构侧向刚度的作用，把填充墙折算成荷载 $10kN/m^2$，施加在相应的梁上。$1\sim3$ 层楼板面活荷载为 $5kN/m^2$，顶层不考虑活动荷载，取 $0.5kN/m^{2[13]}$；盾构掘进推力取 168kPa，同步注浆力取 42kPa，盾壳摩擦力取 56kPa。

假定土体为均质，本构模型采用莫尔-库伦模型。衬砌、框架和基础均为线弹性模型。衬砌采用板单元，框架、基础和土体均采用实体单元。模型计算参数取值见表 7.4-1。整个模型尺寸：横向为 74m、纵向为 80m、竖向为 40m。模型布置见图 7.4-1、图 7.4-2 和图 7.4-3，隧道开挖面最先到达基础时，令开挖距离 y 为 0；未到达前为负，穿越后为正。隧道与邻近建筑物基础边缘净距离为 x，在本文中 $x=0$m。命名靠近建筑物侧隧道为右线隧道，远离建筑物侧隧道为左线隧道。垂直隧道的方向为横向，平行隧道的方向为纵向。模型网格划分见图 7.4-4。

材料的物理力学参数取值　　　　　　　　　　　　　　表 7.4-1

构件	重度（$kN \cdot m^{-3}$）	弹性模量（MPa）	泊松比	黏聚力（kPa）	内摩擦角（°）
黏土	18.5	20	0.35	12	20
框架	25	30000	0.20		
基础	25	31500	0.20		
衬砌	25	34500	0.17		

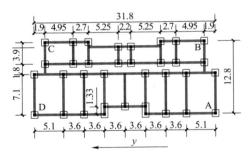

图 7.4-1　建筑物模型布置俯视图（m）

（2）双线平行盾构隧道施工模拟

本节假定条件同 7.2.2 节。模拟步骤：①激活所有土体，施加自重荷载和边界支撑，位移清零；②修改建筑物基础属性，激活框架，施加建筑物荷载，位移清零；③钝化先行隧道挖土，同时施加盾构正面推力；④生成先行隧道的衬砌，同时施加盾壳摩擦力和同步注浆力；⑤钝化后行隧道挖土，同时施加盾构正面推力；⑥生成后行隧道的衬砌，同时施加盾壳摩擦力和同步注浆力。

2. 有限元模拟结果分析

（1）左右线隧道掘进顺序的影响

根据实际工况，取两种施工工序进行模拟分析与比较。工况 1：右线隧道已先行掘进穿越整个土体模型，管片已拼装完毕，然后模拟左线隧道后行掘进对建筑物的影响。工况 2：左线隧道已先行掘进穿越整个土体模型，管片已拼装完毕，然后模拟右线隧道后行掘进对建筑物的影响。模拟结果见图 7.4-5 和图 7.4-6，图中数据为距离 4 楼楼板外边缘（隧道最先穿越侧）3.5m 处的楼板横向沉降曲线，0m 处为靠近隧道一侧。

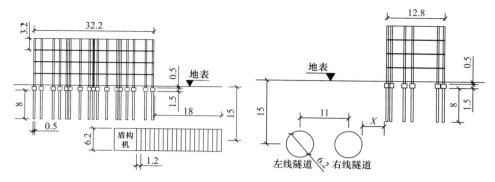

图 7.4-2 模型纵断面布置图（m）　　图 7.4-3 模型横断面布置图（m）

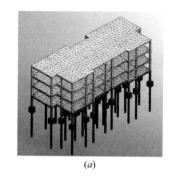
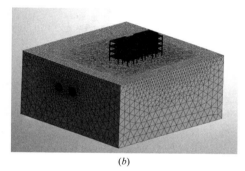

(a)　　　　　　　　　　(b)

图 7.4-4 网格划分图

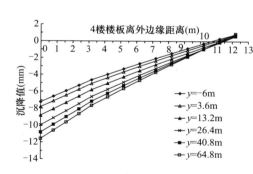
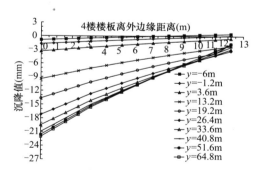

图 7.4-5 建筑物的横向沉降曲线（工况 1）　图 7.4-6 建筑物的横向沉降曲线（工况 2）

如图 7.4-5 所示，工况 1 中：①当 $y=-6$m 时，由于此时右线隧道已掘进且离建筑物较近，建筑物产生朝向隧道一侧的明显倾斜，沉降曲线近似线性分布，最大沉降为 -7.23mm，首尾沉降差为 8.03mm；②随着左线隧道的掘进（即 y 值增大），建筑物的沉降逐渐增大。由于左线隧道离建筑物较远，所以沉降增长速率比较平缓，但首尾沉降差随掘进的过程愈加明显；③隧道穿越建筑物后当

$y=64.8$m 时，建筑物最大沉降为 -11.6mm，首尾沉降差为 12.3mm，较 $y=-6$m 时，最大沉降增长了 60%，首尾沉降差增长了 53%。由于右线隧道建造好后阻挡了左线隧道施工引起的土体移动，起到遮拦效应，保护了建筑物，导致建筑物沉降较小。

如图 7.4-6 所示，工况 2 中：①当 $y=-6$m 时，虽然左线隧道已掘进但其距离建筑物较远，对建筑物影响较小，所以建筑物的沉降接近 0mm。在隧道开挖面未达到建筑物时（$y<3.6$m），建筑物的沉降变化缓慢。当 $y=3.6$m 时，框架最大沉降为 -4.6mm，首尾沉降差为 3.6mm；②在右线隧道穿越建筑物的区间过程中（3.6m$<y\leqslant$33.4m），建筑物沉降急剧增大。当 $y=33.4$m 时，建筑物的最大沉降为 -19.0mm，首尾沉降差为 16.6mm；③当右线隧道穿越建筑物以后（33.4m$<y\leqslant$64.8m），沉降逐渐趋于稳定。当 $y=64.8$m 时，建筑物的最大沉降为 -22mm，首尾沉降差为 20mm。较 $y=3.6$m 时，沉降增长了 378%，首尾沉降差增长了 455%。原因是因为右线隧道离建筑物较近，且左线隧道已造好，阻挡了土体移动的传递，导致建筑物沉降较大。

与工况 1 相比较，工况 2 的建筑物横向沉降变化较大。在工况 2 中当 $y=64.8$m 时，建筑物最大沉降量是工况 1 的 1.9 倍。表明双线隧道中靠近建筑物一侧的盾构隧道后掘进，对建筑物的影响更大。因此，下面本文仅针对工况 2 作进一步研究，对建筑物的纵向沉降、倾斜和应力等进行分析。

（2）工况 2 模拟结果分析

① 建筑物纵向沉降分析

图 7.4-7 为工况 2 中距离 4 楼楼板外边缘（靠近隧道侧）3.5m 处的纵向沉降曲线图。如图所示：A. 在右线盾构（后行）开挖面未到达建筑物时，建筑物沉降较小；B. 随着盾构开挖面的穿越（y 值变大），靠近隧道侧的建筑物先产生沉降，远离侧沉降较小，使建筑物产生纵向不均匀沉降；C. 建筑物纵向的首尾沉降差先增大、后减小，在隧道穿越建筑物的过程中出现短暂性的纵向倾斜。当 $y=26.4$m 时，最大首尾沉降差为 12.6mm；D. 当隧道开挖面远离建筑物时，纵向曲线趋向水平状态。当 $y=64.8$m 时，建筑物沉降已稳定，最终最大沉降值为 17.3mm。

② 建筑物倾斜分析

图 7.4-8 为 A、B、C、D 这 4 个点随盾构隧道掘进的沉降曲线图，图中 A、B、C、D 为 4 楼楼板的 4 个角点，具体位置见图 7.4-8。如图 7.4-8 所示：A. 当 $y=-6$m 时，由于 A、D 两点靠近隧道一侧，沉降均在 -7mm 左右。B、C 两点远离隧道侧，均隆起 1mm，此时纵向两点沉降接近；B. 随着盾构隧道的开挖面穿越建筑物前后，建筑物的沉降变化明显，建筑物整体向隧道一侧倾斜。A 点和 D 点的沉降逐渐增大，A 点先沉降，D 点沉降量向 A 点接近。C 点的位移量几乎

不变，B点先沉后隆。纵向同一直线上的两点沉降差均先增加、后减小；C. 当 $y=64.8m$ 时，建筑物的横向沉降差为 12.5mm，此时建筑物的横向倾斜率为 0.4‰＜2‰，根据上海地铁盾构施工监控设计及要点[21]，建筑物未出现裂缝，符合安全要求。

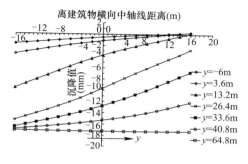

图 7.4-7　建筑物纵向
沉降（工况 2）

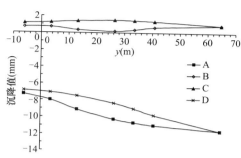

图 7.4-8　隧道开挖过程中
A、B、C、D 点的沉降（工况 2）

③ 建筑物应力分析

图 7.4-9 为建筑物的最大第一主应力 P_1 变化曲线图。如图所示：A. 当 $-6m＜y＜26.4m$ 的过程中，建筑物的 P_1 值逐渐增大，在 $y=26.4m$ 附近，达到最大值 4.98MPa，此时隧道开挖面已经快要穿越整个建筑物；B. 之后随着隧道掘进，建筑物的 P_1 值逐渐减小，当 $y=64.8m$ 时已经趋于稳定。

④ 地表沉降分析

图 7.4-10 为随着右线盾构穿越前后 $y=-1m$ 处的地表横向沉降曲线。如图所示：A. 当地表附近存在建筑物时，右线隧道穿越前当 $y=-6m$ 时，由于左线隧道已穿越，故最大沉降值偏向左线隧道侧，最大沉降量为 $-9.95mm$。随着 y

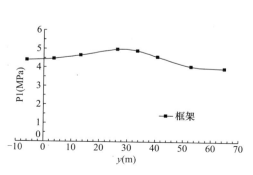

图 7.4-9　隧道开挖过程 P_1
变化曲线（工况 2）

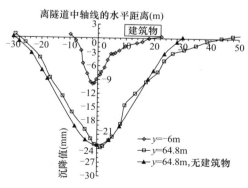

图 7.4-10　地表沉降曲线（工况 2）

值增大，地表沉降迅速增大。当 $y=64.8m$ 时地表最大沉降量为 $-23.8mm$，为穿越前 $y=-6m$ 的两倍多；B. 当地表附近不存在建筑物时，地表沉降曲线呈正态分布，地表最大沉降为 $23.2mm$，与存在建筑物的情况接近；C. 当 $y=64.8m$ 时，将有无考虑建筑物的地表沉降曲线进行比较，可以发现建筑物附近的地表沉降接近线性增长，斜率相对较小，远离建筑物的地表沉降变化缓慢，影响范围比无建筑物存在的情况要大。

3. 建筑物的安全性判断

以上模拟结果均假定隧道开挖前地表沉降为零，即不考虑建造建筑物引起的地表沉降，这种工况是用于研究隧道施工对建筑物产生的附加位移与应力，并非建筑物的真实位移与应力，因此无法评估建筑物的安全性。为增加建筑物安全性判断的可靠性，本节在模拟时考虑隧道施工前建筑物自重引起的沉降（即位移不清零），对工况 2 进行模拟。

（1）建筑物基础变形

根据《建筑地基基础设计规范》，本节建筑物框架结构的沉降差允许值为 $0.002L_0$。由于本文模型的相邻柱间距不一致，导致沉降差允许值也不一致。读取相邻柱间沉降差 Δ，令 $i=\Delta/L_0 \leqslant 2‰$ 作为建筑物基础变形的安全性判断标准。

读取每个模型的最大 i 值，结果见图 7.4-11。如图所示，当 $y<0m$ 时，$i<0.5‰$；当 $3.6m<y<13.2m$ 时，i 几乎呈线性迅速增大，该过程中 i 最大值为 $1.47‰$；当 $13.2m<y<26.4m$ 时，i 有所下降；之后 i 先增加、后趋于稳定，最大值稳定在 $1.75‰$。整个隧道开挖过程中，i 均小于 $2‰$，表明建筑物安全。研究结果表明：在隧道开挖过程中，i 增大主要发生在隧道掌子面开挖至建筑物 $1/3$ 之前和 $2/3$ 之后，在掌子面位于建筑物的 $1/3\sim2/3$ 的位置时，受建筑物结构自身刚度的影响，i 反而有所下降。

（2）框架结构应力

图 7.4-12 为模拟时是否考虑建筑物自重位移的结构最大第一主应力 P_1 变化曲线对比图，图中未考虑建筑物自重位移（即位移清零）的 P_1 变化已在图 7.4-9 中进行过分析。如图 7.4-12 所示，是否考虑建筑物自重位移对 P_1 计算结果的影响非常大。在考虑建筑物自重位移时，当 $y<26.4m$ 时，P_1 几乎没有变化，稳定在 $3.7MPa$ 左右；当隧道即将穿越完建筑物时，P_1 迅速增加，最大值为 $8.5MPa$；在 $y=40.8m$ 时，P_1 又迅速减小。在《混凝土结构设计规范》中查得 C30 混凝土轴心抗拉强度标准值为 $f_{tk}=2.01MPa$。在整个过程中框架最大 P_1 值是 f_{tk} 的 4 倍，表明建筑物可能出现裂缝。

研究结果表明：①隧道施工引起的建筑物附加 P_1 值并不是很大，而建筑物自身荷载对 P_1 的影响较大；②在对建筑物进行安全性判断时，必须考虑建筑物的实际状态，即建筑物自重引起的位移不能清零。

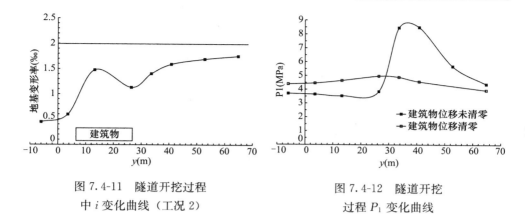

图 7.4-11 隧道开挖过程
中 i 变化曲线（工况 2）

图 7.4-12 隧道开挖
过程 P_1 变化曲线

7.5 盾构隧道施工对建筑物影响的控制措施

1. 建筑物的安全控制标准

目前，我国确定了城市地面变形为"＋10mm～－30mm"沉降（隆起）基准以确保地面建筑物的安全，并且规定当最大沉降大于 15mm 时，邻近建筑物的不均匀沉降应限制在 1/500 的基础倾斜之内。其中关于沉降引起的地表建筑物破坏规定都不是针对盾构法施工的。但由于目前国内没有关于盾构法施工对邻近建筑物破坏影响的规定，往往盾构施工中产生的地面沉降所引起的地表建筑物破坏准则都是按照其他规范参照执行的。

Burland 和 Worth、Boscarding 和 Cording 研究了最大主拉应变与结构损害程度的关系，Boscarding 和 Cording 提出的二者之间的关系如表 7.5-1 和表 7.5-2 所示。

剪应变与结构损害程度的关系表　　　　表 7.5-1

损坏级别	严重性描述	极限拉应变（％）
0	几乎可以忽略	0～0.05
1	非常轻微	0.05～0.075
2	轻微	0.075～0.15
3	中等程度	0.15～0.3
4，5	严重至很严重	＞0.3

建筑物可见损坏程度分类表　　　　表 7.5-2

损坏类型	损坏程度	典型破损的描述
0	几乎可以忽略	裂缝小于 0.1mm
1	很轻微	裂缝细微，可通过装潢处理掉；破坏通常发生在内墙，典型裂缝宽度在 1mm 以内

续表

损坏类型	损坏程度	典型破损的描述
2	轻微	裂缝易于填充，可能需要重新装潢，从外面可见裂缝；门窗可能会略微变紧；典型裂缝可以宽达 5mm
3	中等程度	裂缝需要修缮，门窗难以打开，水管或煤气管等可能会断裂，防水层削弱，典型裂缝可达 5～15mm
4	严重	需要普遍修缮，尤其是门窗上部的墙体可能需要凿除，门窗框扭曲，地板倾斜可以感知，墙的倾斜或凸出可以感知，管线断裂，典型裂缝宽可达 15～25mm
5	很严重	本项可能需要原房屋局部或全部重建，梁失去承载力，墙体严重倾斜，窗户扭曲、破碎，结构有失稳的危险，典型裂缝宽度大于 25mm

根据《建筑地基基础设计规范》规定，对由于隧道施工而引起的地表建筑物基础下沉或局部倾斜应小于表 7.5-3。

建筑物允许沉降控制标准　　　　　　　　　　表 7.5-3

变形特征	地基变形允许值	
	中、低压缩性土	高压缩性土
砌体承重结构基础的局部倾斜	0.002	0.003
工民建柱间沉降差： 1. 框架结构 2. 砖石墙填充的边排柱	0.002L_0 0.0007L_0	0.003L_0 0.001L_0

注：L_0 为两柱基中心之间的距离。

相关专业管理部门制定了地下采矿地表建筑物及其他保护对象等级的划分规范，其有关地表建筑物保护的规定见表 7.5-4。

砖石结构建筑物破坏等级（保护等级）　　　　表 7.5-4

破坏（保护）等级	建筑物可能达到的破坏等级	地表变形值			处理方式
		倾斜 (mm·m^{-1})	水平变形 (mm·m^{-1})	曲率 (10^{-3}·m^{-1})	
I	墙壁不出现或仅出现少量宽度小于 4mm 的细微裂纹	≤3.0	≤2.0	≤0.2	不修
II	墙壁出现 4～15mm 宽的裂纹，门窗略有歪斜，墙皮局部脱落，梁支撑处稍有异样	≤6.0	≤4.0	≤0.4	小修
III	墙壁出现 16～30mm 宽的裂纹，门窗严重变形，墙身倾斜，梁头有抽动迹象	≤10.0	≤6.0	≤0.6	中修
IV	墙身严重倾斜、错动，外鼓或内凹，梁头抽动较大，屋顶、墙身挤坏，有倒塌危险	>10.0	>6.0	>6.0	大修、重修或拆除

　　吴贤国等[22]根据国内外规范、大量工程经验和计算分析，提出地表变形可能导致周围框架结构建筑物破坏等级及保护标准，见表7.5-5。该标准适用于盾构施工、基坑开挖等引起建筑物变形的情况。其中，建筑物倾斜率为盾构施工前已有倾斜率和盾构施工引起的倾斜率之和，即为累计建筑物总倾斜率。该标准主要适用于一般的框架结构建筑物；对于砖混结构建筑物变形，其标准要求应更严格一些；对于剪力墙结构建筑物，变形其标准可放宽一些。

建筑物破坏等级及保护标准　　　　　　　　　　　表 7.5-5

破坏等级	建筑物可能达到的破坏程度	地表变形值		建筑物倾斜率（%）	保护标准
		倾斜（mm·m^{-1}）	水平变形（mm·m^{-1}）		
I	允许墙上出现一些很小的无危害的裂缝，如建筑物抹灰有细裂纹	≤3.0	≤3.0	≤0.2	施工前建筑物不需要保护；不修
II	允许墙上出现一些容易修理的较小裂缝，门窗启闭有轻微不灵活感	≤5.0	≤3.0	0.2~0.4	施工前建筑物需要采取简单保护；需小修
III	允许出现一些易修理的较大裂缝，如能够在建筑物外边见到小裂缝（或一条大裂缝），门窗卡紧，上下水管道可能断裂	≤8.0	≤5.0	0.4~0.7	施工前建筑物需要仔细保护；需中修
IV	允许出现一些可修理的破坏，如结构物开裂，门窗框变形，地板明显倾斜，墙壁明显歪斜或鼓起，屋顶隆起，墙砌体产生水平裂缝而鼓起	≤12.0	≤7.0	0.7~1.0	盾构施工前建筑物需要加固保护；需中修
V	地表出现较大的裂缝塌陷坑，较IV级的破坏更厉害，屋顶和墙壁严重弯曲和隆起	>12.0	>9.0	>1.0	施工前建筑物需要加固保护；需大修或拆除重建

　　朱合华等[23]对Rankin提出的建筑物评价标准进行修正，得到包含倾斜和扭曲2个指标的控制标准，见表7.5-6。

建筑物服务状态评价标准　　　　　　　　　　　表 7.5-6

风险等级	建筑物差异沉降（mm·m^{-1}）	建筑物最大扭曲（10^{-2}rad·m^{-1}）	风险描述
1	<2.0	<0.4	可忽略
2	2.0~5.0	0.4~1.0	轻微
3	5.0~20.0	1.0~4.0	中等
4	>20.0	>4.0	高度

2. 减小建筑物危害的控制措施

对建筑物的安全保护措施可以分为主动保护措施和被动保护措施[18,23]。主动保护措施主要是事先采用先进的施工方法，尽量减少地表沉降。被动保护措施主要是对基础周围的土体，或是对建筑物本身进行加固。对建筑物采取治理措施的原则是，使建筑物在隧道开挖过程中能够正常使用，但允许产生容易修补的裂缝。保护措施以"控制隧道变形为主、地基和房屋加固为辅"为原则。工程措施主要指通过诸如隔断法、桩基托换、土体加固、建筑物本体加固、改善建筑物设计等方法来保护周围建筑物[24-28]。下面分别进行介绍。

（1）隔断法

在建筑物附近进行地下工程施工时，通过在盾构隧道和建筑物间设置隔断墙等措施，阻止盾构机掘进造成的土体变形，以减少对建筑物的影响。避免建筑物产生破坏的工程保护法，称为隔断法。该法需要建筑物基础和隧道之间有一定的施工空间。

隔断墙墙体可由密排钻孔灌注桩、高压旋喷桩和树根桩等构成，主要用于承受由隧道施工引起的侧向土压力和由土体差异沉降产生的负摩阻力，使之减小建筑物靠盾构隧道侧的土体变形。为防止隔断墙侧向位移，还可在墙顶部构筑联系梁并以地锚支承。

设置隔断墙可以有效地减少隧道开挖对建筑物基础的影响，效果较好。其中采用钻孔灌注桩的优点是：桩的强度和刚度好，比较安全可靠，同时钻孔桩施工以后桩身强度成长快，施工过程中对原有建筑物影响很小，缺点是由于场地限制只能选用较小的设备作业，速度较慢。高压旋喷桩的优点是：施工设备灵巧，速度快，施工中对建筑物影响小，成本比钻孔灌注桩低，但其强度较低，施工后桩身强度成长慢。树根桩优点是：成本低，施工设备较小，施工时对原有建筑物影响小，但由于桩小，隔断效果较差。不过还需注意，隔断墙本身的施工也是邻近施工，故施工中要注意控制对周围土体的影响。

工程案例：某市政工程暗挖隧道穿越古建筑，该暗挖段地下水处理采用古建筑周边设地下连续墙封闭，利用地下连续墙进行挡土和防水。隧道开挖后，取得了良好的降水效果，对古建筑也没有产生破坏性的影响。

（2）桩基托换

桩基托换是以特定的桩取代原桩作为建筑物的传力杆件，与原有地基形成多元化桩基并共同分担上部荷载，缓解和改善原有地基的应力应变状态，直至取得控制沉降与差异沉降的预期效果，如图7.5-1所示。

在隧道开挖过程中，往往会遇到建筑物桩基侵入隧道净空的情况，当地铁从建筑物底部穿越时，建筑物底部的地基土被开挖，洞体四周土体应力状态将发生变化，且并伴随着土体的变形，一直延伸到地表面，并对建筑物的基础产生作

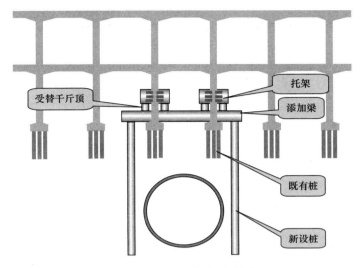

图 7.5-1　桩基托换示意图

用。此时必须对桩基进行托换处理，将建筑物原来的基础托承到不受施工影响的新的桩基上，同时建筑物上部荷载通过托换结构也得到了可靠的转移，从而减少了隧道开挖中地层变形对建筑物的影响，解决了隧道穿越既有建筑物的安全问题。托换处理主要有门式桩梁、片筏基础、顶升及树根桩等方法。

　　桩基托换技术经济合理，效果较好，而且通过改变力的传播途径来控制建筑物变形的发生，同时施工期间不会影响到建筑物的使用功能。但是桩基托换的机理比较复杂，托换技术难度大，综合性强，施工周期长，而且大部分基础托换工程工作在建筑物的室内进行，作业空间受到限制。

　　工程案例[29]：广州地铁二号线隧道从广园西路一栋 6 层的宿舍大楼下方穿越而过，隧道施工采用盾构法，楼房基础为挖孔灌注桩，为了确保楼房的安全，采用由托换桩和托换梁组成的托换结构体系，对部分楼房桩基分别进行托换和加固，使楼房在原有基础被破坏的情况下，继续保持正常使用和安全状态。

　　（3）土体加固

　　土体加固包括隧道周围土体加固和建筑物地基的加固。前者通过增大隧道周围土体的强度和刚度，以减少或防止周围土体产生扰动和松弛，从而减少对近邻建筑物的影响，保证建筑物的正常使用和安全。后者通过加固建筑物地基，提高其承载强度和刚度而抵制建筑物的沉降变形。这两种加固措施一般采用化学注浆、喷射搅拌等地基加固的方法来进行施工。如图 7.5-2 所示，当地面具有施工条件时，可采用从地面进行注浆或喷射搅拌的方式来进行施工；当地面不具备施工条件或不便从地面施工时，可采用洞内处理的方式，主要是洞内注浆。

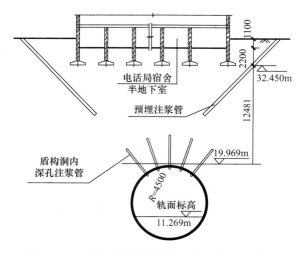

图 7.5-2　盾构下穿住宅楼加固措施断面示意图

工程案例：①上海市的下水道主干线工程中[30]，采用外径为 4.43m 的土压平衡盾构，通过洞内注浆的处理方式，顺利通过了邻近桥台的基础桩，且把最终沉降成功地控制在要求的 10mm 内；②某工程暗挖隧道[31]，其进口线左侧提供初支临时安装场地及连接洞口的施工便道，以满足洞身施工要求。左侧拱部洞壁最薄处仅 3～5m，该段施工时，用直径 42mm 小导管注浆超前支护，小导管环向间距 0.5m，每根长 3.5m，每 2m 设一环，管内注 1:1 水泥浆液；格栅钢架间距由 1.0m/榀调整为 0.6m/榀，加密环向锚杆及锁脚锚杆，改弧形喷混凝土为平喷，保持喷混凝土面平整，确保支护强度。

（4）建筑物本体加固

该法实际上是对建筑物本身进行加固，使其结构刚度加强，以适应地基土变形而引起建筑物变形的一种工程保护方法。对建筑物本体进行加固的措施有多种，如可以通过加筋、加固墙、设置支撑等来直接对建筑物上部结构进行加固，或通过加固桩、锚杆等对建筑基础进行加固。实际工程中需要根据建筑物的结构和基础特点选用相适应的方法。

工程案例：某市某工程为六层砖混结构，建筑面积超过 5000m²，在主体工程施工到第六层时，底层和二层相继在承重横墙出现竖向裂缝。底层的承重横墙 80% 以上的墙体开裂，底层房屋即将倒塌。采用在梁端设垫块或采用压力灌浆的办法填实梁端砌块孔洞；外墙转角处采用加设构造柱加固墙体的稳定性；现浇钢筋混凝土板采用减小板跨增加次梁等方法进行加固。加固后经过验收完全符合安全要求，已安全使用至今。

（5）改善建筑物设计方法

在地下工程建造活跃的地区，建筑物的设计中宜考虑后期地基变形等因素，将建筑物的抗变形设计融入现有的结构设计中，以提高构筑物抗变形的能力。对于框架结构，在设计时可兼顾刚性设计和柔性设计的原则。刚性设计可提高建筑物的整体性和刚度，提高建筑物的抗变形能力；柔性设计是人为地在建筑物上部结构或地基基础上形成软弱面，用以吸收大部分开挖引起的地表变形，或者阻断地表变形的传递和扩散。此外，还可以将现有的抗震设计理论扩展到结构抗变形理论中，例如对框架结构的"强柱弱梁、强剪弱弯、强节点弱构件"抗震原则扩展到结构的抗变形设计中。

综上所述，隔断墙、桩基托换和注浆等作为隧道开挖造成建筑物损害的治理措施，均有其特定的最佳使用条件，有些情况下也可以相互配合使用以减少建筑物保护代价。在隧道开挖靠近建筑物时，建筑物基础埋置较浅时，且场地受到限制，可以设置隔断墙来保护建筑物；在隧道开挖穿越建筑物基础将建筑物的桩基切断或者使其产生过大的变形，施工现场、施工技术许可的情况下，建议采用桩基托换法。注浆法可以作为其他两种方法的补充和辅助手段，在隧道开挖引起的地表位移不大时也可单独采用。

7.6 本章小结

通过三维有限元模拟双线平行盾构施工对邻近独立基础框架结构建筑物的影响，得到以下研究结果：（1）在左线盾构已穿越建筑物的工况下，随着右线盾构穿越建筑物的前后：建筑物左右两侧沉降差逐渐减小，至右线盾构完全通过后右线沉降稍大于左线；沿隧道掘进方向的建筑物基础顶面产生不均匀沉降，先逐渐增大，随后逐渐减小并趋向于零；墙体最大横向水平位移变化不大，最大纵向水平位移先增大后减小；建筑物的最大第一主应力 P_1 超出标准值，可能引起一部分建筑结构开裂。最大剪应变先增大后减小。（2）随着建筑物中轴线到两条隧道中轴线的水平距离 T 从 0 开始增大：框架最大第一主应力和最大剪应变总体上呈减小趋势；当双线隧道都在建筑物下方时对建筑物的危害较大，随着双线隧道逐渐远离建筑物，其对建筑物的不利影响逐渐减小，表明 T 增大对建筑物的安全性有利。（3）与单圆盾构相比，双线隧道引起的建筑物沉降明显要大，且影响范围广，其对建筑物的危害更大。本文在研究中假定隧道开挖前建筑物沉降为零，实际工程中建筑物有沉降，因此隧道施工对建筑物的危害可能更大。

通过三维有限元模拟双线平行盾构施工对邻近短桩基础框架结构建筑物的影响，得到以下研究结果：（1）当 $T=0$m 时，随着双线盾构隧道掘进，建筑物的最大沉降逐渐增大，建筑物纵向受影响范围较大（约 24m）；由于短桩基础框架结构整体刚度不大，建筑物横向边缘和中间的沉降差较大；P_1 和 E_1 值逐渐增大，建筑物的最大第一主应力超出抗拉强度标准值，可能引起结构开裂。（2）随着土质条件变差，建筑物产生的沉降、沉降差、P_1 和 E_1 值均明显变大，对建筑物产生更不利的影响。随着层高增加，建筑物的刚度增强，减小了隧道施工对建筑物的影响。（3）随着 T 从 0 开始增大，建筑物逐渐产生朝向隧道一侧的倾斜，P_1 和 E_1 值总体上呈减小趋势，相邻柱基沉降差 Δ 呈先增大、后减小趋势，但均满足规范要求。

通过三维有限元模拟双线平行盾构侧穿短桩基础框架结构建筑物的影响，得到以下研究结果：（1）双线平行盾构隧道不同掘进顺序对邻近建筑物的影响不同，双线隧道中靠近建筑物一侧的盾构隧道后行掘进，对建筑物的危害更大。（2）在工况 2 中，随着 y 增大，建筑物的横向沉降逐渐增大，后趋向于稳定，建筑物产生向隧道一侧的整体倾斜；纵向沉降逐渐增大，首尾沉降差先增大、后减小；建筑物的最大主应力先增大、后减小，隧道快穿越完建筑物时达到最大；后行隧道穿越后地表最大沉降值约为穿越前的 2 倍。（3）地表附近有无建筑物存在，其沉降曲线相类似，只是在有建筑物工况下建筑物附近范围内的地表沉降呈线性关系，且影响范围较大。（4）建筑物 i 变化主要发生隧道穿越建筑物的过程中，受建筑物自身刚度的影响，i 值的增加会受约束。考虑建筑物自重位移时，P_1 最大值远大于 f_{tk} 和未考虑时的模拟结果。表明在对建筑物进行安全性判断时，必须考虑建筑物实际状态，即建筑物自重引起的位移不能清零。

对建筑物的安全保护措施，可以分为主动保护措施和被动保护措施。主动保护措施是采用先进的隧道施工方法，尽量减少地面沉降；被动保护措施是对基础周围的土体或是对建筑物本身进行加固，包括：隔断法、土体加固法、建筑物加固法、改善建筑物设计方法等。

参考文献

［1］ MROUEH H，SHAHROUR I. A full 3-D finite element analysis of tunneling-adjacent structures interaction ［J］. Computers and Geotechnics，2003，30（3）：245-253.

［2］ CHUNGSIK Y，JAE-HOON K. A web-based tunneling- induced building/utility damage assessment system：TURISK ［J］. Tunnelling and Underground Space Technology，2003，18（5）：497-511.

［3］ WEI Gang，HONG Jie，LIN Zhao，et al. Impact of double-O-tube shield tunnel construction on independent foundation frame building ［J］. Advanced Materials Research，2011，（243-249）：3370-3375.

［4］ WEI Gang，CHEN Dong-dong，HONG Jie. Effect analysis of double-O-tube shield tunnel crossing frame structure building with 30° ［J］. Disaster Advances，2012，5（4）：447-451.

［5］ 彭畅，伋雨林，骆汉宾，等. 双线盾构施工对邻近建筑物影响的数值分析 ［J］. 岩石力

学与工程学报. 2008, 27 (增刊 2): 3868-3874.

[6] 欧阳文彪, 丁文其, 谢东武. 考虑建筑刚度的盾构施工引致沉降计算方法 [J]. 地下空间与工程学报, 2013, 9 (1): 155-160.

[7] 韩煊, Standing J R, 李宁. 隧道施工引起建筑物变形预测的刚度修正法 [J]. 岩土工程学报, 2009, 31 (4): 539-545.

[8] 申景宇. 成都地铁 1 号线盾构掘进对建筑物安全的影响分析 [J]. 现代隧道技术, 2008, 45 (2): 63-68.

[9] 孙宇坤, 关富玲. 盾构隧道掘进对砌体结构建筑物沉降的影响 [J]. 中国铁道科学, 2012, 33 (4): 38-44.

[10] 魏纲, 裘新谷, 魏新江, 等. 邻近建筑物的暗挖隧道施工数值模拟 [J]. 岩土力学, 2009, 30 (2): 547-552.

[11] 丁祖德, 彭立敏, 施成华. 地铁隧道穿越角度对地表建筑物的影响分析 [J]. 岩土力学, 2011, 32 (11): 3387-3392.

[12] WEI Gang, HU Hui-hui, AHANG Shi-min. Study on the influence of construction of shallow-buried underground excavation tunnel on adjacent framework buildings [J]. Disaster Advances, 2013, 6 (S4): 149-156.

[13] 魏纲, 魏新江. 双线盾构施工对邻近框架建筑物影响的研究 [J]. 地下空间与工程学报, 2013, 9 (2): 339-343.

[14] 姜忻良, 贾勇, 赵保建, 等. 地铁隧道施工对邻近建筑物影响的研究 [J]. 岩土力学, 2008, 29 (11): 3047-3052.

[15] 贺美德, 刘军, 乐贵平, 等. 盾构隧道近距离侧穿高层建筑的影响研究 [J]. 岩石力学与工程学报, 2010, 29 (3): 603-608.

[16] 李涛, 陈慧娴, 刘波, 等. 双线隧道盾构施工对临近高层建筑物的影响分析 [J]. 湖南科技大学学报 (自然科学版), 2013, 28 (4): 43-48.

[17] 魏纲, 张世民, 齐静静, 等. 盾构隧道施工引起的地面变形计算方法研究 [J]. 岩石力学与工程学报, 2006, 25 (增刊 1): 3317-3323.

[18] 丁智. 盾构隧道施工与邻近建筑物相互影响研究 [D]. 杭州: 浙江大学, 2007.

[19] 中华人民共和国住房和城乡建设部. GB 50007—2011 建筑地基基础设计规范 [S]. 北京: 中国建筑工业出版社, 2011.

[20] 中华人民共和国住房和城乡建设部. GB 50010—2010 混凝土结构设计规范 [S]. 北京: 中国建筑工业出版社, 2015.

[21] 孙钧. 地铁隧道盾构掘进施工市区的环境土工安全技术标准及其变形与沉降控制 [J]. 世界隧道, 2000, (增刊): 233-240.

[22] 吴贤国, 陈跃庆, 丁烈云, 等. 长江隧道盾构施工对建筑物的影响及其保护研究 [J]. 铁道工程学报, 2008, 25 (7): 57-60.

[23] 朱合华, 丁文其, 乔亚飞, 等. 盾构隧道微扰动施工控制技术体系及其应用 [J]. 岩土工程学报, 2014, 36 (11): 1983-1993.

[24] 刘海燕. 隧道开挖对地面建筑结构的影响研究 [D]. 淮南: 安徽理工大学, 2005.

［25］　腾红军. 城市隧道穿越地面建筑物的安全风险控制［D］. 北京：北京交通大学，2007.

［26］　郑小雪. 砂卵石地层盾构施工对邻近建筑物稳定性影响研究［D］. 成都：西南交通大学，2008.

［27］　邢宾. 隧道开挖引发的地表变形对上部建筑物的影响研究［D］. 青岛：青岛理工大学，2010.

［28］　郭志宇. 富水软土地区大直径盾构对邻近建筑影响研究［D］. 天津：河北工业大学，2012.

［29］　葛卫娜，梁青槐. 隧道开挖对周围建筑物造成的损害及治理措施［J］. 华北科技学院学报，2005，2（3）：84-86.

［30］　张斌，康海燕. 浅谈盾构施工对周围建筑物的安全影响及处理措施［J］. 民营科技，2017，（3）：157.

［31］　张兴元. 紧临建筑物双线铁路隧道浅埋暗挖施工技术［J］. 铁道建筑技术，2008，（增）：198-201.

第八章　双线盾构隧道施工对邻近建筑物
影响的实测和理论分析

8.1　引言

目前杭州市区地面交通拥堵，在大力修建地下隧道。杭州地铁 1 号线采用双线平行盾构施工，地表建筑物密集，隧道邻近建筑物甚至直接穿越建筑物正下方，可能导致建筑物倾斜、开裂乃至坍塌等一系列问题[1-2]。影响建筑物的正常使用和安全性。当隧道上部存在建筑物的情况下，土体沉降的形成有别于无建筑的情况。因此，对盾构隧道施工引起的建筑物沉降的研究非常有必要。

目前关于地下隧道施工对邻近建筑物影响的研究方法主要有：理论解析解法[3-7]、实测分析法[8-13]、有限单元法[14-19]、模型试验法[20]等。其中实测法和有限单元法比较普遍，解析法较少。现有实测方法主要研究盾构施工引起的土体变形和建筑物沉降规律以及防治措施，但很少与实际施工参数相结合，且大多数针对单一建筑，没有比较不同位置和不同类型建筑物的沉降区别。而杭州地区关于这方面的研究更少，因此需作进一步研究。

欧阳文彪等（2013）[3]考虑建筑物刚度的影响，利用等效刚度原理将建筑物等效成与下覆土体性质相同的土层，利用 Verruijt 和 Booker 解[21]推导了盾构施工引起的地表处建筑物沉降计算公式。但欧阳文彪解假定隧道周围土体均匀径向收缩，求得的最大沉降值偏小、沉降槽范围偏大，没有考虑建筑物的基础刚度，且只有二维解，没有三维解。韩煊等[4-5]通过对 Peck 公式[22]进行修正，提出了一种考虑建筑物结构刚度的建筑物沉降曲线预测方法——刚度修正法，但该方法是根据统计分析提出的一种经验性的估算方法，仅适用于符合高斯分布的建筑物沉降曲线。丁智等[6]通过分析盾构开挖穿越邻近建筑物下方时引起的土体变形规律，得出当地面沉降分别呈"偏态分布曲线"，"塞形分布曲线"和"正态分布曲线"的变化时，隧道分别位于扰动范围内、建筑物正下方及扰动范围外的工况下进行施工。该方法有一定的合理性，但在分析时建筑物与隧道相对位置不连续。Finno 等[7]建立了一个新的建筑物模型，该模型能够完全代表建筑物由于相邻深度开挖引起的地表位移而引起的变化。综上所述，现有研究不足之处主要有：（1）现有研究方法计算较复杂；（2）现有盾构施工对建筑物影响的安全评估均是以建筑物在盾构施工过程中的附加沉降来进行评估的，但实际上应以建筑物自重引起的沉降及盾构施工引起的建筑物的沉降之和作为安全评估的标准。因此，目前对建筑物沉降的相关计算研究仍然存在许多不足，需作进一步研究。

目前关于邻近隧道的建筑物风险评估方法主要有：风险矩阵法[23]、专家评议法[24]和蒙特卡罗模拟法[25]等。与这些方法相比，模糊层次分析法具有以下优点：（1）可避免风险影响因素的概率分布所需要的大量统计数据，同时也不需要很多的各方面的专家和技术人员参与；（2）引入模糊集理论，把各因素与研究对象的关系模糊化，方便取值。国内学者将模糊层次分析法分别应用于山岭隧道塌方风险评估[26]、土压盾构隧道掘进施工风险评估[27]、地铁盾构隧道工程坍塌风险分析[28]以及隧道施工组织方案评价与优化[29]。但还未见在邻近盾构的建筑物风险评估中有所应用。

本章主要采用实测分析和理论计算方法进行研究，研究工作如下：（1）基于杭州市地铁 1 号线某盾构区间隧道下穿地表已有建筑物的实测沉降数据，结合隧道掘进施工参数，研究双线盾构隧道施工对邻近不同位置和不同类型建筑物产生的影响；（2）采用盾构法隧道统一土体移动模型解，考虑建筑物基础刚度和隧道周围土体非径向收缩，对欧阳文彪解进行了修正，推导了单线和双线盾构隧道施工条件下，建筑物基础底面处二维及三维沉降计算方法，作了 4 个实例验证，对建筑物沉降的影响因素进行了相关分析；（3）假定建筑物为弹性地基梁，根据统一解计算出不考虑建筑物情况下盾构施工引起的地面沉降，按照弹性地基梁理论将该地面沉降转换为作用在弹性地基梁上的沉降反力，通过 midas　Gen 有限元软件，将沉降反力施加于弹性地基梁上，计算出考虑建筑物刚度情况下的建筑物沉降值，通过工程实例对本文方法进行验证，同时对影响建筑物沉降的三个因素进行分析；（4）首次将模糊层次分析法，引入到对邻近盾构隧道的建筑物安全风险评估中，给出建筑物和隧道的影响因子，提出了邻近盾构隧道建筑物风险的模糊层次评估方法，最后作了案例分析。

8.2　杭州地铁盾构隧道掘进对建筑物影响的实测分析

1. 现场监测

（1）工程概况

杭州市地铁 1 号线某区间隧道采用双线平行盾构法施工，区间全长约 2km，线路基本呈东西走向。采用土压平衡盾构，盾构机外直径为 6.34m，隧道衬砌采用错缝拼接，标准环管片的外径为 6.2m，内径为 5.5m，宽度为 1.2m。隧道顶部覆土埋深约为 8.9～16.0m。主要土层的物理力学性质参数见表 8.2-1。双线平行隧道轴线水平距离为 13m，左线先于右线开挖，且均由西往东开挖。左线和右线的施工时间分别是 2009 年 5 月 26 日到 11 月 4 日和 2009 年 11 月 18 日到 2010

年 5 月 10 日。

主要土层的物理力学性质参数　　　　　　　　表 8.2-1

层号	土层名称	层厚（m）	含水量（%）	天然重度（kN/m³）	孔隙比	压缩模量（MPa）	黏聚力（kPa）	内摩擦角（°）
①₁	杂填土	0.80~2.10		17.0				
①₂	素填土	0.20~2.75		17.5			5.0	20.0
③₂	砂质粉土	0.20~3.00	29.2	18.80	0.819	7.50	5.0	27.5
③₃	砂质粉土夹粉砂	1.90~8.10	28.0	18.91	0.792	10.5	4.0	30.0
③₅	砂质粉土	0.70~3.40	25.7	19.11	0.741	7.5	4.8	28.0
③₆	粉砂夹砂质粉土	1.40~11.0	25.8	19.11	0.735	11.3	4.0	30.5
③₇	淤泥质粉质黏土夹粉土	1.0~11.10	34.5	17.99	0.985	3.2	17.5	12.0
③₈	砂质粉土夹粉砂	1.40~3.50	27.0	18.72	0.796	10.5	5.0	29.9
④₃	淤泥质粉质黏土	2.50~9.10	41.7	17.44	1.186	2.6	17.0	9.5
⑥₁	淤泥质粉质黏土	2.90~9.80	40.4	17.43	1.160	2.8	18.0	10.0

（2）测点布置

进行地表沉降监测，沿左线和右线隧道轴线每 6m（共 5 环）布设 1 点，每 30m（共 25 环）布设 1 个监测断面。此断面在轴线左右两侧对称布设各 4 点，间距分别为 2.5m、3.5m、5m、5m，每排断面共计 9 个点。地表监测点编号：左线：Z5，Z10，Z15……；右线：Y5，Y10，Y15……编排。断面左线编号为 Z10-1，Z10-2……；右线编号为 Y10-1，Y10-2……。

对建筑物进行沉降监测，建筑物测点编号为 J1，J2，J3……。测点具体布置见下文。盾构施工的监测范围一般为盾构切口前 20m，盾尾后 30m。在盾构进出洞时要加密测点，在盾构进出洞 2 环、10 环处各增加一监测横断面。

2. 现场监测结果及分析

对监测的建筑物进行分析，按建筑物与隧道的相对位置将其归纳为三类：①建筑物在隧道旁边、长边与隧道平行，以杭州某印刷有限公司厂房和杭州某实业有限公司西北座房屋为例；②建筑物在隧道旁边、长边与隧道垂直，以某变电房为例；③建筑物在隧道轴线上方、长边与隧道平行，以某北座房屋为例。

1）盾构施工对杭州某印刷有限公司厂房的影响

杭州某印刷有限公司厂房位于杭州市江干区九和路和九环路交叉口（见图 8.2-1），建于 2006 年，是一幢 4 层呈 "L" 形的现浇框架结构建筑物，采用桩基础，桩长约 45m。建筑物一侧与右线隧道轴线平行，且离轴线最小距离仅 6m。

该建筑物中间位置处的地质剖面图见图 8.2-2，盾构隧道轴线埋深 h 为 16.36m，盾构在③-7 和④-3 土层中掘进。建筑物与隧道的相对位置以及地表和建筑物的沉降监测点布置见图 8.2-3。

图 8.2-1　杭州某印刷有限公司厂房照片

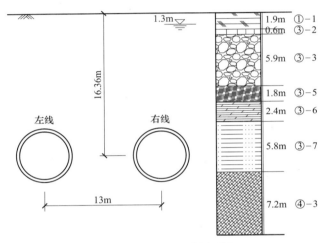

图 8.2-2　工程地质剖面图

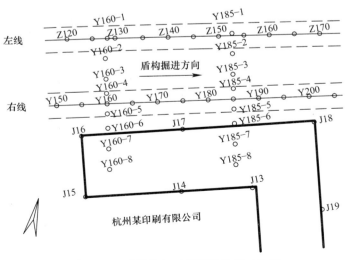

图 8.2-3　建筑物与双线隧道的相对位置

（1）左线盾构隧道施工影响分析

左线盾构隧道轴线离该建筑物外边缘的最近距离为 21.2m。左线盾构在穿越该建筑物的过程中，于 6 月 27 日到 7 月 5 日对印刷公司厂房的 J16、J17、J18 监测点进行监测。印刷公司建筑物外边缘沉降时态曲线见图 8.2-4，隆起和沉降均在 ±1mm 以内，表明左线盾构对建筑物的影响较小。

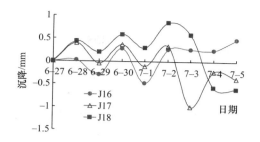

图 8.2-4 左线隧道施工引起的建筑物沉降曲线

原因分析：根据 Peck 公式[22]，地面沉降槽宽度可取 $6i$，即离轴线 $3i$ 处地面沉降为零，i 为地面沉降槽宽度系数。黏土条件下 i 可取 $0.5h$[30]，$3i=24.54m$，而监测点与左线隧道轴线的水平距离为 21.2m，表明监测点在沉降槽影响范围边缘处。

（2）右线盾构隧道施工影响分析

分析时将建筑物观测点沉降的整个变化过程分为：盾构通过前、通过时和通过后这 3 个阶段。图 8.2-5 为右线盾构下穿时 J16、J17、J18 三个监测点的累积沉降历时曲线，图中虚线分别表示切口到达建筑物下方和盾尾离开建筑物这两个时刻。如图所示，右线盾构切口到达后三个监测点均产生迅速沉降，但在 172 环时可能是采取注浆等加固措施，监测点迅速反弹；之后建筑物沉降曲线均有波动，但总体上是先沉降、后隆起，最后 J17、J18 有略微隆起且趋向于 0，J16 的沉降值为 −1.12mm。整个过程中最大沉降量为 −2.21mm。

图 8.2-6 为盾构穿越过程中建筑物邻近隧道一侧的沉降。如图所示，盾构切口刚进入建筑物正下方时，由于盾构机的推力和摩擦力，J16 沉降最小，J18 沉降最大；同样当盾构通过 J17 和 J18 时，都经历先隆起、后沉降的过程，最后 J16 沉降最大为 −1.12mm。建筑物没有产生明显的倾斜。总体来说，由于厂房采用桩基础，盾构施工对建筑物的影响较小。

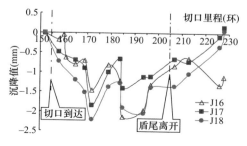

图 8.2-5 右线盾构穿越印刷公司时的沉降

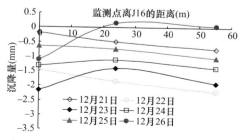

图 8.2-6 邻近盾构轴线一侧的建筑物沉降

　　图 8.2-7 为盾构通过时建筑物区间内每环管片的注浆量。如图所示，注浆量总体呈线性下降趋势，每环平均注浆量为 3.74m³，最小注浆量为 3.56m³，最大注浆量为 4.58m³，线性拟合的公式为 $y=-0.0074x+5.1533$。由线性拟合公式可知，第 230 环注浆量比第 150 环注浆量下降了 0.59m³（14.64％）。

　　图 8.2-8 为盾构通过时建筑物区间内每环管片的排土量。如图所示，排土量规律和注浆量规律恰恰相反，总体呈较明显的线性上升趋势，每环平均排土量为 47.48m³，最小排土量为 40.45m³，最大排土量为 59.49m³，线性拟合公式为 $y=0.135x+21.831$。从线性拟合公式上来看，第 230 环排土量比第 150 环排土量上升了 10.8m³（25.66％）。

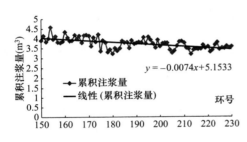 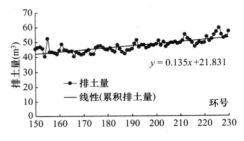

图 8.2-7　第 150-230 每环管片的注浆量　　　图 8.2-8　第 150-230 每环管片的排土量

　　由注浆量和挖土量的变化可知，若以第 230 环为基准，在盾构开挖到第 230 环之前，注浆量比基准值要大，排土量则比基准值要小。而注浆量的增加会导致隧道轴线上方的土体隆起，土体上方的建筑物也会相应隆起，挖土量较小时也会造成同样效果。因此导致盾构在通过建筑物下方时，建筑物在经历一定的沉降之后又向上隆起，如图 8.2-5、图 8.2-6 所示。

　　图 8.2-9 为盾构掘进过程中右线第 160 环断面监测点的横向地表沉隆曲线。建筑物靠近隧道轴线的边缘在监测点 Y160-6 和 Y160-7 之间，离隧道轴线 7.3m 处。如图所示，地表断面总体隆起，最靠近建筑物的三个监测点略有沉降。沉隆曲线由于受建筑物的影响，整体向左偏移。断面隆起最大的监测点是距离隧道轴线 2.5m 的 Y160-4，隆起值达 8.18mm。

　　分析表明：右线第 180 环断面的地表沉隆曲线与第 160 环断面的沉隆曲线类似，断面总体隆起，最靠近建筑物的三个监测点有比较明显的沉降；沉隆曲线由于受建筑物的影响，整体向左偏移；断面隆起最大的监测点也是 Y180-4，隆起值达 7.79mm。

　　图 8.2-10 为 12 月 21、23、26 日建筑物和隧道轴线上方地表沉降（测点 Y155～Y200）的比较。如图所示，与建筑物相比，地表位移曲线起伏较大，且隆起值要大得多，最大隆起甚至达到了 10.26mm。而建筑物的沉降被控制得很好，监测点沉降非常平均，沉降都在 2mm 以内，几乎没有差异沉降，这与桩基

础的作用有关。

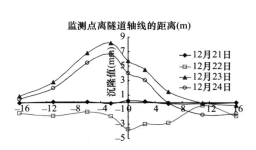

图 8.2-9　右线第 160 环断面横向地表沉降

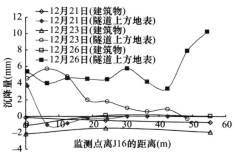

图 8.2-10　隧道轴线上方纵向
地表和建筑物沉降对比

由图 8.2-9、图 8.2-10 可知：①由于建筑物是一个具有较大刚度的整体，变形时会进行位移协调，而土体由较离散的个体组成，因此盾构施工对建筑物的影响较小，对土体的影响较大；②盾构施工中通过采取相应措施（如提高注浆量、减小排土量）使土体隆起，从而达到抬升建筑物的目的。建筑物沉降与土体隆起相互抵消，使建筑物周边的土体沉降几乎为 0。而轴线另一侧土体由于上方没有建筑物的荷载，隆起比较明显，施工过程中需要引起注意。

2）右线盾构施工对杭州某实业有限公司西北座房屋的影响

杭州某实业有限公司西北座房屋紧挨印刷公司厂房，建于 2003 年，为两层框架结构建筑物，截面为 20m×6.65m 的长方形，采用条形基础，基础埋深约 2m。该建筑物邻近右线盾构，基础长边与隧道轴线平行，且离轴线最小距离仅为 3.7m。建筑物中间位置处隧道轴线埋深为 17.86m。土层自地表向下分别为：①-1 杂填土，厚 1.9m；③-2 砂质粉土，厚 1.6m；③-3 砂质粉土夹粉砂，厚 4.9m；③-5 砂质粉土，厚 1.4m；③-6 粉砂夹砂质粉土，厚 3.2m；③-7 淤泥质粉质黏土夹粉土，厚 6.0m；④-3 淤泥质粉质黏土，厚 6.7m。盾构在③-7 和④-3 土层中掘进。建筑物与隧道的相对位置以及地表和建筑物的沉降监测点布置见图 8.2-11。

分析表明，该建筑物沉降规律与上面介绍的某印刷公司比较类似。由图 8.2-12 可见，建筑物 5 个监测点的沉降变化趋势大致相同：盾构机切口到达建筑物下方后，建筑物整体开始沉降；当切口里程为第 213 环时，略有隆起，随后继续沉降；当切口里程为第 228 环时采取了注浆措施，建筑物又一次经历隆起和沉降，最后一次测量监测点的差异沉降较小，最大差异沉降仅 1.16mm，平均沉降 −3.11mm。由于采用条形基础且离隧道轴线较近，整个过程中建筑物最大沉降量达到 −5.2mm。

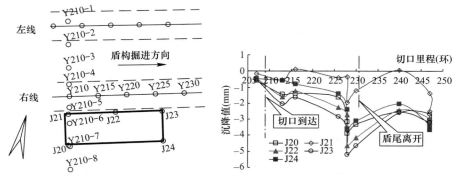

图 8.2-11　实业有限公司与　　　　图 8.2-12　右线盾构穿越
　　　　双线隧道的相对位置　　　　　　　　建筑物时的沉降曲线

图 8.2-13 为该建筑物靠近隧道一侧的沉降曲线，横坐标为监测点在盾构开挖方向离 J21 的距离，从近到远的三个点分别是 J21、J22 和 J23。与之前的建筑物类似，受盾构机正面推力和摩擦力的影响，J21 沉降最小、J23 沉降最大，建筑物略微向右倾斜，盾构完全通过之后差异沉降最小。

分析表明：在盾构通过该建筑物时，建筑物沉降区间内每环管片的累积注浆量和累积排土量总体都呈上升趋势，且排土量上升趋势更为明显；平均每环注浆量为 $3.67m^3$、排土量为 $54.61m^3$；线性拟合后第 250 环注浆量比第 205 环注浆量上升了 $0.61m^3$（18.2%）、而排土量上升了 $11.86m^3$（24.36%）。

由注浆量和排土量的变化可知，若以第 250 环为基准，在盾构开挖到第 250 环之前，注浆量和排土量比基准值要小，而排土量的增长速率比注浆量要快，因此排土量的变化为土体变形的主导因素。排土量较少时会导致隧道轴线上方的土体隆起，从而导致建筑物抬升。因此盾构在通过建筑物下方时，建筑物在经历一定的沉降之后又向上隆起。

分析表明：盾构掘进过程中，第 210 环右线横向断面的地表监测点受盾构影响迅速隆起，12 月 27 日监测点 Y210 隆起达到最大值（14.45mm）。该断面左右沉降比较对称，而轴线上方邻近建筑物的地表沉降较小。

图 8.2-14 为 12 月 26～28 日建筑物和隧道轴线上方地表沉降的比较，地表沉降规律和建筑物沉降规律类似，监测点随施工的进行先迅速隆起、后沉降，之后再趋于稳定，但地表的差异沉降和平均沉降均大于建筑物。在此过程中地表最大差异沉降达到 17.75mm，而建筑物最大差异沉降仅为 3.28mm。

3）右线盾构施工对某变电房的影响

某变电房邻近右线盾构，基础长边与轴线垂直，截面为 4m×6m 的长方形。建筑物与隧道的相对位置以及地表和建筑物的沉降监测点布置见图 8.2-15，与右线盾构轴线的最近距离为 5m。该建筑物处隧道轴线埋深约为 18.83m。

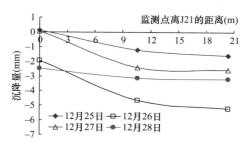
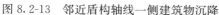

图 8.2-13 邻近盾构轴线一侧建筑物沉降

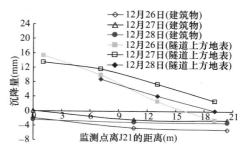

图 8.2-14 隧道轴线上方纵向
地表和建筑物沉降对比

变电房沉降历程见图 8.2-16，沉降曲线大致分为 3 个阶段：在盾构到达之前，监测点产生缓慢沉降，但数值都在 1mm 以内；当盾构通过时，监测点迅速沉降，直到盾构完全通过，最大沉降值为 -5.42mm；之后又有略微的隆起。该规律与前面的印刷公司和实业公司有较大区别。原因分析：①变电房基础更小，更容易受施工影响，沉降值也最大；②变电房安全性要求不高，施工方未引起重视。

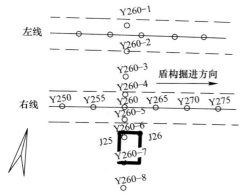

图 8.2-15 变电房与双线隧道的相对位置

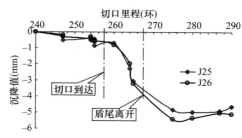

图 8.2-16 右线盾构穿越变
电房时的沉降曲线

盾构通过变电房下方过程中，对每环管片的累积注浆量和累积排土量进行线性拟合分析。结果表明：每环管片的累积注浆量线性拟合结果几乎趋向于水平；累积排土量上升了 8.51m³（12.73%），且数值波动很大，最小排土量为 50.68m³，最大排土量为 144.57m³，因此对建筑物沉降有较大影响。

图 8.2-17 为盾构掘进中第 260 环右线横向断面的地表沉降曲线，监测点分别为 Y260-1、Y260-2、Y260-3、Y260-4、Y260、Y260-5、Y260-6、Y260-7、Y260-8，但实际测量中测点 Y260-7 和 Y260-8 缺失，故只有 7 个监测点。如图所示，横向

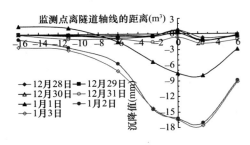

图 8.2-17　右线第 260 环断面
的横向地表沉降曲线

地表总体呈沉降趋势，且大致呈正态对称分布，最大值偏向建筑物一侧；前期由于盾构推力和摩擦力导致轴线上方的地表有略微隆起，之后迅速沉降，最大沉降是在 1 月 3 日监测点 Y260-5 产生的－17.6mm。该规律与前面的印刷公司和实业公司有较大区别，印刷公司和实业公司的监测断面地表总体是呈隆起趋势。

数据分析表明：①从第 150 环到第 290 环，每环的累积排土量增长比累积注浆量的增长要明显得多；在第 250 环以后，注浆量和排土量都有比较明显的波动，这对建筑物和地表的竖向位移产生明显影响；②印刷公司和实业公司的安全级别比变电房高，因此盾构施工穿越这两个建筑物时排土量和注浆量的控制更为精准，波动也较小。

4）左线盾构穿越九和路某北座房屋

某北座房屋位于九和路，建于 2004 年，为一层框架结构，采用条形基础，基础埋深约 2m。建筑物截面为 60m×12.5m 的长方形，位于左线隧道和右线隧道的正上方，长边基本与隧道平行，与隧道轴线夹角为 4°。建筑物中间位置处隧道轴线埋深为 18.58m。土层自地表向下分别为：①-1 杂填土，厚 1.1m；③-2 砂质粉土，厚 2m；③-3 砂质粉土夹粉砂，厚 4.3m；③-5 砂质粉土，厚 1.5m；③-6 粉砂夹砂质粉土，厚 5.4m；③-7 淤泥质粉质黏土夹粉土，厚 4.7m；⑥-1 淤泥质粉质黏土，厚 7.8m。盾构在③-7 和⑥-1 土层中掘进。建筑物与隧道的相对位置以及地表和建筑物的沉降监测点布置见图 8.2-18。

说明：由于右线隧道开挖引起的建筑物监测数据缺失，故下面图 8.2-19～图 8.2-23 的监测数据均为左线隧道开挖引起的。

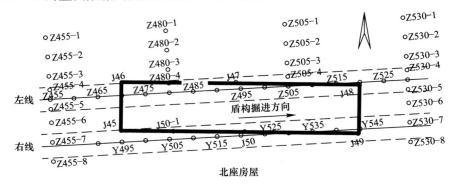

图 8.2-18　北座房屋与双线隧道的相对位置

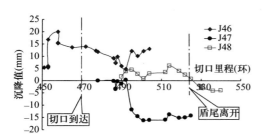

图 8.2-19 建筑物北面监测点的沉降曲线

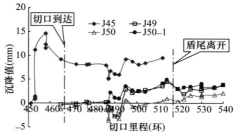

图 8.2-20 建筑物南面监测点的沉降曲线

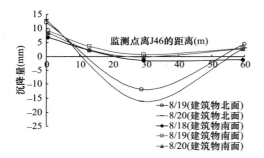

图 8.2-21 建筑物南面和
北面监测点的沉降对比

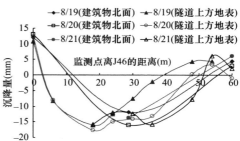

图 8.2-22 隧道轴线上方
地表和建筑物北面沉降对比

图 8.2-19 为建筑物北面监测点 J46、J47 和 J48 的沉降曲线。如图所示，随着左线盾构的掘进，切口还未到达建筑物时最靠近切口的点 J46 迅速隆起，最大隆起值为 19.98mm；当盾构机穿越并通过建筑物正下方时，监测点均先沉降、后有略微隆起，其中 J47 的沉降量最大，最大值为 −16.17mm。表明隧道施工对该建筑物的影响非常明显。

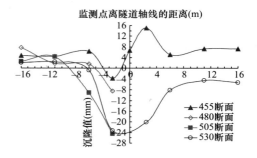

图 8.2-23 左线 4 个横向断面的地表沉降

图 8.2-20 为建筑物南面监测点 J45、J50-1、J50 和 J49 的沉降曲线。如图所示，随着左线盾构掘进，同样最靠近切口的点 J45 迅速隆起，最大隆起达 14.58mm，之后又经历先沉降、后隆起的过程；而 J50-1、J50 和 J49 总体呈隆起趋势。可能是由于监测点离左线隧道距离较远，受到土体侧向挤压或注浆的影响后反而会隆起，但隆起值均未超过 5mm。

图 8.2-21 为左线盾构施工引起的北座建筑物北面和南面监测点的比较。如图所示：①北面沉降大于南面。这是由于建筑物北面正好在左线隧道轴线上方，而左线隧道轴线距离建筑物南面最近的监测点 J45 为 9m，距离最远的 J49 为

221

13m，因此建筑物南面带来的影响相对于建筑物北面要小。南面监测点较多为隆起，且西端监测点隆起较大，最大隆起值为 9.15mm；②建筑物呈现两端隆起、中间沉降，且西边监测点比东边监测点隆起要大，这是由于大跨度砌体结构整体性比较差，隧道施工对建筑物有比较严重的影响。最大隆起值为 13.02mm，最大沉降值为−16.05mm，最大差异沉降高达 29.07mm，如不采取控制措施可能会产生较大裂缝。

图 8.2-22 为左线隧道轴线上方地表和建筑物北面监测点的沉降对比。如图所示，左线隧道轴线上方的地表监测点与建筑物北面非常接近，因此两者的沉降曲线趋势大体相同、沉降值也较为吻合。

图 8.2-23 是左线第 455、480、505、530 环断面地表监测点的最终沉降曲线。如图所示：①4 个监测断面隧道左边部分的地表沉降曲线类似，靠近轴线处产生较大沉降、远离轴线处监测点均有略微隆起；②受隧道轴线上方建筑物的影响，建筑物前后两个监测断面左线第 455 环断面和左线第 530 环断面的沉降规律完全不同。455 断面表现为隆起，最大隆起值为 15.06mm，而 530 断面则沉降明显，最大沉降达到−23.22mm。原因不清楚。

5）不同类型建筑物的比较分析

三种类型建筑物的沉降规律比较：

（1）印刷公司和实业公司的建筑物受排土、注浆等措施影响，沉降均有明显变化，属于先沉降、后隆起型。变电房由于面积较小，属于持续沉降型，后续沉降值约为 25%，与孙宇坤（2012）[9] 的监测结果类似。对北座房屋而言，其面积较大且在隧道正上方，测点沉降规律比较复杂，有持续沉降型、持续隆起型，甚至有先隆起、后沉降、再隆起型。在盾构机通过相应监测点以后，大部分建筑物监测点的沉降曲线基本保持不变，有别于天然地表在后续沉降阶段的沉降量为总沉降量的 25%～40% 的认识[31]。

（2）当建筑物在隧道旁边时，建筑物沉降与隧道轴线上方地表沉降有较大区别，地表位移变化要大于建筑物。而北座房屋在隧道正上方，建筑物和地表的沉降曲线趋势大体相同、沉降值也较为吻合，断面监测点的沉降值也最大，且左右较为对称，需采取控制注浆量和排土量等措施。

（3）桩基础建筑物的沉降量很小，且几乎没有沉降差，表明隧道开挖对桩基础建筑物的影响较小；条形基础（即浅基础）建筑物容易受到隧道开挖引起的土体移动影响，产生的隆沉量和沉降差均较大。另外，建筑物基础底面积越大，监测点的沉降规律也越复杂，越容易引起较大的沉降差。

（4）对前面三个建筑物，均有一边与隧道轴线平行且不在隧道正上方，在盾构掘进时均表现为迅速沉降，而这与相似位置的北京某建筑物呈"先升后沉"规律不同[32]，表明建筑物沉降的影响因素较多，与地质条件和施工参数等有密切关系。

8.3　基于等效刚度法的盾构施工引起建筑物沉降计算方法

1. 现有方法介绍及其不足之处

欧阳文彪等（2013）[3]提出当建筑物长度覆盖整个地面沉降槽影响范围、隧道垂直穿越时，可将建筑物转变成均质土层，换算示意见图 8.3-1。

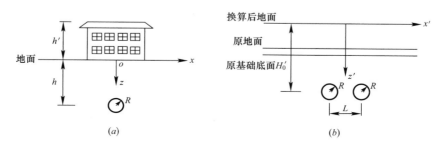

图 8.3-1　单线隧道穿越建筑物及换算土层示意图

图 8.3-1（a）为原坐标体系，采用 x 和 z 表示；图 8.3-1（b）为换算后的坐标体系，采用 x' 和 z' 表示。图中 x 为离隧道轴线的横向水平距离，$x=x'$；z 为计算点距离原地表的垂直距离；z' 为计算点距离换算后地表的垂直距离；H_0 为等效后的隧道轴线埋深；h 为隧道轴线埋深；h' 为建筑物高度；R 为隧道开挖半径。

其坐标换算公式为：

$$H_0 = h + h' \sqrt[3]{E_1 + E_2} \tag{8-1}$$

$$z' = h' \sqrt[3]{E_1/E_2} + z \tag{8-2}$$

式中：E_1 为建筑物等效弹性模量；E_2 为土体弹性模量。具体换算过程可参见欧阳文彪（2013）[3]论文。

如图 8.3-1（b）所示，原地表处竖向坐标 $z'=H_0-h$，即 $h'\sqrt[3]{E_1/E_2}$，水平向坐标无变化（即 $x=x'$）。将 Verruijt 和 Booker 解[21]采用换算后坐标，得到换算后的单线隧道施工引起的建筑物沉降计算公式为：

$$U_z = -\varepsilon R^2 \left(\frac{z_1}{r_1^2} + \frac{z_2}{r_2^2} \right) + \delta R^2 \left[\frac{z_1(kx^2 - z_1^2)}{r_1^4} + \frac{z_2(kx^2 - z_2^2)}{r_2^4} \right]$$
$$+ \frac{2\varepsilon R^2}{m} \left[\frac{(m+1)z_2}{r_2^2} - \frac{mz(x^2 - z_2^2)}{r_2^4} \right] \tag{8-3}$$
$$- 2\delta R^2 H_0 \left[\frac{x'^2 - z_2^2}{r_2^4} + \frac{m}{m+1} \frac{2zz_2(3x'^2 - z_2^2)}{r_2^6} \right]$$

式中：ε 为隧道轴向径缩参数；δ 为隧道椭圆化参数；$z_1 = z' - H_0$；$z_2 = z' + H_0$；$r_1^2 = x'^2 + z_1^2$；$r_2^2 = x'^2 + z_2^2$；$m = 1/(1-2\mu)$；$k = \mu(1-\mu)$；μ 为土体泊松比。

将原地表处竖向坐标 $z' = H_0 - h$ 代入公式（8-3），即可求得单线隧道施工引起的地表处建筑物沉降。

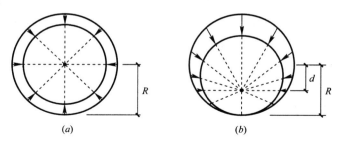

图 8.3-2　土体移动模型比较

Verruijt 和 Booker（1996）[21]假定隧道周围土体向隧道中心均匀收缩，见图 8.3-2（a）。而根据魏纲（2007）[33]的研究，应采用两圆相切的土体损失模型，隧道周围土体的移动焦点在隧道中心点与隧道底部位置之间变动，见图 8.3-2（b），图中 d 为土体移动焦点到隧道中心点的距离。因此，欧阳文彪解求得的地表沉降最大值会偏小、沉降槽范围偏大，这从欧阳文彪（2013）[3]的计算值与实测值对比图中可以看出。

另外，欧阳文彪原文中对于 δ 的解释存在一定偏差，其将 δ 解释为描述隧道垂直位移的参数，而按照 Verruijt 的论文[21]，δ 应为隧道椭圆化对应的参数。同时，按照欧阳文彪的论文[3]，欧阳文彪文中的 ε 及 δ 的公式为：

$$s = \frac{p_0 - p_i}{2G}\left[1 + 2(1-\mu)\frac{\frac{2h'}{R}\left(\frac{h'}{R} - \sqrt{\left(\frac{h'}{R}\right)^2 - 1}\right) - 1}{1 - \frac{h'}{R}\left(\frac{h'}{R} - \sqrt{\left(\frac{h'}{R}\right)^2 - 1}\right)}\right] \tag{8-4}$$

$$\delta = \frac{P_0 - P_i}{2G}(1-\mu)\frac{1}{(h'/r)^2 - 1} \tag{8-5}$$

式中：G 为土的剪切弹性模量，$G = \dfrac{(1-2\mu K_0)E_s}{2(1+\mu)}$，其中 E_s 为土的压缩模量，K_0 为静止土压力系数，$K_0 = \dfrac{\mu}{1-\mu}$。

对比 Gonzale 论文[34]可知，以上两个公式存在错误，公式中不应使用建筑物的高度 h'。隧道施工过程中，隧道轴向径缩参数 ε 以及隧道椭圆化参数 δ 与隧道上方是否穿越建筑物基本无关，应该将 h' 改为 h（隧道的轴线埋深）。公式（8-5）中的 r 应该使用隧道半径 R，且 P_0、P_i 与公式（8-4）中的 p_0、p_i 含义一致，P_0、p_0 均表示开挖前隧道轴线位置垂向地应力，而 P_i、p_i 均表示开挖后支护应力。现修改为：

$$\varepsilon = \frac{p_0 - p_i}{2G}\left[1 + 2(1-\mu)\frac{\frac{2h}{R}\left(\frac{h}{R} - \sqrt{\left(\frac{h}{R}\right)^2 - 1}\right) - 1}{1 - \frac{h}{R}\left(\frac{h}{R} - \sqrt{\left(\frac{h}{R}\right)^2 - 1}\right)}\right] \tag{8-6}$$

$$\delta = \frac{p_0 - p_i}{2G}(1-\mu)\frac{1}{(h/R)^2 - 1} \tag{8-7}$$

最后，欧阳文彪解在计算过程中只将建筑物地表以上的结构转化成土层，未考虑建筑物基础，直接令原地表位置处的沉降等于建筑物沉降。而实际工程中建筑物基础有刚度，同时应计算原基底平面处的沉降，令之等于建筑物沉降更合理。

2. 本文方法

（1）建筑物沉降的二维解

针对欧阳文彪二维解的不足，本节采用更合理的盾构法隧道统一土体移动模型解，假定右侧隧道先开挖，分别计算先行隧道和后行隧道引起的土体变形，通过改变后行隧道的计算参数（等效土体损失参数 g_s、土体移动焦点到隧道中心点的距离 d_s、最大值偏离后行隧道轴线的距离值 b），考虑先行隧道对后行隧道的影响，最后叠加得到双线盾构隧道施工中由于土体损失引起的土体沉降二维解，具体可参见文献 [35]。

考虑到建筑物基础埋深一般不大，因此忽略建筑物基础与建筑物间的刚度差异，考虑建筑物基础刚度与建筑物相同，通过计算原基底平面处的沉降来确定建筑物沉降，本节方法仅适用于整体式筏板基础。

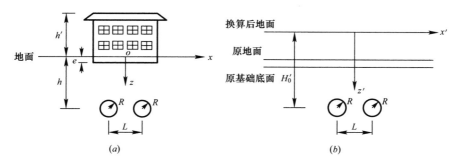

图 8.3-3　双线盾构隧道穿越建筑物

参考欧阳文彪解，得到坐标换算体系，见图 8.3-3。图 8.3-3（a）为考虑基础的原坐标体系，图 8.3-3（b）为考虑基础的换算后坐标体系，本文在计算时采用换算后的坐标体系。图中水平坐标无变化（即 $x = x'$），z' 为计算点距离换算后基础底面的垂直距离，e 为建筑物基础埋深；H_0' 为考虑基础之后的等效隧道轴线埋深；L 为双线隧道的轴线水平间距。

其坐标换算公式为：

$$H_0 = (h-e) + (h'+e)\sqrt[3]{E_1/E_2} \tag{8-8}$$

$$z' = H_0' - (h-e) \tag{8-9}$$

当双线盾构隧道穿越建筑物时，沉降槽的形成与单线隧道的情况不同。双线盾构隧道穿越建筑物的沉降计算公式，可以看作是两个单线隧道计算公式的叠加，只是水平向坐标参照不同。在实际工程中，由于两条隧道施工有先后之分，双线隧道有相互影响，总沉降的最大值往往偏向先行隧道一侧[36]。考虑后行隧道开挖时土体沉降的不对称性，本文方法在计算后行隧道土体沉降时引入一个系数 b，b 为后行隧道引起的土体沉降轴线偏移量，假定偏向先行隧道侧为正。

假定右侧隧道先开挖，本文建立双线盾构隧道垂直穿越建筑物正下方时土体沉降公式为：

$$\begin{aligned}
U_z &= U_{zs}(x'-L/2, z') + U_{zs}(x'+L/2+b, z') \\
&= \frac{R^2}{2} \cdot \left\{ \frac{H_0'-z'}{(x'-L/2)^2 + (H_0'-z')^2} + \frac{H_0'+z'}{(x'-L/2)^2 + (H_0'+z')^2} \right. \\
&\quad \left. - \frac{2z'[(x'-L/2)^2 - (H_0'+z')^2]}{[(x'-L/2)^2 + (H_0'+z')^2]^2} \right\} \frac{4Rg_f - g_f^2}{4R^2} B_f \exp\left[\frac{(x'-L/2)^2 \ln\lambda_f}{(H_0'+R)^2} \right. \\
&\quad \left. + \frac{z'^2(\ln\lambda_f - \ln\omega_f)}{(H_0'+d_f)^2} \right] + \frac{R^2}{2}\left\{ \frac{H_0'-z'}{(x'+L/2+b)^2 + (H_0'-z')^2} \right. \\
&\quad \left. + \frac{H_0'+z'}{(x'+L/2+b)^2 + (H_0'+z')^2} - \frac{2z'[(x'+L/2+b)^2 - (H_0'+z')^2]}{[(x'+L/2+b)^2 + (H_0'+z')^2]^2} \right\} \\
&\quad \frac{4Rg_s - g_s^2}{4R^2} B_s \exp\left[\frac{(x'+L/2+b)^2 \ln\lambda_s}{(H_0'+R)^2} + \frac{z'^2(\ln\lambda_s - \ln\omega_s)}{(H_0'+d_s)^2} \right]
\end{aligned} \tag{8-10}$$

式中：g_f、η_f、d_f 分别为先行隧道的等效土体损失参数、土体损失率和土体移动焦点到隧道中心点的距离；g_s、η_s、d_s 分别为后行隧道的等效土体损失参数、土体损失率和土体移动焦点到隧道中心点的距离；λ_f、ω_f、B_f 分别为先行隧道的计算参数；λ_s、ω_s、B_s 分别为后行隧道的计算参数；g、λ、ω、B 这四个计算参数计算公式为（计算 λ_f 时代入 g_f 及 η_f 计算，计算 λ_s 时代入 g_s 及 η_s 计算，以此类推）：

$$g = 2R(1 - \sqrt{1-\eta}) \tag{8-11}$$

$$\lambda = \frac{1}{4} - \frac{g}{\pi R \eta}\left[\arcsin\left(\frac{d}{R-g/2}\right) + \sqrt{1 - \left(\frac{d}{R-g/2}\right)^2} - 1 \right] \tag{8-12}$$

$$\omega = \frac{1}{2} - \frac{g}{\pi R^2 \eta}(R-g/4)\arcsin\left(\frac{d}{R-g/4}\right) \tag{8-13}$$

$$B = \frac{4h[h+d - \sqrt{(h+d)^2 - \eta(R+d)^2}]}{R\eta(R+d)} \tag{8-14}$$

式中：η 为土体损失率。公式中参数的具体取值可参考文献 [37-38]。

当单线盾构隧道穿越建筑物时，其土体沉降公式相对双线盾构隧道更简单。如图 8.3-4 所示，单线盾构隧道垂直穿越建筑物正下方时土体沉降公式为：

$$U_{zs} = U_{zs}(x', z') \tag{8-15}$$

将原基础底面处竖向坐标 $z' = H_0' - h + e$ 代入公式（8-10）和公式（8-15），即可求得双线和单线盾构隧道施工引起的建筑物基底平面处的沉降值。

（2）建筑物沉降的三维解

在实际施工过程中土体沉降是三维的，因此本文对盾构隧道施工过程中建筑物基底处的沉降三维解也进行了推导和分析。

魏纲等（2014）[36]基于双线水平平行盾构施工中土体损失引起的土体变形二维解析解，对土体变形三维解析解进行了研究。本节沿用该方法，对单线盾构取不同的纵向断

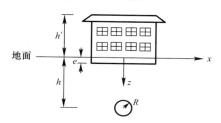

图 8.3-4 考虑基础刚度单线隧道穿越建筑物及换算土层示意图

面，将不同纵向断面上的土体损失率计算出来，并计算出相应的建筑物沉降值，最后将各个纵向断面上的沉降值组合起来就可以得到建筑物基底平面处沉降的三维解。

Sagaseta（1987）[39]假定土体损失为圆柱体，沿掘进方向（纵向）均匀分布，令 $x = 0$，则隧道轴线上方地面最大沉降量 $S_{max}(y)$ 沿掘进方向的变化为：

$$S_{max}(y) = \frac{V_{loss}}{2\pi h}\left[1 - \frac{y}{\sqrt{y^2 + h^2}}\right] \tag{8-16}$$

式中：$S_{max}(y)$ 为隧道轴线上方地面最大沉降量；V_{loss} 为隧道单位长度土体损失量；y 为离开挖面的纵向水平距离，以掘进方向为正。

又由 Peck 公式[22]知土体损失率与 S_{max} 成正比，则：

$$\frac{\eta(y)}{S_{max}(y)} = \frac{\eta(y = -\infty)}{S_{max}(y = -\infty)} = \pi h \frac{\eta}{V_{loss}} \tag{8-17}$$

将式（8-16）代入式（8-17），得到土体损失率沿纵向（y 轴方向）的变化方程 $\eta(y)$ 为：

$$\eta(y) = S_{max}\pi h \frac{\eta}{V_{loss}} = \frac{V_{loss}}{2\pi h}\left[1 - \frac{y}{\sqrt{y^2 + h^2}}\right]\pi h \frac{\eta}{V_{loss}} = \frac{\eta}{2}\left[1 - \frac{y}{\sqrt{y^2 + h^2}}\right]$$

$$\tag{8-18}$$

式中：S_{max} 为隧道轴线上方地面的最大沉降量。

将变化后的计算参数 $\lambda(y)$、$\omega(y)$、$B(y)$ 代入公式（8-10）中，得出双线盾

构垂直穿越建筑物正下方时土体沉降的三维解为：

$$U_z' = U_{zs}(x' - L/2, y, z') + U_{zs}(x' + L/2 + b, y, z')$$

$$= \frac{R^2}{2} \cdot \left\{ \frac{H_0' - z'}{(x' - L/2)^2 + (H_0' - z')^2} + \frac{H_0' + z'}{(x' - L/2)^2 + (H_0' + z')^2} \right.$$

$$\left. - \frac{2z'[(x' - L/2)^2 - (H_0' + z')^2]}{[(x' - L/2)^2 + (H_0' + z')^2]^2} \right\} \frac{4Rg_f(y) - g_f(y)^2}{4R^2} B_f(y)$$

$$\cdot \exp\left[\frac{(x' - L/2)^2 \ln\lambda_f(y)}{(H_0' + R)^2} + \frac{z'^2(\ln\lambda_f(y) - \ln\omega_f(y))}{(H_0' + d_f)^2} \right]$$

$$+ \frac{R^2}{2} \left\{ \frac{H_0' - z'}{(x' + L/2 + b)^2 + (H_0' - z')^2} + \frac{H_0' + z'}{(x' + L/2 + b)^2 + (H_0' + z')^2} \right.$$

$$\left. - \frac{2z'[(x' + L/2 + b)^2 - (H_0' + z')^2]}{[(x' + L/2 + b)^2 + (H_0' + z')^2]^2} \right\} \frac{4Rg_s(y) - g_s(y)^2}{4R^2} B_s(y)$$

$$\cdot \exp\left[\frac{(x' + L/2 + b)^2 \ln\lambda_s(y)}{(H_0' + R)^2} + \frac{z'^2(\ln\lambda_s(y) - \ln\omega_s(y))}{(H_0' + d_s)^2} \right] \tag{8-19}$$

其中：$g_f(y)$、$\eta_f(y)$ 分别为先行隧道沿掘进方向 y 距离处的等效土体损失参数、土体损失率；$g_s(y)$、$\eta_s(y)$ 分别为后行隧道沿掘进方向 y 距离处的等效土体损失参数、土体损失率；$\lambda_f(y)$、$\omega_f(y)$、$B_f(y)$ 分别为先行隧道沿掘进方向 y 距离处的计算参数；$\lambda_s(y)$、$\omega_s(y)$、$B_s(y)$ 分别为后行隧道沿掘进方向 y 距离处的计算参数；$g(y)$、$\lambda(y)$、$\omega(y)$、$B(y)$ 这四个计算参数计算公式为（计算 $\lambda_f(y)$ 时代入 $g_f(y)$ 及 $\eta_f(y)$ 计算，计算 $\lambda_s(y)$ 时代入 $g_s(y)$ 及 $\eta_s(y)$ 计算，以此类推）：

$$g(y) = 2R(1 - \sqrt{1 - \eta(y)}) \tag{8-20}$$

$$\lambda(y) = \frac{1}{4} - \frac{g(y)}{\pi R \eta(y)}\left[\arcsin\left(\frac{d}{R - g(y)/2}\right) + \sqrt{1 - \left(\frac{d}{R - g(y)/2}\right)^2} - 1 \right] \tag{8-21}$$

$$\omega(y) = \frac{1}{2} - \frac{g(y)}{\pi R^2 \eta(y)}(R - g(y)/4) \cdot \arcsin\left(\frac{d}{R - g(y)/4}\right) \tag{8-22}$$

$$B(y) = \frac{4h[h + d - \sqrt{(h + d)^2 - \eta(y)(R + d)^2}]}{R\eta(y)(R + d)} \tag{8-23}$$

式中：$\eta(y)$ 为沿掘进方向 y 距离处的土体损失率。相应得出单线盾构隧道垂直穿越建筑物正下方时土体沉降的三维解为：

$$U_{zs}' = U_{zs}(x', y, z') \tag{8-24}$$

将原基础处竖向坐标 $z' = H_0' - (h - e)$ 代入公式（8-19）和公式（8-24），即可求得双线和单线盾构隧道施工引起的建筑物基底平面处的三维沉降值。

3. 实例验证

（1）上海徐汇中学崇思楼

上海轨道交通 11 号线从徐汇中学崇思楼正下方穿过，隧道直径 6.2m，轴线埋深约 22.7m，两隧道轴线间距约 16.5m[3]。崇思楼长约 66m，高 4 层约 23m。崇思楼换算后等效弹性模量 $E_1=50$MPa，土体泊松比为 $\mu=0.3$。土体视为均质线弹性材料，根据经验公式 $E_2=$（2.5～3.5）E_s（E_s 为土体压缩模量）[40]，本工程 E_s 取 3MPa，E_2 取 8MPa。隧道施工过程中在崇思楼布设了沉降测点，盾构施工基本完成且土体沉降达到稳定后，各测点的实测值见图 8.3-5。欧阳文彪等[3] 已计算得出了横向建筑物的沉降预测值，见图 8.3-5。

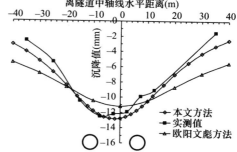

图 8.3-5　沉降计算曲线和实测值对比

采用本文方法计算时，考虑建筑物基础埋深 1.5m，经换算，崇思楼等效成 45.13m 厚的土层，与下部土层各项特性相同，计算参数取值见表 8.3-1。

数据反分析结果　表 8.3-1

序号	断面名称	h(m)	L(m)	η_f(%)	d_f/R	η_s(%)	d_s/R	b(m)
1	上海	22.7	16.5	1.24	0.45	1.25	0.4	4
2	北京	20	11	2.1	0.45	2.3	0.45	0
3	武汉	13.77	16.34	1.7	0.4	1.4	0.38	1
4	有限元	12	12	0.63	0.35	0.64	0.35	1

本文方法计算得到的建筑物基底处的横向沉降曲线见图 8.3-5。如图所示，与欧阳文彪方法相比，本文方法计算得到的沉降曲线呈"深而窄"，本文计算值在形状上与实测值更加相似，表明本文方法的可靠性。总沉降值偏向左侧，因此初步判断本例中左侧为先行隧道。本文方法在计算时考虑了后行隧道在开挖时土体沉降的不对称，取偏移量 $b=4$m，所以沉降曲线不再呈对称分布。

（2）北京某地铁线路区间建筑物

北京市某地铁线路区间为采用矿山法施工的双向暗挖隧道，结构采用复合式衬砌。隧道直径 7m，轴线埋深约 20m，两隧道轴线间距约 11m。某饭店建筑为砖混结构，4 层，局部 3 层但与 4 层部分基本为同样高度。建筑物与隧道的平面位置关系见韩煊（2009）[4] 的论文。饭店建筑高度约 17m，换算后的等效弹性模量 $E_1=50$MPa。土体视为均质线弹性材料，根据经验公式 $E_2=2.5～3.5E_s$[40]，本工程 E_s 取 10MPa，E_2 取 30MPa。韩煊[4] 按照刚度修正法计算的横向建筑物沉降值和隧道施工过程中沉降测点 001、008、007 的实测值见图 8.3-6。

采用本文方法计算时，假设左侧隧道先行，考虑建筑物基础埋深为 1.5m，经公式换算，建筑物等效成 21.93m 厚的土层，与下部土层各项特性相同。计算参数取值见表 8.3-1。

本文方法计算得到的建筑物基底处横向沉降曲线见图 8.3-6。如图所示，与韩煊的刚度修正法计算得到的沉降曲线相比，本文方法计算得到的沉降曲线与实测建筑物沉降曲线更加吻合，表明了本文方法的可靠性。

（3）武汉理工大学电教楼

武汉长江隧道施工时，需穿越武汉理工大学 5 层钢筋混凝土现浇框架结构电教楼下方土层。隧道直径 11m，轴线埋深 13.77m，两隧道轴线水平间距 16.34m。电教楼总长 30m，高 18m，基础埋深 2.4m。本工程左线隧道先开挖，双线隧道引起的建筑物实测沉降值见图 8.3-7，数据来源于彭畅（2008）论文[14]。电教楼换算后的等效弹性模量 $E_1 = 50$MPa。土体视为均质线弹性材料，根据彭畅论文中各地层的参数，$E_2 = 15$MPa。

本文采用欧阳文彪方法[3]计算对应的沉降值，将电教楼等效成 18m 厚的土层，与下部土层各项特性相同，对应换算后的地面坐标 $z' = 26.89$m、轴线埋深 $H_0 = 40.66$m，$\mu = 0.3$，$E_s = 3$MPa，土体容重根据彭畅论文的土层参数取加权平均值为 18.66kg/m³，开挖应力释放系数取 18.6%，计算结果见图 8.3-7。

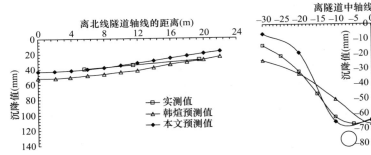

图 8.3-6　预测与实测的建筑物沉降曲线　　图 8.3-7　沉降计算值和实测值对比

采用本文方法计算时，经公式换算，电教楼等效成 30.47m 厚的土层，与下部土层各项特性相同。计算参数取值见表 8.3-1。本文方法计算得到的电教楼基底处的横向沉降曲线见图 8.3-7。如图所示，相对于用欧阳文彪方法计算出的值而言，本文方法计算得到的沉降曲线与实测建筑物沉降曲线更加吻合，表明了本文方法的可靠性。

（4）与有限元模拟结果对比

魏纲等（2011）[41]采用三维有限元，模拟了双线隧道垂直穿越十字交叉梁基础框架结构建筑物。隧道轴线埋深 $h = 12$m，直径 $D = 6.3$m，双线隧道中心间距 $L = 12$m，框架建筑物高度为 14.4m、长度为 33m，基础埋深为 2m，建筑物等效弹性模量 $E_1 = 55$MPa，$\mu = 0.3$，均质土体弹性模量 $E_2 = 8$MPa。有限元模拟双线隧道掘进过程中，假设右线隧道为先行隧道。有限元模拟结果见图 8.3-8。

本文采用欧阳文彪方法计算对应沉降值，将建筑物等效成 14.4m 厚土层，与下部土层各项特性相同，对应换算后的地面坐标 $z' = 27.38$m、轴线埋深 $H_0 =$ 39.38m，$\mu = 0.3$，$E_s = 4$MPa，土体容重取 18.5kg/m³，开挖应力释放系数取 1.12% 时，欧阳文彪方法计算值才能与有限元模拟值大致吻合，计算结果见图 8.3-8。当开挖应力释放系数取 5% 及以上时，欧阳文彪方法计算出的最大沉降值大于 40mm，显然与有限元模拟的最大沉降值 10mm 不吻合，因此其方法存在一定缺陷。

采用本文方法计算时，考虑建筑物基础埋深，经换算，建筑物等效成 31.2m 厚的土层，与下部土层各项特性相同。计算参数取值见表 8.3-1。本文方法计算得到的基础横向沉降曲线见图 8.3-8。如图所示，本文方法计算结果与有限元模拟值非常吻合，而用欧阳文彪方法计算出的值与有限元模拟值并不是特别吻合，表明本文方法有较强的适用性。

下面分析建筑物基础对沉降的影响，采用本文方法分别计算了 3 组曲线，见图 8.3-9。图中曲线 1 是考虑基础时原基底面处的沉降曲线，曲线 2 是未考虑基础时原地表处的沉降曲线，曲线 3 是未考虑基础时原基底面处的沉降曲线。如图所示，计算结果表明建筑物基础对沉降有一定影响，考虑基础时的沉降影响范围要大于未考虑基础的情况，中轴线处的最大沉降值则会略小。

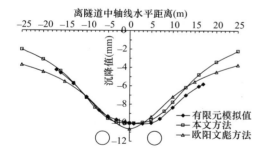

图 8.3-8　有限元模拟曲线与统一
移动模型解曲线的比较

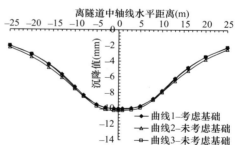

图 8.3-9　未考虑基础和
考虑基础时的沉降对比

4. 算例分析

以上海徐汇中学崇思楼为例，计算其三维沉降值并进行分析。同时，通过改变计算参数 E_1、h、L 值来研究影响因素，研究时仅作单因素分析，令其他计算参数不变，且仅考虑二维解。

1）建筑物的三维沉降变化

将 $z' = H_0' - h + e$ 代入公式（8-19），可计算得到施工期间建筑物基底处的三维沉降值。建筑物基底处的横向沉降曲线如图 8.3-10 所示，建筑物沉降槽曲线呈正态分布规律，随着盾构掘进，土体沉降逐渐增大。在距离开挖面处 60m 处（约 3h）时预测值与实测值已比较接近。如图 8-3-11 所示，土体开挖后方的建筑物基底处沉降随着离开挖面距离的增大有不断增大的趋势，在开挖面处的沉降约为最大沉降量的一半。

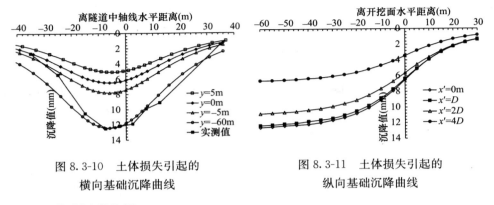

图 8.3-10　土体损失引起的　　　　图 8.3-11　土体损失引起的
横向基础沉降曲线　　　　　　　纵向基础沉降曲线

2）影响因素分析

（1）建筑物等效弹性模量对基础沉降的影响

改变建筑物等效弹性模量 E_1，分别取 50MPa、80MPa、110MPa，将 $z' = H_0' - h + e$ 代入公式（8-10）计算建筑物基底沉降曲线，结果见图 8.3-12。如图所示，随着 E_1 的增大，由于土体损失总量相等，沉降槽的影响范围几乎没有变化；当 $E_1 = 50MPa$、80MPa、110MPa 时，建筑物基础底部最大沉降值分别为 12.85mm、12.00mm、11.47mm，最大沉降值略有减小。

（2）双线隧道轴线埋深对基础沉降的影响

改变隧道的轴线埋深 h，分别取 2D、3D、4D，将 $z' = H_0' - h + e$ 代入公式（8-10）计算建筑物基底沉降曲线，结果见图 8.3-13。如图所示，随着 h 的增大，沉降槽范围变宽，沉降曲线由正态分布向 V 形转变；当 $h = 2D$、3D、4D 时，建

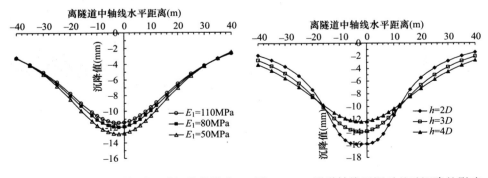

图 8.3-12　建筑物刚度对基础沉降的影响　　图 8.3-13　隧道轴线埋深对基础沉降的影响

筑物基础底部最大沉降值分别为 15.89m、13.96mm、12.36mm，最大沉降值变小。由此可见，当 h 过小时，需要采取加固控制措施，保证沉降在合理范围内，确保建筑物的安全。

（3）双线隧道轴线间距对基础沉降的影响

改变双线隧道轴线水平间距 L，分别取 10m、16.5m、24m，将 $z' = H_0' - h + e$ 代入公式（8-10）计算建筑物基底沉降曲线，结果见图 8.3-14。如图所示，随着 L 的增大，沉降槽范围变宽，沉降曲线形状则变化较小；建筑物基础底部最大沉降值则明显变小，当 L 分别等于 10m、16.5m、24m 时，基础底部最大沉降值分别为 13.65mm、12.85mm、11.49mm。由此可见，当 L 增大时，两隧道间的沉降叠加效应减少，导致建筑物基础底面的最大沉降值减小。

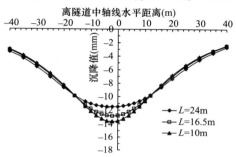

图 8.3-14　双线隧道轴线间距对基础沉降的影响

8.4　弹性地基梁理论下盾构施工引起建筑物沉降计算方法

本节假定建筑物为弹性地基梁，通过盾构法隧道统一土体移动模型解（以下简称统一解）对盾构隧道施工引起的建筑物沉降进行预测，提出预测建筑物沉降曲线的新方法，采用工程实例对本文方法进行验证。同时，通过算例对隧道与建筑物位置相对关系、基床系数取值及建筑物刚度对建筑物影响作了分析。

1. 本文方法

在对建筑物沉降进行计算时，文献［6，42-43］均将建筑物视作弹性地基梁进行研究，因此本节考虑将建筑物视作弹性地基梁，并将盾构隧道施工引起的建筑物沉降视作建筑物上方的沉降反力引起，如图 8.4-1 所示。

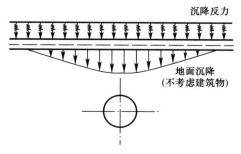

图 8.4-1　建筑物沉降反力示意图

1）盾构法隧道统一解介绍

魏纲（2009）[44]假定土体不排水，对 Verriujt 计算公式进行修正后得到盾构施工过程中由土体损失引起的土体变形二维解。单线盾构施工引起的地面沉降为：

$$U_z = \frac{R^2}{2}\left\{\frac{h}{x^2+h^2}+\frac{h}{x^2+h^2}\right\}$$

$$\cdot \frac{4Rg-g^2}{4R^2}B\exp\left[\frac{x^2\ln\lambda}{(h+R)^2}\right] \quad (8-25)$$

其中，$B=\dfrac{4h\left[h+d-\sqrt{(h+d)^2-\eta(R+d)^2}\right]}{R\eta(R+d)}$

$$\lambda=\frac{1}{4}-\frac{g}{\pi R\eta}\left[\arcsin\left(\frac{d}{R-g/2}\right)+\sqrt{1-\left(\frac{d}{R-g/2}\right)^2}-1\right]$$

式中：x 为距离隧道轴线的横向水平距离；h 为隧道轴线离地面的距离；d 为土体移动焦点到隧道中心点的距离；η 为土体损失百分率；R 为隧道开挖半径；g 为等效土体损失参数，$g=2R(1-\sqrt{1-\eta})$。

根据公式（8-25），可以计算得到各工程中不考虑邻近建筑物时盾构施工引起的地面沉降 U_z。将先行隧道施工对后行隧道的影响考虑在内，分别计算两条盾构隧道施工引起的土体变形，将两者叠加即可得到双线平行盾构施工引起的总的土体变形[36]。假设先开挖的是左侧隧道，则双线盾构施工引起的总的地面沉降为：

$$U'_{zs}=U_{zs}(x',y,z')$$

$$=\frac{R^2}{2}\cdot\left\{\frac{h}{(x+L/2)^2+h^2}+\frac{h}{(x+L/2)^2+h^2}-\frac{2z\left[(x+L/2)^2-h^2\right]}{\left[(x+L/2)^2+h^2\right]^2}\right\}$$

$$\cdot\frac{4Rg_f-g_f^2}{4R^2}B_f\cdot\exp\left[\frac{(x+L/2)^2\ln\lambda_f}{(h+R)^2}\right]\frac{R^2}{2}$$

$$\cdot\left\{\frac{h}{(x-L/2+b)^2+h^2}+\frac{h}{(x-L/2+b)^2+h^2}\right\}$$

$$-\frac{2z\left[(x-L/2+b)^2-h^2\right]}{\left[(x-l/2+b)^2+h^2\right]}\right\}\frac{4Rg_s-g_s^2}{4R^2}B_s\cdot\exp\left[\frac{(x-L/2+b)^2\ln\lambda_s}{(h+R)^2}\right]$$

（8-26）

式中：L 为两隧道中心间的水平距离；b 为后行隧道开挖引起的最大沉降值偏离后行隧道轴线的距离值，以远离中轴线为正；g_f、d_f、η_f 分别为先行隧道的最大等效土体损失参数、土体移动焦点到隧道中心点的距离和最大土体损失率；g_s、d_s、η_s 分别为后行隧道的最大等效土体损失参数、土体移动焦点到隧道中心点的距离和最大土体损失率；B_f、λ_f 为先行隧道的计算参数；B_s、λ_s 为后行隧道的计算参数。

统一解公式的计算参数取值可参见文献 [37-38]。

2）本节计算步骤

本节的技术路线图如图 8.4-2 所示。本节的计算步骤如下：

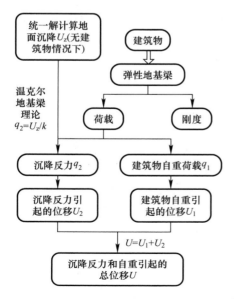

图 8.4-2　技术路线图

（1）仅考虑建筑物的自重荷载 q_1，将建筑物视作弹性地基梁（长为建筑物墙体长度，宽 1m，高对应建筑物基础埋深），采用 midas Gen 软件计算建筑物的自重荷载引起的建筑物沉降值 U_1；

（2）不考虑建筑物的情况下，根据公式（8-25）（对应单线隧道）或者公式（8-26）（对应双线隧道）计算盾构隧道施工在建筑物所在位置处引起的地面沉降曲线 U_z；

（3）根据步骤（2）计算出的地面沉降值，结合 Winkler 地基梁理论，将盾构隧道施工引起的建筑物沉降 U_z 视作建筑物上方的沉降反力 q_2 引起，计算得出盾构隧道施工引起的沉降反力 q_2 为：

$$q_2 = kU_z \tag{8-27}$$

（4）将 q_2 作为荷载施加在弹性地基梁上，通过 midas Gen 软件计算出沉降反力 q_2 引起的建筑物沉降 U_2，在软件计算过程中，通过基床系数 k、建筑物刚度 EI 等参数的调整对不同工况下建筑物的刚度进行模拟；

（5）最后得到建筑物的总沉降值 U：

$$U = U_1 + U_2 \tag{8-28}$$

2. 工程实例验证

选取上海徐汇中学崇思楼[3]、武汉理工大学电教楼[14]这 2 个工程实例进行分析。各建筑物均位于双线盾构隧道施工区域上方，双线盾构隧道均为左侧先开挖。各工程实例对应的参数如表 8.4-1 所示。

各工程实例对应参数　　　　　　　　表 8.4-1

序号	1	2
断面名称	上海	武汉
h(m)	22.7	13.77
L(m)	16.5	16.34
η_f(%)	0.7	1.2
d_f/R	0.48	0.4
η_s(%)	0.7	1.1
d_s/R	0.13	0.38
b(m)	4	1
k(kN/m³)	15000	17000
E(kN/m²)	50000	40000
I(m⁴)	1.01392	0.486
EI(kN·m²)	50696	19400
R(m)	3.1	5.5
墙体长度（m）	66	30
基础埋深（m）	1.5	2.4

上海轨道交通 11 号线从徐汇中学崇思楼正下方穿过，崇思楼长约 66m，高 4 层约 23m。隧道施工过程中在崇思楼布设了沉降测点，各测点的实测值见图 8.4-3。在施工期间，武汉长江隧道穿越了武汉理工大学电教楼下方土层。电教楼为钢筋混凝土现浇框架结构，总长 30m，高 5 层约 18m。双线隧道施工引起的建筑物实测沉降值见图 8.4-4。

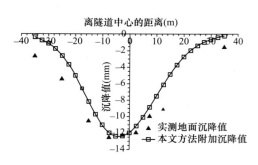

图 8.4-3　本文方法附加沉降值与实测　　　图 8.4-4　本文方法附加沉降值与实测
　　　地面沉降值对比图（上海）　　　　　　　　地面沉降值对比图（武汉）

实际工程中，建筑物沉降的实测值对应的是建筑物的附加沉降，并没有包含建筑物自重引起的沉降。因此，工程实例中仅采用本文方法对建筑物的附加沉降进行计算并与实测值比较，即只需按照本文方法计算步骤（4）得出沉降反力引起的位移 U_2，并与实测值进行比较，各个实例对应的 U_2 见图 8.4-3 和图 8.4-4。

由于建筑物刚度比土体刚度大，地面沉降曲线在有建筑物情况下趋近于直线形变化；而在无建筑物时，由于土体的刚度很小，沉降曲线与高斯分布相似。因此，通过观察地面沉降曲线的斜率变化并与实测值相比较，可用于判断本文方法是否能将建筑物刚度考虑到计算中。若计算出的考虑建筑物刚度的地面沉降曲线即本文中的 U_2 曲线相对平缓，且斜率变化相对缓慢，则证明本文方法可以用于考虑建筑物刚度的盾构施工引起建筑物沉降计算。

如图 8.4-3 所示，本文方法计算出的附加沉降值与实测值相似，呈现出高斯分布的特点，且附加沉降值的沉降槽比实测值的沉降槽窄。

如图 8.4-4 所示，与实测值相对比，本文方法附加沉降值与之基本吻合，进一步说明了本文方法可以对建筑物存在条件下的地面位移进行计算。其次，本文的计算值呈现初步的直线形变化，计算结果反映了建筑物刚度对建筑物沉降的影响。

3. 影响因素分析

（1）隧道与建筑物相对位置

设定一个工程算例，对隧道与建筑物的相对位置引起的建筑物沉降变化进行研究。假设某多层建筑物自重荷载为 $200kN/m^3$，墙体长度为 20m，基础埋深为 1.5m。将之看作弹性地基梁，对应的弯曲刚度为 $1280kN \cdot m^2$，以上海土质进行计算，即软土地基基床系数 k 取 $15000\mathrm{kN/m^3}$。现假定某地铁盾构施工时穿越建筑物下方土体，隧道轴线埋深为10m，盾构机直径为6.34m，移动焦点距离隧道中心点的距离及土体损失率分别为：$d=0.35R$，$\eta=2\%$。

本文设定四个工况，各个工况对应的隧道与建筑物的相对位置见图8.4-5。

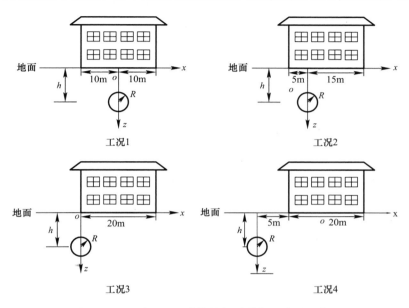

图 8.4-5　四种工况下建筑物与隧道位置关系示意图

以工况1为例，不仅计算了盾构施工引起的附加沉降 U_2，还计算了建筑物自重引起的沉降 U_1，并得到了建筑物的总沉降 U，以期更真实地反映建筑物的实际沉降值。按本文方法，工况1的计算结果见图8.4-6。如图所示，本文方法计算结果中，根据公式（8-28）可得建筑物的总位移 U。若不考虑建筑物的影响，统一解计算出的盾构施工引起的地面沉降曲线 U_z 与高斯分布相似。与之相比，沉降曲线 U_2 的斜率变化较平稳，位移斜率的平稳化反映了建筑物刚度对建筑物位移的影响。

由于篇幅限制，本文只给出了工况1的各步骤计算结果，工况2~4只给出了建筑物附加沉降计算结果（图8.4-7）。通过对工况1~4的附加沉降进行对比分析可得，当建筑物中心正好与隧道中心位于同一轴线上时（工况1），其位移受到建筑物的影响最大。这是由于相对于其他三个工况，工况1中隧道直接在建筑物下方开挖，其对土体的扰动范围与建筑物的地基所在范围重合得最多。

工况2中，地表位移受到建筑物的影响仅次于工况1。这是由于工况1和工况2中隧道直接从建筑物正中心或者侧下方穿过，所以地面沉降受建筑物刚度的影响较大。

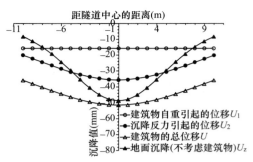

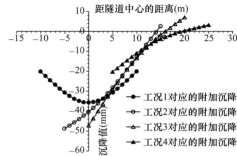

图 8.4-6　工况 1 对应的各沉降值对比图　　图 8.4-7　各工况对应的附加沉降值对比图

工况 3 中，建筑物中心处的位移即坐标（10m，0m）处受到建筑物的影响最大。在隧道中心即坐标（0m，0m）处，由于该位置已经处于建筑物边缘，地面沉降受到建筑物的影响已经较小。分析得出，工况 3 与工况 4 对应建筑物中间部分的地面沉降受到建筑物的影响最大，建筑物左边的地面沉降受建筑物影响相对于建筑物右边更大。这是由于建筑物左侧距离盾构隧道更近，受到土体的扰动更大，而建筑物右侧的地面沉降虽然仍受到建筑物的影响，但是影响已经较小。

工况 4 中，由于建筑物与隧道相隔了四分之一建筑物墙体长度，建筑物对地面沉降的影响相对工况 1 和工况 2 均较小。

总结图 8.4-6 和图 8.4-7 的分析可得：①若建筑物处于隧道正上方，建筑物使沉降均匀化，减小了隧道开挖引起建筑物的不均匀沉降（见图 8.4-6 和图 8.4-7）；②若建筑物没有处于隧道正上方，建筑物的不均匀沉降加剧，隧道开挖风险增大（见图 8.4-7）；③工况 2~4 对应的附加沉降值呈直线形分布，工况 1 对应的附加沉降呈现高斯分布。因此，前文所述的韩煊[4-5]的刚度修正法只能应用于工况 1。本文对于建筑物位于隧道上方不同位置时，均可进行计算，说明本文方法的适用范围相对于刚度修正法更宽泛。

（2）基床系数 k

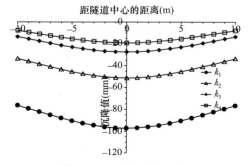

图 8.4-8　不同 k 值对应的
建筑物附加沉降值

影响基床系数 k 的因素非常多，包括基础底面积的形状、基础埋深、基础的刚度及荷载作用的时间，土的类型等因素，在实际工程中基床系数的取值非常复杂。本文选取 4 个差异较大的 k 值进行参数分析，k_1、k_2、k_3、k_4 分别为 5000、10000、20000、30000kN/m³。

选取图 8.4-5 中的工况 1，将 4 个 k 值代入该工况中，计算出沉降反力引起的附加沉降 U_2 见图 8.4-8。如图所示，

k 值越大，建筑物沉降越小。

（3）建筑物的刚度 EI

建筑物的刚度越大，建筑物对建筑物沉降的影响也越大。选取图 8.4-5 中的工况 1，对建筑物对应弹性地基梁刚度进行参数分析。工况 1 中梁的横截面长 1m，宽 1.5m，因此通过材料力学惯性矩公式可得 $I=0.28125\text{m}^4$。选取建筑物刚度如表 8.4-2 所示，采用 midas Gen 软件对工况 1 中建筑物的附加沉降进行计算，结果见图 8.4-9。如图所示，建筑物刚度越大，建筑物对应的沉降越小并且呈现出直线形变化趋势。

建筑物刚度取值 表 8.4-2

E	$I(\text{m}^4)$	$E(\text{kN/m}^2)$	$EI(\text{kN}\cdot\text{m}^2)$
E_1	0.28125	300000	84375
E_2	0.28125	975000	274218
E_3	0.28125	2325000	653906
E_4	0.28125	3000000	843750

4. 本节方法的适用性及参数选取讨论

本节方法的适用条件为：（1）基床系数 k 值能够通过现场测试得出可靠值；（2）能够有效估测建筑物对应弹性地基梁的刚度；（3）本文仅对隧道开挖横截面上的建筑物沉降进行计算和分析。

本文中 2 个实例分别对应上海、武汉土质，上海土质对应的 k 值参照文献 [6] 取 15000kN/m³。武汉土质一般以耕土居多，参照文献 [45] 中武汉轻轨四号线二期工程基床系数试验成果，基床系数 k 的取值范围在 6000～17350kN/m³ 之间，本文取电教楼对应的基床系数为 17000kN/m³。

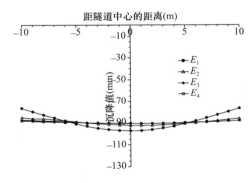

图 8.4-9 不同刚度建筑物的附加沉降值

《砌体结构设计规范》[46] 中规定，普通砖砌体的弹性模量的取值范围约为 $1.5\times10^6\sim6.0\times10^6\text{kPa}$。上海崇思楼为砌体结构，其砌体材料的弹性模量经测定约为 $2.0\times10^6\text{kPa}$[47]，计算时需考虑开洞空间并采用刚度等效原则换算成房屋的整体弹性模量。崇思楼换算后等效弹性模量取值 $5.0\times10^4\text{kPa}$[3]。崇思楼对应的矩形梁高度取建筑物高度的十分之一，即 2.3m，矩形梁宽度取 1m。武汉理工大学电教楼为钢筋混凝土现浇框架结构，文献 [48] 中取建筑物的墙体弹性模量范围为 $2.2\times10^4\sim4.4\times10^6\text{kPa}$，由于武汉电教楼为框架结构，开洞面积比例大，因此电教楼等效弹性模量取值 $4.0 \times 10^4 \text{kPa}$。电教楼对应的矩形梁高度取 1.8m，宽度取 1m。

8.5　邻近盾构隧道的建筑物安全风险模糊层次分析

1. 本文方法

1) 邻近盾构隧道的建筑物影响因素分析及其评判准则

（1）盾构隧道施工对邻近建筑物的风险因素分析

盾构隧道施工对邻近建筑物的影响，主要是通过土体移动（包括地面沉降、深层土体水平移动）来传递的。从已有文献分析可知[49-53]，盾构施工对地面沉降的影响因素有：①土体的压缩模量；②土体的内摩擦角和黏聚力；③隧道的直径；④注浆填充率和注浆压力；⑤正面附加推力与推进速率；⑥隧道轴线埋深；⑦施工技术水平和管理水平等。

在相同的隧道施工条件下，建筑物的损坏程度主要决定于建筑物和隧道轴线的位置关系，以及建筑物的刚度和抗变形能力。具体的影响因素包括[54]：①建筑物的结构形式；②建筑物的基础刚度；③建筑物的几何特性；④建筑物的完损现状；⑤建筑物与隧道的相对位置。可见，盾构隧道施工引起既有建筑风险因素较多，模糊层次分析法在解决这类问题时存在较大优势。

（2）评判准则

风险事故发生概率等级标准和风险事故发生损失等级标准两者共同组成了风险分级标准。根据盾构隧道施工引发事故的可能性程度，将风险概率等级分为 5级[55]。同时，根据隧道施工对建筑物损害严重程度，将风险损失等级划分为 5级[56]。参考不同的风险概率等级和风险损失等级，可以建立风险分级评价矩阵，参见许树柏（1988）著作[57]。

工程上需要采取不同的风险控制对策和措施，来针对出现的不同等级的风险。利用风险评价矩阵，可得到风险接受准则与采取的风险处理措施，详见 Es-kesen S D（2004）论文[23]。

2) 层次分析法（AHP）

（1）建立邻近隧道的建筑物风险指标体系

盾构隧道施工引起既有建筑物风险因素中，部分指标具有相对独立性，部分指标则密切相关。在建立风险指标时，考虑：①盾构隧道大多为浅埋隧道，上覆土层较浅，隧道所处的地层条件和建筑物的下卧层可以认为是同一地层，可将地层条件作为一个独立的因素；②隧道施工在一定范围才会对建筑物有影响，故建筑物与隧道轴线的位置关系可作为一个独立的因素；③盾构隧道施工中正面附加推力和推进速率有相互联系，同时注浆压力和注浆填充率之间也有关系。

曲永玲（2005）[49]采用神经网络递阶分析方法，对盾构隧道施工引起的地面变形影响因素进行了敏感性分析，得到排序结果为：正面附加推力＞注浆填充率＞上覆土的厚度＞盾构直径＞盾构推进速率＞注浆压力＞压缩模量＞土的黏聚力＞内摩擦角。根据该研究成果，比较其重要性，选择盾构正面附加推力和注浆填充率为研究因素。

通过以上分析，结合李鑫（2010）[54]的研究成果，可以得到邻近盾构隧道的建筑物风险分析的三层结构指标体系，见表8.5-1。

邻近盾构隧道的建筑物风险指标体系 表8.5-1

目标层（A）	准则层（B）	指标层（C）
盾构隧道施工条件下，邻近建筑物安全风险评价指标（A）	地层条件（B₁）	土体压缩模量（C₁₁）
		土体内摩擦角（C₁₂）
	盾构隧道施工对地面沉降的影响因素（B₂）	正面附加推力（C₂₁）
		注浆填充率（C₂₂）
		隧道直径（C₂₃）
		隧道埋深（C₂₄）
		施工技术水平和管理水平（C₂₅）
	建筑物抗变形能力因素（B₃）	建筑物结构形式（C₃₁）
		建筑物基础刚度（C₃₂）
		建筑物几何特性（C₃₃）
		建筑物完损现状（C₃₄）
	建筑物与隧道轴线的位置关系（B₄）	

（2）建筑物风险指标权重的分析

根据表8.5-1对于各层权重向量进行计算，笔者邀请了6位相关专家，通过打分后取平均值的方法来确定因素判断标度值，再通过 Matlab 软件来实现运算。构造准则层 B 对目标层 A 的判断矩阵 m，见表8.5-2。根据该表，可以计算得到权重向量为：

准则层 B 对目标层 A 的判断矩阵 M 表8.5-2

M	B₁	B₂	B₃	B₄
B₁	1	3	2	1/3
B₂	1/3	1	1/2	1/6
B₃	1/2	2	1	1/5
B₄	3	6	5	1

$$W = \{0.2221, 0.0773, 0.1264, 0.5743\}^T \qquad (8\text{-}29)$$

相应地，求得最大特征根 $\lambda_{max} = 4.034$，$CI = \dfrac{\lambda_{max} - n}{n - 1} = 0.0113$，令平均随机一致性指标为 RI[57]，$RI = 0.89$，$CR = \dfrac{CI}{RI} = 0.0127 < 0.1$，满足一致性检验。

由于论文篇幅有限，层次分析法的其他步骤本文忽略，具体可参见李鑫论文[54]。

3）邻近盾构隧道的建筑物风险模糊综合评判法

风险模糊综合评判法的一般步骤参见张少夏（2006）[58]、肖盛燮（2004）论文[59]。邻近盾构隧道施工条件下的建筑物风险评估包括：建筑物风险概率估计和风险损失估计。

（1）建立因素集：按照风险因素对风险事故的影响严重程度，对风险因素进行等级划分。结合李鑫的研究成果[54]和笔者的分析成果，结果见表 8.5-3。表中 D 为盾构隧道直径，L_1 和 L_2 分别为建筑物的长度和宽度。

风险事故受风险因素的影响程度　　　　　　　　　　表 8.5-3

因素＼等级划分	I	II	III	IV	V
压缩模量	＞16MPa	16～12MPa	12～8MPa	8～4MPa	＜4MPa
土的内摩擦角	＞40°	40°～30°	30°～20°	20°～10°	＜10°
盾构正面附加推力	0kPa	0～±10kPa	±10～±20kPa	±20～±30kPa	＞±30kPa
注浆填充率	130%～140%	（130%～140%）±10%	（130%～140%）±20%	（130%～140%）±30%	（130%～140%）±40%
隧道直径	＜7m	7～10m	10～12m	12～15m	＞15m
隧道埋深	＞4D	3D～4D	2D～3D	1D～2D	＜1D
施工技术水平	信誉好、施工技术经验丰富、技术力量雄厚	信誉较好、施工技术经验较丰富、技术力量较雄厚	信誉一般、施工技术经验一般、技术力量一般	信誉较差、施工技术经验缺乏、技术力量薄弱	信誉很差、施工技术经验严重不足、技术力量严重缺乏
结构形式	钢筋混凝土	框架/排架	混凝土（基础较好）	混凝土（基础较差）	砖/石混
基础类型	箱形基础铰接	介于I、III之间	条形基础铰接或传统连接	介于III、V之间	独立或桩基础、固定连接
几何特性	高度＞30m 且 L_1 和 L_2＞2D	介于I、III之间	高度 10m～30m 且 L_1 或 L_2＞2D	介于III、V之间	高度＜10m 且 L_1 和 L_2＜2D
完损现状	完好	基本完好	一般损坏	严重损坏	危险房
建筑物与隧道位置关系	很有利	有利	一般	不利	很不利

（2）确认隶属度，成立等级评判矩阵：风险因素的划分结果有一部分是定量的指标，另一部分是定性的指标。定量指标如隧道埋深、隧道直径等，采用典型隶属函数中的梯形函数和矩形函数进行计算，确定指标隶属度。定性指标如结构形式、完损现状等，其隶属度可以采用 Karwowski[60]建议的模糊隶属度函数来确定。

其他计算内容和方法参见张少夏[58]、肖盛燮论文[59]，本文不再重复。

2. 实例分析

（1）工程概况

武汉理工大学电教楼由主楼和两栋侧楼组成[14,61]，该房屋是在 1984 年完工的，主体部分是 5 层的框架结构，高约 15m，采用独立基础。武汉长江隧道采用盾构法施工，隧道轴线埋深 13.77m，隧道直径为 11.38m。盾构隧道左线穿越该楼房。电教楼在隧道轴线的正上方。在盾构隧道施工之前，对该楼房作了房屋安全鉴定。得到的结论为：该楼房主要承重构件、楼地面、屋面均无明显的损坏，只有围护和装修稍有损坏；依据《房屋完损等级评定标准》，评定该楼房为基本完好屋。具体建筑物与隧道关系、土质参数参见吴贤国（2008）[61]、彭畅（2008）[14]论文。

（2）邻近盾构隧道的建筑物风险发生概率的估计

① 按实际施工情况，确定各风险因素所在等级，结果见表 8.5-4。

建筑物的风险因素参数 表 8.5-4

建筑物的风险因素	参数的取值	所在等级
压缩模量	6MPa	（Ⅳ）
土的内摩擦角	24°	（Ⅲ）
正面附加推力	18kPa	（Ⅲ）
注浆填充率	142%	（Ⅱ）
隧道直径	11.38m	（Ⅲ）
隧道埋深	13.77m	（Ⅳ）
施工技术水平	信誉较好、施工技术经验较丰富、技术力量较雄厚	（Ⅱ）
结构形式	框架结构	（Ⅱ）
基础类型	独立基础	（Ⅴ）
几何特性	5 层，高 15m	（Ⅱ）
完损现状	基本完好	（Ⅱ）
建筑物与隧道位置关系	0m	（Ⅴ）

② 建立各风险因素的隶属度表，结果见表 8.5-5。

建筑物的风险因素隶属度 表 8.5-5

影响因素	等级	隶属度				
		Ⅰ	Ⅱ	Ⅲ	Ⅳ	Ⅴ
压缩模量	（Ⅳ）	0.833	1.000	0.500	0.250	0.167
土的内摩擦角	（Ⅲ）	0.533	0.800	1.000	0.700	0.467
正面附加推力	（Ⅲ）	0.000	0.000	1.000	0.000	0.000
注浆填充率	（Ⅱ）	0.000	1.000	0.000	0.000	0.000

影响因素	等级	隶属度				
		Ⅰ	Ⅱ	Ⅲ	Ⅳ	Ⅴ
隧道直径	（Ⅲ）	0.548	0.876	1.000	0.724	0.453
隧道埋深	（Ⅳ）	0.930	1.000	0.210	0.105	0.070
施工技术水平	（Ⅱ）	0.000	0.000	0.200	0.000	0.900
结构形式	（Ⅱ）	0.000	0.000	0.200	0.000	0.900
基础类型	（Ⅴ）	0.500	0.700	0.700	0.850	1.000
几何特性	（Ⅱ）	0.000	0.100	0.700	0.300	0.700
完损现状	（Ⅱ）	0.000	0.100	0.700	0.300	0.700
建筑物与隧道的位置关系	（Ⅴ）	1.000	1.000	0.000	1.000	0.000

③ 根据前面的专家打分，统计各个影响因素的两两比较值，从而得到判断矩阵。可以得到每个因素所占的权重，通过一致性检验后，成立因素的权重集 A，结果为：

$$A = [0.1666, 0.0555, 0.0196, 0.0124, 0.0031, 0.0061, \\ 0.0361, 0.0179, 0.0669, 0.0115, 0.0302, 0.5743] \tag{8-30}$$

再计算出：

$$C = A \cdot B = [0.7835, 0.8575, 0.2496, 0.7271, 0.2003] \tag{8-31}$$

式中：B 为隶属度函数集；C 为评判集。

评估结论：由此，根据最大隶属度原则，结合风险概率等级标准[55]，判断建筑物风险发生概率的等级为Ⅱ级，即为不可能发生。

（3）邻近盾构隧道的建筑物风险发生损失估计

根据建筑物风险损失估计方法，确定风险因素和风险隶属度。各个风险因素的权重为：

$$A = \{0.2776, 0.4128, 0.0488, 0.0989, 0.1620\}^T \tag{8-32}$$

再计算出：

$$C = A \cdot B = [0.3684, 0.4657, 0.4479, 0.5572, 0.7660] \tag{8-33}$$

评估结论：由此，根据最大隶属度原则，结合建筑风险易损性分级标准[56]，判断该建筑物在隧道施工期间的易损性等级为 Ⅴ 级。

最终评估结论：根据前述风险评价矩阵[23]和风险接受准则分析[23]，该建筑物在隧道施工环境中处于"高度风险"，为"不期望"。此类风险较大，必须采取风险处理措施，降低风险并加强监测，且满足降低风险的成本不高于风险发生后的损失。

在实际施工中，采用树根桩对该楼房的地基基础进行了加固。在盾构隧道穿越该楼房后，房屋出现了一些细小裂缝，建筑物的变形在允许范围内，与本文的评估结果相符。

8.6 本章小结

通过对杭州地铁双线盾构施工过程中邻近建筑物沉降的实测分析，得到以下研究结果：①盾构隧道穿越建筑物时，控制注浆量和排土量能够有效地影响建筑物的沉降。注浆量越大或排土量越小，土体越容易隆起，进而导致上方的建筑物隆起。注浆量和排土量的值控制的越稳定，建筑物沉降的变化幅度也越小；②基础型式不同对建筑物的沉降规律有较大影响，盾构开挖对桩基础建筑物的影响较小，对条形基础建筑物的影响较大。建筑物与隧道相对位置不同，对建筑物的沉降规律也有较大影响，对隧道轴线上方的建筑物尤其应引起重视；③建筑物离隧道轴线的水平距离越近，监测点的沉降规律和轴线上方地表的沉降规律也越接近。建筑物基础底面积越大，监测点的沉降规律也越复杂，容易引起较大的沉降差；④在盾构施工过程中，邻近的建筑物沉降控制得较好时，相邻隧道轴线上方的地表往往表现为隆起；而当建筑物沉降较大时，则相邻隧道轴线上方的地表往往有较大沉降。

采用盾构法隧道统一土体移动模型，考虑了后行隧道土体沉降的偏移及建筑物基础刚度，提出了建筑物基础底面处的沉降计算方法，同时将二维解拓展为三维解，得到以下研究结果：①与欧阳文彪方法相比，本文方法计算结果与实测值和有限元模拟结果更加吻合。本文方法可用于计算三维空间中双线隧道垂直穿越建筑物时引起的建筑物沉降值；②随着建筑物等效弹性模量的增大，沉降槽范围几乎没有变化，基础底部最大沉降值则略有减小。随着隧道轴线埋深的增大，沉降槽范围变宽，沉降曲线由正态分布向 V 形转变，基础底部最大沉降值则变小。随着双线隧道轴线水平间距的增大，沉降槽范围变宽，沉降曲线形状则变化较小，基础底部最大沉降值则明显变小；③建筑物基础对沉降有一定影响，考虑基础时的沉降影响范围要大于未考虑基础的情况，中轴线处的最大沉降值则会略有减小。

将建筑物视作弹性地基梁，将盾构施工引起的建筑物沉降看作是由建筑物上方的沉降反力引起，采用 midas Gen 软件对沉降反力引起的建筑物沉降进行计算从而考虑了建筑物刚度对建筑物沉降的影响。通过 2 个工程实例以及 1 个算例对本文方法进行了验证。研究结果表明：①本文方法可以将建筑物刚度对建筑物沉降的影响考虑到计算方法中；②当建筑物处于隧道正上方时，建筑物的存在使得沉降均匀化，减小了隧道开挖引起建筑物的不均匀沉降。但当建筑物没有处于隧道正上方时，建筑物的不均匀沉降加剧，隧道开挖风险增大；③建筑物对应弹性地基梁的基床系数 k 值越大，建筑物沉降越小。建筑物对应弹性地基梁的刚度越大，建筑物对应的沉降越小并且呈现出直线形变化趋势；④对于建筑物的 EI

及 k 值无法确定的工况，本文方法的工程应用较困难，这是因为计算出的结果差异由于参数选取的不同而不同。将建筑物视作弹性地基梁时建筑物沉降值的解析解仍需进一步研究。

将模糊层次分析法引入对邻近盾构隧道的建筑物安全风险评估中，得到以下研究结果：①总结邻近盾构隧道的建筑物风险影响因素，选出最主要的 11 个作为模糊层次分析的影响因素，其中盾构施工影响地面沉降的 5 个因素为：正面附加推力、注浆填充率、隧道直径、隧道埋深、施工技术水平和管理水平；②结合统计数据和相关文献，对 11 个风险因素划分为五个模糊等级，并运用模糊统计法和经验法构造了 11 个风险因素等级与邻近盾构隧道的建筑物风险发生概率，建立了邻近盾构隧道的建筑物风险的模糊层次评估模型；③使用专家评议法，通过专家打分来确定各个因素之间的判断标度值，确定各个因素的权重。再通过Matlab 软件计算出权重向量、最大特征根以及复杂矩阵；④运用本文方法对武汉长江盾构隧道上方的武汉理工大学电教楼进行了风险评估，得出的评估结果符合实际施工情况，验证了本文评估体系的有效性和实用性。

参考文献

[1] 王建秀，邹宝平，付慧仙，等．超大直径盾构下穿保护建筑群地面沉降预测 [J]．现代隧道技术，2013，50（5）：98-104.

[2] 刘学彦，袁大军，乔国刚，等．盾构长距离穿越房屋安全技术研究 [J]．现代隧道技术，2014，51（2）：147-151.

[3] 欧阳文彪，丁文其，谢东武．考虑建筑刚度的盾构施工引致沉降计算方法 [J]．地下空间与工程学报，2013，9（1）：155-160.

[4] 韩煊，J. R. Standing，李宁．隧道施工引起建筑物变形预测的刚度修正法 [J]．岩土工程学报，2009，31（4）：539-545.

[5] 韩煊．隧道施工引起地层位移及建筑物变形预测的实用方法研究 [博士论文 D]．西安：西安理工大学，2006.

[6] 丁智．盾构隧道掘进对邻近建筑物影响及变形预测研究 [博士论文 D]．杭州：浙江大学，2014.

[7] Finno J，Voss T，Rossow E，et al．Evaluating damage potential in buildings affected by excavations [J]．Journal of Geotechnical and Geoenvironmental Journal，2005，131（10）：1199-1210.

[8] Boscardin D，Cording J．Building response to excavation-induced settlement [J]．Journal of Geotechnical Engineering，1989，115（1）：1-21.

[9] 孙宇坤，关富玲．盾构隧道掘进对砌体结构建筑物沉降的影响 [J]．中国铁道科学，2012，33（4）：38-44.

[10] 张顶立，李鹏飞，侯艳娟，等．城市隧道开挖对地表建筑群的影响分析及其对策 [J].

岩土工程学报，2010，32（2）：296-302.

[11] 申景宇. 成都地铁 1 号线盾构掘进对建筑物安全的影响分析 [J]. 现代隧道技术，2008，45（2）：63-68.

[12] 徐泽民，韩庆华，郑刚，等. 地铁隧道下穿历史风貌建筑影响的实测与分析 [J]. 岩土工程学报，2013，35（2）：364-374.

[13] 李涛，陈慧娴，刘波，等. 双线隧道盾构施工对临近高层建筑物的影响分析 [J]. 湖南科技大学学报（自然科学版），2013，28（4）：43-48.

[14] 彭畅，伍雨林，骆汉宾，等. 双线盾构施工对邻近建筑物影响的数值分析 [J]. 岩石力学与工程学报，2008，27（增2）：3868-3874.

[15] Ding L，Wu X，Zhang L，et al. How to protect historical buildings against tunnel-induced damage：A case study in China [J]. Journal of Cultural Heritage，2015，16：904-911.

[16] 魏纲，裘新谷，魏新江，等. 邻近建筑物的暗挖隧道施工数值模拟 [J]. 岩土力学，2009，30（2）：547-552.

[17] 丁祖德，彭立敏，施成华. 地铁隧道穿越角度对地表建筑物的影响分析 [J]. 岩土力学，2011，32（11）：3387-3392.

[18] Wei Gang，Hu Hui-hui，Zhang Shimin. Study on the influence of construction of shallow-buried underground excavation tunnel on adjacent framework buildings [J]. Disaster Advances，2013，6（S4）：149-156.

[19] 魏纲，魏新江. 双线盾构施工对邻近框架建筑物影响的研究 [J]. 地下空间与工程学报，2013，9（2）：339-343.

[20] 范祚文，张子新. 砂卵石地层土压力平衡盾构施工开挖面稳定及邻近建筑物影响模型试验研究 [J]. 岩石力学与工程学报，2013，32（12）：2506-2512.

[21] Verruijt A，Booker J R. Surface settlements due to deformation of a tunnel in an elastic half plane [J]. Geotechnique，1996，46（4）：753-756.

[22] Peck R B. Deep excavations and tunneling in soft ground [C]//Proceedings of the 7th International Conference on Soil Mechanics and Foundation Engineering，Mexico City：[s. n.]，1969：225-290.

[23] Eskesen S D，Tengborg P，Kampmann J，et al. Guidelines for tunnelling risk management：International Tunnelling Association，Working Group NO. 2 [J]. Tunnelling and Underground Space Technology，2004，19（3）：217-237.

[24] 周峰. 山岭隧道塌方风险模糊层次评估研究 [D]. 长沙：中南大学，2008.

[25] 王卓甫. 工程项目风险管理—理论、方法与应用 [M]. 北京：中国水利水电出版社，2003.

[26] 陈洁金，周峰，阳军生，等. 山岭隧道塌方风险模糊层次分析 [J]. 岩土力学，2009，30（8）：2365-2370.

[27] 姚浩，周红波，蔡来炳，等. 软土地区土压盾构隧道掘进施工风险模糊评估 [J]. 岩土力学，2007，28（8）：1753-1756.

[28]　蔡业华，黄天一．基于模糊层次法的地铁盾构隧道工程坍塌风险分析［J］．施工技术，2011，40（增刊）：221-224．

[29]　安文杰．基于模糊层次分析法的隧道施工组织方案评价与优化研究［D］．成都：西南交通大学，2012．

[30]　魏纲．盾构法隧道地面沉降槽宽度系数取值的研究［J］．工业建筑，2009，39（12）：74-79，109．

[31]　张志勇．盾构施工对周围环境影响研究综述［J］．现代隧道技术，2002，39（2）：7-11．

[32]　贺美德，刘军，乐贵平，等．盾构隧道近距离侧穿高层建筑的影响研究［J］．岩石力学与工程学报，2010，29（3）：603-608．

[33]　魏纲．盾构法隧道统一土体移动模型的建立［J］．岩土工程学报，2007，29（4）：554-559．

[34]　Gonzale C，Sagaseta C．Patterns of soil deformations around tunnels．Application to the extension of Madrid Metro［J］．Computers and Geotechnics，2001，28：445-468．

[35]　Wei Gang，Pang Siyuan，Zhang Shimin．Prediction of ground deformation induced by double parallel shield tunnelling［J］．Disaster Advances，2013，6（13）：91-98．

[36]　魏纲，庞思远．双线平行盾构隧道施工引起的三维土体变形研究［J］．岩土力学，2014，35（9）：2563-2568．

[37]　魏纲，刘加湾．盾构法隧道统一土体移动模型参数取值研究［J］．铁道建筑，2009，（2）：48-51．

[38]　魏纲．盾构隧道施工引起的土体损失率取值及分布研究［J］．岩土工程学报，2010，32（9）：1354-1361．

[39]　Sagaseta C．Analysis of undrained soil deformation due to ground loss［J］．Geotechnique，1987，37（3）：301-320．

[40]　杨敏，赵锡宏．分层土中的单桩分析法［J］．同济大学学报，1992，20（4）：421-428．

[41]　Wei Gang，Guo Qigang，Hong Jie．Effect analysis of double-line parallel shield tunnel crossing frame structure building based on GTS［J］．Applied Mechanics and Materials，2011，（99-100）：1082-1086．

[42]　吴二军．建筑物整体平移工程轨道沉降与沉降差的计算方法［J］．工业建筑，2005，35（增）：879-880，850．

[43]　谭志祥，邓喀中．采动区建筑物地基、基础和结构协同作用模型［J］．中国矿业大学学报，2004，33（3）：264-267．

[44]　魏纲．盾构法隧道施工引起的土体变形预测［J］．岩石力学与工程学报，2009，28（2）：418-424．

[45]　吴云刚，黄斌，张婷，等．基床系数室内试验成果修正及评价［J］．水运工程，2010，（7）：27-30．

[46]　中华人民共和国住房和城乡建设部、国家质量监督检验检疫总局．GB 50003—2011 砌体结构设计规范［S］．北京：中国建筑工业出版社，2011．

[47]　葛世平，谢东武，丁文其，等．盾构穿越保护建筑物数值模拟预测与监控量测［J］．同

济大学学报（自然科学版），2011，39（10）：1463-1467.

[48] 李志伟，郑刚. 基坑开挖对临近不同刚度建筑物影响的三维有限元分析 [J]. 岩土力学，2013，34（6）：1807-1814.

[49] 曲永玲. 城市地下工程地面变形预测神经网络模型研究 [D]. 南京：南京工业大学，2005.

[50] Reilly J J. The management process for complex underground and tunneling projects [J]. Tunnelling and Underground Space Technology，2000，15（1）：31-44.

[51] 郭军. 地铁隧道开挖诱发的地表沉降对邻近建筑结构的影响研究 [D]. 北京：北京工业大学，2005.

[52] 李志辉. 城市隧道浅埋暗挖地表沉降规律及控制研究 [D]. 长沙：中南大学，2008.

[53] 陈龙. 城市软土盾构隧道施工期风险分析与评估研究 [D]. 上海：同济大学，2004.

[54] 李鑫. 城市隧道施工环境风险评估研究 [D]. 重庆：重庆大学，2010.

[55] 中华人民共和国铁道部. 铁路隧道风险评估与管理暂行规定（铁建设 [2007] 200 号）[S]. 北京：人民铁道出版社，2007.

[56] 中华人民共和国建设部. 地铁及地下工程建设风险管理指南 [S]. 北京：中国建筑工业出版社，2007.

[57] 许树柏. 实用决策方法—层次分析法原理 [M]. 天津：天津大学出版社，1988.

[58] 张少夏. 隧道工程风险分析方法及工期损失风险研究 [D]. 上海：同济大学，2006.

[59] 肖盛燮，王平义，吕恩琳. 模糊数学在土木与水利工程中的应用 [M]. 北京：人民交通出版社，2004.

[60] Karwowski W. Applications of approximate reasoning in risk analysis [A]. In Applications of Fuzzy Set Theory in Human Factors，W Karwowski and A Mital，Eds [C]. Elsevier，Amsterdam，1986，227-243.

[61] 吴贤国，陈跃庆，丁烈云，等. 长江隧道盾构施工对建筑物的影响及其保护研究 [J]. 铁道工程学报，2008，25（7）：57-60.

第九章　双线盾构隧道施工对周边环境的影响分区研究

9.1　引言

　　盾构隧道施工会扰动周围土体，引起土体变形。这会导致周边建筑物、地下管线发生扭曲、开裂等问题。同时，既有地铁也会由于新建地铁的影响而产生新的位移和变形。根据影响程度划分影响区，可对构筑物所在区域受到盾构施工的影响进行预测，进而有效控制施工参数，保证工程的顺利实施，减小盾构隧道施工对周边构筑物的损坏。因此，根据盾构隧道施工对周边构筑物的影响程度进行分区，具有重要研究价值。

　　目前关于盾构隧道施工影响分区的基本准则主要有：（1）塑性区准则；（2）复合准则；（3）位移准则；（4）强度准则；（5）应力准则。施仲衡（1997）[1]、王明年（2009、2012）[2-3]、仇文革（2003）[4]、伍伟林（2015）[5]、周斌（2009）[6]、住建部规范（2013）[7]采用以上基本准则中的某一种对不同情况下的盾构隧道施工影响分区进行了研究，具体见下文。但相关研究的应用范围较窄，没有考虑土质条件的影响，采用的分区参数（如强度、位移等）不能准确地进行测定，且基本没有出现位移等值线图这一表现形式，因此需作进一步研究。

　　本文基于位移准则，采用盾构法隧道统一土体移动模型解，通过盾构施工引起周围土体的竖向位移、水平位移和总位移的等值线，据相关规范，将盾构隧道施工条件下周围土体划分为四个影响区，分别为强影响区、中影响区、弱影响区和无影响区。最后将本文方法应用到深圳地铁实例中。

9.2　现有方法及不足之处

1. 现有方法

目前主要有以下 8 种分区方法，分别为：

① 施仲衡等（1997）[1]根据地面建筑物基底压力扩散对隧道的影响，划分了盾构施工的影响范围，假定基底压力按照 45°向下扩散，影响范围边界线设定在隧道的扰动区之外，并认为隧道扰动区为 2R（R 为隧道外半径）。

② 王明年等（2012）[3]采用摩尔-库伦准则对盾构隧道重叠段进行横向近接分

区，采用位移变化速率准则对盾构隧道重叠段进行纵向近接分区。

③ 仇文革（2003）[4]通过深圳地铁近接隧道的研究，划分了隧道近接施工的强影响区；认为两个隧道的空间位置影响不应该在同一位置处出现多解，而应该是连续渐变的，据此，对 1997 年日本公布的《既有铁路隧道近接施工指南》进行了修改，提出了两并行隧道施工时近接影响分区的标准。

④ 伍伟林（2015）[5]采用 midas GTS 软件，对隧道开挖引起的不同位置单桩的变形规律进行了数值模拟研究，并对变形影响进行了分区讨论。

⑤ 王明年等（2009）[2]认为近接桩基沉降与桩基和隧道之间的位置参数（隧道与桩基的水平净距离、桩基底部到隧道顶部的竖向净距离）有关，并采用有限差分法和最小二乘法原理，对近接高架桥桩基进行了近接影响分区研究。

⑥ 日本指南较系统、全面地阐述了与既有铁路隧道近接施工相关的问题，而且还划分了隧道并列交叉邻近度。仇文革[4]给出了划分隧道并列和交叉近接度的示意图。

⑦ 周斌（2009）[6]以深圳地铁 3 号线为例，利用有限元软件 ANSYS 对两盾构隧道在 4 种典型相对位置下的模型进行了数值模拟，采用结构物强度准则，将后建隧道引起先建隧道结构的附加拉应力的容许值作为基准，划分了重叠盾构隧道近接影响区。

⑧《城市安全技术规范》[7]根据外部作业的施作方法，提出了浅埋、深埋情况下矿山法和盾构法外部作业的工程影响分区。

对以上 8 种分区方法进行总结，根据各种分区方法的判断准则及依据数据，将 8 种方法进行了归类分析，见表 9.2-1。如表所示：（1）8 种方法分别对应 4 种判断准则，分别为塑性区准则、复合准则、位移准则和强度准则；（2）序号 1～3、6、8 划分了三个影响区，序号 4～5 则划分了四个影响区，序号 7 则只给出了强影响区的分区界限。总体而言，将盾构隧道施工影响区划分为 3～4 个是比较合理的。

各种方法的归纳分析　　　　　　　　　　　　　　　　　表 9.2-1

序号	方法作者	判断准则	依据数据	适用范围	分区及命名
1	施仲衡	塑性区准则	地面至开挖面中心的距离及隧道外半径	盾构施工对周边建筑物的影响	Ⅰ区-受影响区域；Ⅱ区-受影响区域；Ⅲ区-不受影响区域
2	王明年	复合准则：应力准则/位移准则	围岩主应力值、位移变化速率	盾构隧道施工过程中两近接隧道的相互影响	强影响区；弱影响区；无影响区
3	仇文革		各类近接施工的力学模型对应的受力特征	两并行隧道施工时的相互影响	A 区-强影响区；B 区-弱影响区；C 区-无影响区

续表

序号	方法作者	判断准则	依据数据	适用范围	分区及命名
4	伍伟林	位移准则	开挖影响角	隧道开挖对单桩变形的影响	A区；B区；C区；D区
5	王明年		桩基沉降允许值/警戒值/预警值	暗挖法地铁施工对近接高架桥桩基的影响	A区；B区；C区；D区
6	日本指南	强度准则	应力增加的容许值	接近既有铁路隧道的各类近接施工问题	限制范围；要注意范围；无条件范围
7	周斌		后建隧道引起先建隧道结构的附加拉应力容许值	重叠盾构隧道近接影响	强影响区
8	技术规范	—	矿山法和盾构法外部作业隧道底板的埋深	浅埋矿山法和盾构法外部作业	A区-强烈影响区；B区-显著影响区；C区—一般影响区
	技术规范		矿山法和盾构法城市轨道交通隧道的毛洞跨度	深埋矿山法和盾构法外部作业	

2. 不足之处

通过表 9.2-1 的归纳分析，笔者认为以上 8 种分区方法还存在不足：（1）应用范围较窄。序号 1～5、7 对应的 6 种方法均是针对盾构施工对周边某一类型构筑物（如建筑物、桩基、隧道）的影响提出。相对而言，序号 6、8 两种方法的应用范围更广泛；（2）序号 4 的分区结果不明确，伍伟林（2015）[5] 只给出处于 D 区的工程桩基本不受影响，而处于其他几个区的工程桩并没有作详细的分析；（3）序号 6 的分区只给出了接近既有铁路隧道各类施工对应的限制范围、要注意范围和无条件范围，各范围对应的具体定量分析相对匮乏；（4）序号 8 对应的分区图案规整，虽然方便工程应用，但实际工程中的分区界限一般无法达到如此规整；（5）序号 1～8 对应的分区方法均未考虑隧道周围土体的土质条件；（6）盾构隧道施工引起的塑性区很难准确界定且无法进行实际的测量，应力准则、强度准则对应的应力、强度对比位移而言也不易测量，只有位移是施工时容易进行测量与统计的一项数据。同时，针对既有隧道控制，目前相关规范均是通过隧道位移量对其安全性进行评估的。因此，相对以上几种判断准则，位移准则更加合理、实用。

9.3　本文方法

1. 本文思路与方法

上海较早前对既有隧道位移控制进行了相关规定[8]：地铁结构设施竖向绝对

沉降量及水平位移量≤20mm（包括各种加载和卸载的最终位移量）。其后，《城市安全技术规范》[7]提出了隧道水平位移和竖向位移10mm的预警值和20mm的控制值。《城市监测技术规范》[9]则提出：隧道结构沉降控制值为3～10mm，隧道结构上浮控制值为5mm，隧道结构水平位移控制值为3～5mm。郑刚等（2016）[10]基于以上三个规范，根据位移等值线图，选定了隧道最大位移5mm、10mm、20mm作为隧道变形控制标准，对基坑坑外既有隧道变形影响区进行了划分。

由于本文拟采用位移准则，根据位移等值线图，依据规范对盾构隧道施工影响分区进行研究，与郑刚等[10]对基坑影响分区的研究具有一定的相似之处，因此本文参考郑刚的分区方法，并综合以上规范中对于隧道变形控制的不同标准，提出盾构施工对周围环境的影响可以根据影响程度划分为强影响区、中影响区、弱影响区及无影响区，影响程度的大小可以通过隧道在对应区域引起的土体位移来进行量化。

针对前人不足，本文作了以下创新：1）采用更合理的位移准则对影响分区进行研究，标准位移控制值的取值均有合理的依据；2）采用位移等值线图对盾构隧道施工的影响分区进行研究；3）采用盾构法隧道统一土体移动模型理论解，计算盾构施工引起的土体位移，考虑了土质条件影响，计算过程可重复且较简单；4）可将本文结论应用于盾构隧道施工对周边各种构筑物的影响分析。

魏纲（2009）[11]提出了盾构法统一土体移动模型二维解，具体见第三章3.4节。单线盾构施工引起的土体竖向位移计算公式为公式（3-19），土体水平方向位移计算公式为公式（3-20）。由于规范中的位移一般是指施工稳定后的位移，而正面附加推力和盾壳摩擦力、附加注浆力的影响范围只限于隧道开挖面附近，在开挖面通过一定距离后，其引起的地面位移基本为0。当盾构隧道开挖面通过一定距离（3h）后，土体位移主要受土体损失率的影响[12]。因此，本文仅考虑土体损失引起的土体位移，忽略正面附加推力、盾壳摩擦力、附加注浆力等因素的作用。

根据公式（3-19）、公式（3-20）及勾股定理，可以对单个盾构隧道开挖引起的周边土体的竖向位移、水平位移及总位移进行计算。

2. 算例分析

算例的计算参数取值如下：取魏纲（2010）[13]论文中除去大直径盾构的34个工程实例的隧道轴线埋深平均值16m，作为算例的隧道轴线埋深h；盾构开挖半径取$R=3$m；按照上海土质进行计算，根据魏纲（2009）[14]研究成果取土体移动焦点到隧道中心点的距离$d=0.35R$。

崔玖江（2005）[15]结合实际工程与国内外建设管理经验，确定了我国地铁工程施工时的地面最大沉降控制值为30mm，本文假定隧道上方地表处的沉降为

30mm，并据此反分析出隧道的土体损失率 η。本文方法是用于在施工之前预估盾构施工的影响，因此是按照施工引起的地面沉降警戒值 30mm 来进行预测的。若施工期间沉降超过了 30mm，应停止施工，采取控制措施以防工程事故的发生。因此，按照以上假定划分出的影响区已属于最保守的分区。据该假定，反分析出算例中隧道的 $\eta=2.1\%$，$g=63.33\text{mm}$。由魏纲（2010）[13] 的研究可知，实测 η 分布在 $0.20\% \sim 3.01\%$，其中 95.77% 的 η 分布在 $0.20\% \sim 2.0\%$。因此本算例中的 2.1% 取值已经偏大，表明与实际工程相比，本文采用 30mm 作为最大沉降控制值反分析土体损失率并不危险。

根据土体位移计算结果，将隧道引起的竖向位移、水平位移和总位移绘制成等值线图，见图 9.3-1～图 9.3-3。如图 9.3-1 所示，等值线上数字代表竖向位移值（mm），正值代表土体向下移动，负值代表土体向上移动。由图可知，盾构隧道施工引起隧道上方和两侧的土体往下移动，隧道下方的土体往上移动，向下移动的土体范围分布更广。总体而言，隧道中心轴线上 $z=0\sim16\text{m}$（z 为距地表的深度）区域内的竖向位移，比 $z=16\sim40\text{m}$ 区域内的竖向位移绝对值更大，最大竖向位移绝对值在 40mm 左右。在 $z=0\sim16\text{m}$ 区域内，与隧道中心轴线横向水平距离越远，竖向位移越小；隧道中心轴线上 $z=16\sim40\text{m}$ 区域内的竖向位移较小，基本上在 10mm 之内，随着离隧道中心点距离增加，竖向位移呈辐射状减小至零值。

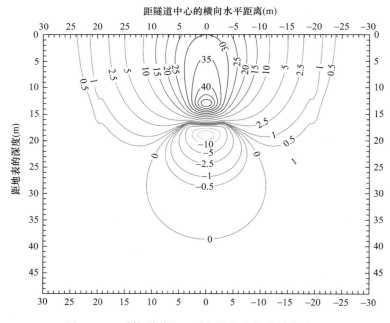

图 9.3-1　盾构隧道施工引起的竖向位移等值线图

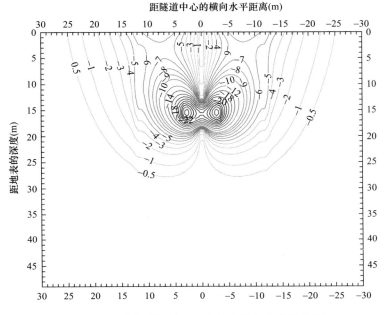

图 9.3-2 盾构隧道施工引起的水平位移等值线图

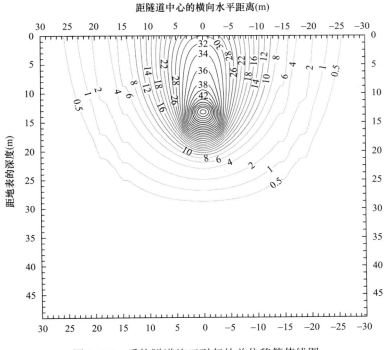

图 9.3-3 盾构隧道施工引起的总位移等值线图

如图 9.3-2 所示，等值线上数字代表水平位移值（mm），负值代表土体向隧道方向移动。由图可知，水平位移值关于隧道中心轴线对称，且在距隧道中心点横向距离为 3m，距地面深度为 16m 处（隧道轴线处）达到最大值；随着离隧道中心距离的增加，水平位移绝对值逐渐减小；隧道轴线上方 $z=0\sim16\mathrm{m}$ 范围内的土体受隧道施工影响而产生的水平位移相对较小。

如图 9.3-3 所示，等值线上数字代表总位移值（mm），正值代表土体向隧道方向（土体移动焦点处）移动。由图可知，盾构隧道施工引起的总位移在隧道中心轴线上 $z=0\sim16\mathrm{m}$ 区域内的值相对较大，最大达到 42mm 左右；随着距隧道中心点距离的增加，总位移呈辐射状减小。

3. 影响区的划分

根据图 9.3-1～图 9.3-3，再结合住建部规范、上海市市政工程管理规范、郑刚论文，选取隧道施工引起的土体位移 5mm、10mm、20mm 作为划分影响区的标准控制值，即：强影响区（位移≥20mm）、中影响区（10mm≤位移＜20mm）、弱影响区（5mm≤位移＜10mm）、无影响区（位移＜5mm）。根据三个标准控制值对应的标准位移等值线位置，可以分别对竖向位移、水平位移及总位移的影响区进行划分。将划分好的竖向位移与水平位移标准等值线绘制于一张图上，见图 9.3-4。同时，按照总位移标准等值线作出按照总位移划分的影响区，见图 9.3-5。

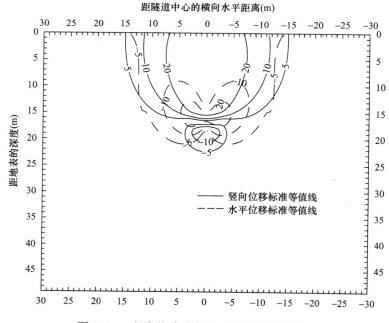

图 9.3-4　竖向位移及水平位移标准等值线图

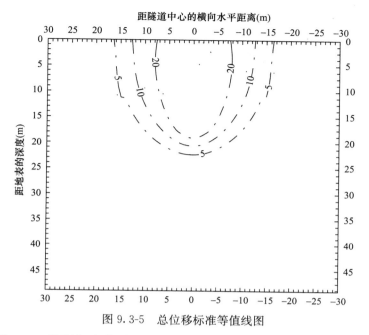

图 9.3-5　总位移标准等值线图

根据图 9.3-4 绘制竖向位移和水平位移等值线的包络线来划分影响区。具体步骤：先将包络线简化为多段线；再将影响区尖角平整化；最后将直角坐标无量纲化，将横坐标化为距盾构隧道中心的水平距离/盾构隧道轴线埋深，纵坐标化为深度/盾构隧道轴线埋深，可得到如图 9.3-6 所示的影响区划分图。同理，将总位移标准等值线以相同形式表示，可得到如图 9.3-7 所示的影响区划分图。

如图 9.3-6 和图 9.3-7，影响区划分依据不同，划分出的结果有一定相似性。除了无影响区外，图 9.3-7 对应的其他三个影响区深度均比图 9.3-6 深，且图 9.3-7 的这三个影响区地面影响范围均比图 9.3-6 相应的范围宽（尤其是隧道下方）。表明根据总位移包络线作出的影响区范围相对于竖向位移和水平向位移偏安全。

根据图 9.3-6 和图 9.3-7，可以得出具体分区界限，见表 9.3-1 和表 9.3-2，表中 x' 代表图 9.3-6 和图 9.3-7 的横坐标，y' 代表对应的纵坐标，表中将对应的分数均化成了小数。在实际工程中，应根据工程侧重点选取对应的影响区参照范围。若选择图 9.3-6 作为影响区划分标准，隧道的轴线埋深为 16m，假设构筑物离隧道中心的横向水平距离绝对值为 8m，构筑物距地表的深度为 16m，则构筑物对应的 (x', y') 为 $(0.5, 1)$。由表 9.3-1 可得，$y'=1\in(0, 1.13)$，对应表格的第一列，$x'=0.5\in(0.44, 0.56)$，对应表格的第二行，因此可判断该构筑物处于 Ⅱ 代表的影响区—中影响区。按照上述方法，可以根据工程实例中各类构筑物与盾构隧道中心的位置关系，得出构筑物相对盾构隧道的坐标，据此对构筑物所处的影响区进行判断，以保证实际工程的顺利实施。

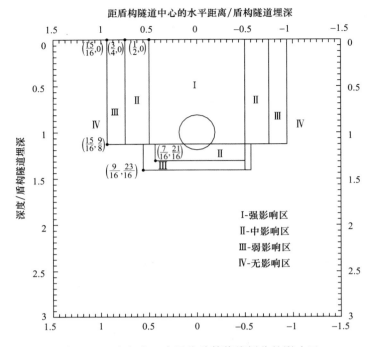

图 9.3-6 由竖向、水平位移等值线划分的影响区

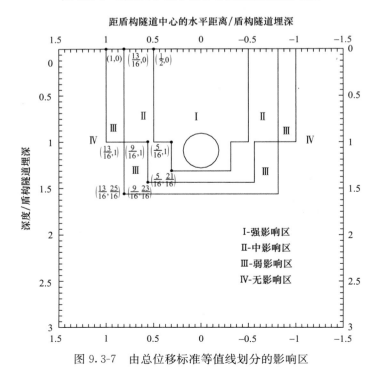

图 9.3-7 由总位移标准等值线划分的影响区

图 9.3-6 对应的分区界限 表 9.3-1

影响区	x' \ y' 0～1.13	1.13～1.31	1.31～1.44	1.44～∞
I	(0, 0.44)	—	—	—
II	(0.44, 0.56)	(0, 0.44)	—	—
III	(0.56, 0.94)	(0.44, 0.56)	(0, 0.56)	—
IV	(0.94, ∞)	(0.56, ∞)	(0.56, ∞)	(0, ∞)

图 9.3-7 对应的分区界限 表 9.3-2

影响区	x' \ y' 0～1	1～1.31	1.31～1.44	1.44～1.56	1.56～∞
I	(0, 0.5)	(0, 0.31)	—	—	—
II	(0.5, 0.81)	(0.31, 0.56)	(0, 0.56)	—	—
III	(0.81, 1)	(0.56, 0.81)	(0.56, 0.81)	(0, 0.81)	—
IV	(1, ∞)	(0.81, ∞)	(0.81, ∞)	(0.81, ∞)	(0, ∞)

　　将图 9.3-6 和图 9.3-7 与前面其他学者的影响分区比较可知，本文划分的影响区形状与表 9.1-1 中的方法 2、5、8 对应的分区形状有一定的相似性。与方法 2、5 相比，本文方法应用范围更加规整，因此应用起来更加方便。同时本文应用范围更加广泛，可以应用于盾构隧道施工对周边各类构筑物的影响；与方法 8 相比，本文分区更加细致，对工程实践具有更大的指导意义。

9.4　工程应用

1. 工程概况

　　采用王明年（2012）[3]论文中的深圳地铁 3 号线重叠盾构隧道工程的计算模型，隧道轴线埋深 $h=10\mathrm{m}$，隧道开挖直径 $D=5.4\mathrm{m}$，开挖土质主要为：砂层、残积土层、风化层及花岗岩等。由于实例对应的土质较硬，因此根据魏纲（2009）[14]论文取 $d=0.9R$。按照本文方法，假定隧道上方地表处的沉降为 30mm，反分析出隧道的土体损失率 $\eta=1.35\%$，$g=36.57\mathrm{mm}$。

2. 本文计算结果分析

　　采用本文方法，对王明年论文中的深圳地铁实例进行计算，按照前面介绍的步骤，可以对实例进行影响区的划分，将本文分区与王明年方法的分区结果作于同一张图上，见图 9.4-1 和图 9.4-2。从图 9.4-1 和图 9.4-2 的结果来看，本文方法的分区范围明显比王明年的分区范围更小。当本文的强影响区与王明年的强影响区基本重合时，反算出的 η 达到 4.2%，远大于魏纲（2010）[13]整理的关于 η 分布的实测结果，表明王明年的分区结果不太合理，明显偏保守。

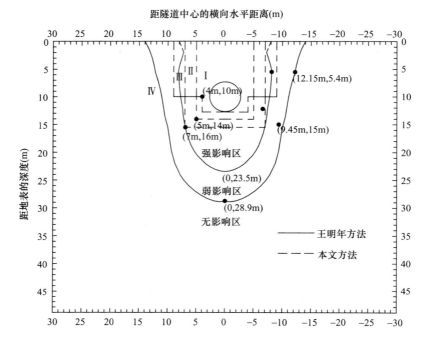

图 9.4-1　本文方法与王明年方法比较（按竖向位移和水平位移）

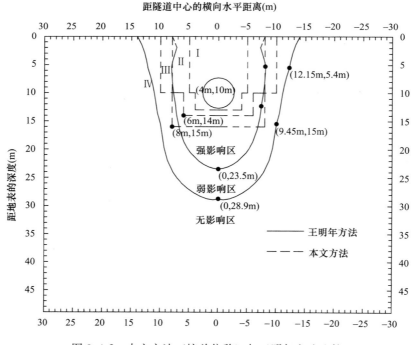

图 9.4-2　本文方法（按总位移）与王明年方法比较

由于王明年采用的是有限元模拟方法，计算方法不可重复且较繁琐，而本文采用理论计算方法，计算过程简单，且计算结果具有可重复性，这说明了本文方法具有较强实用性。

从软土地区的大量工程实践来看，出现的大量问题大多与工后长期沉降密切相关。璩继立（2002）[16]对盾构引起的地表长期实测曲线的研究结果表明：盾构施工引起的地表沉降槽宽度会随时间的发展逐渐增大，但仍符合 Peck 提出的正态分布曲线规律。因此，按照本文的统一土体移动模型解，只要取的土体损失率符合工后沉降的特征和要求，本文方法可用于评估工后沉降的分区，此处不再赘述。

9.5 本章小结

基于位移准则，对盾构隧道施工影响进行了分区，得到以下研究成果：(1) 采用盾构法隧道统一土体移动模型理论解，计算盾构隧道施工引起的土体位移等值线图。根据 3 条标准等值线（5mm、10mm、20mm），将盾构隧道施工影响区划分为强影响区、中影响区、弱影响区和无影响区；(2) 分别给出了根据土体竖向位移和水平位移的分区图，以及根据总位移的分区图。该方法考虑了实际工程的土质条件，可重复计算且过程简单。与前人方法相比，范围更小、精度较高。可据此预估盾构隧道可能产生的土体变形，对施工过程中邻近构筑物起到一定的安全评估作用；(3) 本文是采用地面最大沉降值为 30mm 来进行分区。实际施工中如果控制不当，地面沉降超过 30mm，会导致影响范围变大，此时应根据实际地面最大沉降值来重新计算分区；(4) 文中仅考虑了土体损失引起的土体位移，并未考虑正面附加推力、盾壳摩擦力、附加注浆力等因素的作用，可以进一步考虑多因素进行研究。

参考文献

[1] 施仲衡，张弥，王新杰，等. 地下铁道设计与施工 [M]. 西安：陕西科学技术出版社，1997：378-381.

[2] 王明年，崔光耀，喻波. 广州地铁西村站近接高架桥桩基影响分区及应用研究 [J]. 岩石力学与工程学报，2009，28（7）：1396-1404.

[3] 王明年，张晓军，苟明中，等. 盾构隧道掘进全过程三维模拟方法及重叠段近接分区研究 [J]. 岩土力学，2012，33（1）：273-279.

[4] 仇文革. 地下工程近接施工力学原理与对策的研究 [D]. 成都：西南交通大学，2003.

[5] 伍伟林. 盾构隧道施工对上部建筑桩基变形的影响研究 [J]. 四川建筑，2015，35（5）：76-79.

［6］　周斌. 近接盾构隧道力学行为与近接分区研究［D］. 成都：西南交通大学，2009.

［7］　中华人民共和国住房和城乡建设部. GJJ/T 202—2013. 城市轨道交通结构安全保护技术规范［S］. 北京：中国建筑工业出版社，2013.

［8］　上海市市政工程管理局. 上海市地铁沿线建筑施工保护地铁技术管理暂行规定［Z］. 沪市政法（94）第 854 号，1994.

［9］　中华人民共和国住房和城乡建设部. GB 50911—2013. 城市轨道交通工程监测技术规范［S］. 北京：中国建筑工业出版社，2013.

［10］　郑刚，杜一鸣，刁钰，等. 基坑开挖引起邻近既有隧道变形的影响区研究［J］. 岩土工程学报，2016，38（4）：599-612.

［11］　魏纲. 盾构法隧道施工引起的土体变形预测［J］. 岩石力学与工程学报，2009，28（2）：418-424.

［12］　魏纲，徐日庆. 软土隧道盾构法施工引起的纵向地面变形预测［J］. 岩土工程学报，2005，27（9）：1077-1081.

［13］　魏纲. 盾构隧道施工引起的土体损失率取值及分布研究［J］. 岩土工程学报，2010，32（9）：1354-1361.

［14］　魏纲，刘加湾. 盾构法隧道统一土体移动模型参数取值研究［J］. 铁道建筑，2009，（2）：48-51.

［15］　崔玖江. 隧道与地下工程修建技术［M］. 北京：科学出版社，2005：247-255.

［16］　璩继立. 盾构施工引起地面长期沉降研究［D］. 上海：同济大学，2002.